HERMES

在古希腊神话中,赫耳墨斯是宙斯和迈亚的儿子,奥林波斯神们的信使,道路与边界之神,睡眠与梦想之神,亡灵的引导者,演说者、商人、小偷、旅者和牧人的保护神……

西方传统 经典与解释 **HERMES**
Classici et Commentarii
迈尔集
刘小枫 ● 主编

何为尼采的扎拉图斯特拉？
—— 一场哲学争辩

Was ist Nietzsches Zarathustra?
Eine philosophische Auseinandersetzung

[德] 亨利希·迈尔 Heinrich Meier ｜ 著
余明锋 ｜ 译

华夏出版社

古典教育基金·"传德"资助项目

"迈尔集"出版说明

1988年，迈尔（Heinrich Meier, 1953—）因发表《隐匿的对话：施米特、施特劳斯与〈政治的概念〉》（1988/1998/2013）一举成名，时年35岁。

人们以为迈尔是研究施米特的专家，其实，他的本行是卢梭研究。31岁那年，他出版了卢梭《论人类不平等的起源和基础》的法－德对照考订笺注本（附三个手稿残篇，还有涉及《论不平等》的书信、评论和对批评的回应等历史文献），就版本校勘和笺注而言，法国的卢梭专家编订的本子也相形见绌。

迈尔出生的前一年（1952），西德政府与占领军经过九个月谈判，在波恩签订了确认相互关系的"一般性条约"（史称《波恩条约》）：美、英、法三国结束对联邦德国的军事占领（柏林除外），承认其为"国际社会中自由平等的一员"。可是，《波恩条约》之一《关于外国军队及人员在德意志联邦共和国境内的权利和义务条约》规定，美、英、法三国仍保留在联邦德国驻军的权利，所谓联邦德国获得了"内部独立权"无异于自欺欺人。迈尔做《论人类不平等的起源和基础》的法－德对照考订笺注本，恐怕不仅仅是出于政治思想史的旨趣：何谓"国际社会中的自由平等"？

从为考订本撰写的导言来看，迈尔熟悉施特劳斯提倡的"字里行间阅读法"。这让笔者感到好奇：迈尔还在念大学的时候，施特劳斯就去世了，他从何得知施特劳斯的思想？直到今天，施特劳斯在德语学界也算不上什么如雷贯耳的人物，何况迈尔上大学的1970年代。

迈尔那么年轻就遇上施特劳斯让笔者羡慕，更让笔者感激，因为他随后投入了大量时间和精力考订编辑施特劳斯的早期文稿和书信集，让后学受益无穷，为学界作出了具有思想史意义的重大贡献。

迈尔的学术思考有幸在一开始就追随施特劳斯关切的根本问题，即追问何谓真正的哲人生活。在现代学术语境中，这个问题仅仅对极少数人来说具有迫切性和严峻性。如今大多数学人根本不觉得这是个问题，因为我们已经认为，实现民主是一切思考的前提。

欧洲进入民主时代之后，最具争议的思想家莫过于卢梭和尼采——他们是真正的哲人吗？卢梭显得是"人民民主"的思想家，尼采则痛斥民主思想，叱骂卢梭是"毒蜘蛛"。迈尔模仿施特劳斯的读书方式识读卢梭和尼采，得出的结论让人刮目相看：卢梭与尼采都是真正的哲人。

迈尔年轻时细究过施特劳斯与施米特之间的"隐匿对话"，差不多三十年后，迈尔提醒读者，他释读卢梭和尼采的专著应该被视为姊妹篇。这是否在暗示我们，尼采与卢梭也有过"隐匿的对话"？对话不得不以"隐匿"形式呈现，多半是政治处境的含混和严峻使然。毕竟，美国对德国的占领绝非仅仅是军事性的，毋宁说，文教性的占领更为有效。如今德语学界的现状的确让人们有理由问：德国还会产生真正热爱智慧的头脑吗？

迈尔的写作风格明显模仿施特劳斯的《思索马基雅维利》，其形式特征主要体现为：语言表述具有沉思品质，注释非常讲究，以辅助正文铺展思考线索。笔者相信，迈尔的论著为以哲学方式阅读经典作品树立了榜样，这意味着，模仿施特劳斯不仅可能而且值得。

我们的文教领域早已被美国占领，尽管我们在军事上有底气也有能力排斥美国的军事占领。既然如此，迈尔的论著系列对我们中的极少数人的思考肯定具有启发性。

刘小枫
古典文明研究工作坊
2019 年 5 月

目 录

中译本前言 ········· 1

前言 ············ 1
何为尼采的扎拉图斯特拉？ ········ 1
第一卷 ············ 10
第二卷 ············ 48
第三卷 ············ 112
第四卷 ············ 170

人名索引 ·········· 256

中译本前言

1

尼采在清醒时极度落寞，发疯后，旋即一夜成名。虽经二战之波折与污名，自上世纪六十年代以来，尼采的著作经意、法、美、德诸哲的重估，已然确立其在当代哲学和文化中的经典地位。尼采的地位虽已无可撼动，尼采研究亦可谓显学，然而尼采解释仍然众说纷纭，尼采文本仍然有着谜语一般的面孔，尼采作品中名声最广、影响最大的《扎拉图斯特拉如是说》（或《查拉图斯特拉如是说》《苏鲁支语录》等，以下简称《如是说》）仍然少有细密通达的解释。事实上，在当代偏于学院化的尼采研究中，学者们更看重的是《史学损益生命论》《道德谱系略论》这样近于论文的作品，而非《如是说》这样戏剧而神秘的诗篇。仅仅就此而言，迈尔的这部《如是说》解释已可谓一份赠礼。

这份赠礼的名字甚是奇特："何为尼采的扎拉图斯特拉？"或"什么是尼采的扎拉图斯特拉？"第二个译法其实还要来得更直接、更醒目一些。值得注意的是，作者迈尔问的不是"谁"，而是"什么"。这个书名由此指向了海德格尔的著名文章《谁是尼采的扎拉图斯特拉？》。那么，从"是谁"到"是什么"，这种问题提法上的转变意味着什么？"是谁"问的是这个形象在全书中的戏剧角色，"是什么"其实必定包括"是谁"在内（迈尔在书中数次讨论了谁是扎拉图斯特拉的问题），可又在两个方面超越了"是谁"这个提法所开启的视域：（1）"是谁"预设了这个形象的人格统一性，"是什么"却包含了另外的可能性，即这个形象内在的分裂，以及因为这种分裂而产生的戏剧冲突和戏剧过程；（2）"是谁"还在戏剧内部追问这个形象，而"是什么"则试图更进一步，追问作者尼采的戏剧意图。

换言之，迈尔与海德格尔之间的争辩首先在《如是说》的戏剧层面展开。海德格尔常因其"解释学暴力"而遭指责，仿佛一经他手，所有哲学家就都在思索存在问题，说着海德格尔式语言，为他的存在之思作注脚。当下世界主流的尼采研究因此都对海式尼采解释采取一种或批判或疏离的态度。可我们只要翻开《谁是尼采的扎拉图斯特拉？》读上几页，就会发现，海德格尔十分重视尼采文本的戏剧特征。至少，他的《如是说》解释并没有简单地将扎氏的说教抽离出来构筑成一套尼采哲学的体系，而是强调："我们必须关注，他是如何说出这些句子的，在何种时机并且以何种意图来说的。"（《演讲与论文集》（修订译本），孙周兴译，北京：商务印书馆，2018，页110）并且他明确区分了尼采、扎氏和超人这三者："扎拉图斯特拉只是一位教师，并不就是超人本身。再说了，尼采也不是扎拉图斯特拉，而是一个试图思索扎拉图斯特拉之本质的探问者。"（同上，页114）那么，具体点说，海德格尔究竟如何理解这部戏剧的戏剧性？迈尔对戏剧性的理解又如何不同呢？

首先，海德格尔的看法与迈尔在前言中的勾勒并不完全相同。他的答案并不只是"永恒轮回的教师"，而是"永恒轮回与超人的教师"。同《存在与时间》中的"与"一样，这个被着重强调的"与"不容忽视，甚至才是问题的关键，因为戏剧和论辩都发生在这个"之间"领域。在海德格尔看来，这部戏剧的戏剧性就张弛在超人教师与永恒轮回的教师之间，扎拉图斯特拉以教授超人开始，以被他的动物们称为永恒轮回的教师结束。之所以如此，是因为"扎拉图斯特拉必须首先变成他所是的那个人"（同上，页112），他得经过整整三卷的发展和变形，才成为动物们所命名的"永恒轮回的教师"。所以，他不能一开始就教授永恒轮回，而是要从教授"超人"开始自己的道路。海德格尔恰当地指出，尼采的超人不是通常所以为的超强能力的人或任意妄为的人，而是"超出以往的人"，要完成人之本质的历史性转变。超人于是要进入一种新的存在理解和自身规定，这里所关系到的是对"永恒与超越"的一种新的理解："这种轮回乃是既欢乐又痛苦的生命的不可穷尽的丰富性。这样一种生命正是相同者永恒轮回的教师的'大渴望'之目标所在。"（同上，页117）永恒不是不动，而是永动，不是静止不变的彼岸，而是生命永不枯竭的自我更新，此即相同者的永恒轮回；超越则是生命永远以自我超出的方式实现自我回归，以此参与生命的永恒轮回。而人之所以不能进入这种永恒和超越，那是因为人的精神自隔于生命，对生命有着一种根深蒂固的怨恨。在《如是说》中，尼采称之为"复仇精神"。尼采所谓复仇，乃是对时间性本身的怨恨，是一种厌恶生命的生命态度。尼采以此来诊断全部的柏拉图主义或"形而上学"。尼采思想根本上就是要完成这样一种生命态度的转变，解脱于复仇精神，而这也正是《如是说》的戏剧所要演绎、主人公扎拉图斯特拉所要经历的转变。于是，相同者的永恒轮回和超人就不是两种思想，而是一种思想的两个步骤：超人可以作为一种要求或敦促首先被教授，从而促发转变，并在相同者的永恒轮回中完成这种转变。只有进入相同者的永恒轮回，才能解脱于迄今为止的复仇精神，才完成了超人教义中尚未落实但又被渴求着的规定性。

于是，谁是尼采的扎拉图斯特拉？海德格尔答曰：一种新的存在意义的代言人。教师即代言人。海德格尔与本书作者迈尔的一个重要区别，是把思想（或思想者的学说本身）看作高于思想者的命运性发送（Geschick）。所以，即便认为超人是扎氏一直坚持的教义，扎氏都不能简单地被等同于超人（超人不是某一个具体的人，而是对既有的人的概念的超越），他只是超人的教师，并且作为超人的教师他也必得成为永恒轮回的教师。而尼采借着扎拉图斯特拉这个形象，不仅要思这种新的存在意义，而且要思存在与此在的关联，思这种新的存在意义对于此在的规定。哲人与先知虽有区分，可对于海德格尔来说，实际上是一体的。他虽然区分了哲人尼采和尼采笔下的先知形象，可他们之间的距离并没有那么大，因为从存在之思来看，哲人与先知毋宁是十分亲近的，他们只有分工的不同、侧重点的差异，可他们的规定性都源于这种新的存在理解，他们都是这种"命运性发送"的教师。

我们再来反观迈尔。本书的副标题"一场哲学争辩"在某种意义上已经是对"何为尼采的扎拉图斯特拉？"这个问题的回答。迈尔不仅要与海德格尔争辩，而且争辩的要点正在于"哲人与先知之争"。在迈尔看来，这才是《如是说》这部书的要点所在。因为扎拉图斯特拉在这部书中既有哲人的面相，也有先知的面相；哲人求知和引诱，意在认识世界，起支配作用的是"求知的激情"；先知则立法并要求信仰、创立宗教，意在改变世界，起支配作用的是"人类之爱"或统治欲。哲人-先知问题也就是哲人-王问题。迈尔的解释位于柏拉图式政治哲学的传统之中，在他看来，尼采也仍然位于这一传统中。这种政治哲学传统并没有简单地主张哲人要当王，而是在"哲人"和"王"之间看到了一种永恒的张力，因为这是两种看似相近实则截然不同的人格。在迈尔看来，《如是说》的戏剧性就源于这种张力："如果扎拉图斯特拉得同时是这两者，一位先知和一位哲人，那么这出戏剧就要证明，两种身份（Personae）是可以合二为一的，要不然就得展示其矛盾之处。"（页12，征引本书时皆用德文版页码，即书中方括号内标识的页码）。迈尔事实上认为，尼采的扎拉图斯特拉并不是一个统一的人格（Personae 除了译为"身份"之外，更直接的译法是"人格"），而是内在地包含了一种至深的人格分裂，正是这种人格分裂造成了全部的戏剧，作者尼采则要通过这出戏剧来对哲人－王问题进行一番哲学探究（副标题中的 Auseinandersetzung 在"争辩"之外还有"探究"之义）——显然，迈尔比海德格尔更加拉开了尼采和扎拉图斯特拉的距离。我们可以看到，迈尔与海德格尔的争辩，归根结底在于他们对"哲人－先知"关系的不同理解。海德格尔认其为"一体"，于是戏剧只在于先知如何成长，如何在其成长过程中完成教义的内在逻辑；迈尔则认其为"二元"，尼采的扎拉图斯特拉是"二元之为一体"，于是，扎氏在宣教过程中如何逐步显示出这种内在的冲突，就成了戏剧的要点。

这使得迈尔的解释至少在以下四点上与海德格尔有着根本区别：（1）哲人－先知之二重性使得迈尔极为重视扎拉图斯特拉与门徒的关系（这是海德格尔的解释方式未能细察而又确实存在于文本中的一个戏剧要点），因为恰恰这种关系会促使主人公反思自身的主导人格，也让细心的读者具体而微地看到戏剧的开展及当中显现的问题；（2）文本呈现出来的因此不是一种从超人到永恒轮回的单线性发展，而是哲人－先知双重人格的并行发展，时而交错，时而分离，迈尔的解释于是必须略显烦琐地考证每一篇演讲的说话对象，以及讲者的身份认同；（3）学说也不像海德格尔试图揭示的那样呈现为一个围绕存在问题的思想体系，而是要求解释者在文本语境中具体地考察超人、权力意志和永恒轮回这三者的戏剧功能，这也将大大减损三者作为学说的自足性；（4）与文本的非单线性和学说的非体系性相关，迈尔对全书的戏剧构造有着不同的看法，他非常重视第四卷。海德格尔对这部戏剧的戏剧性分析其实只包括了前三卷，这与郎佩特等后世尼采解释者的做法一致，即只把第四卷看作附录，迈尔的分析在这一点上截然不同。

2

所有这些都决定了解释者迈尔要极为细密地考察文本,而这也正是迈尔的长处,他在这本书中展示了精湛的解释技艺。这却给读者设置了障碍,因为迈尔的解释几乎句句扣着文本,要不是熟读《如是说》的话,几乎不可能跟上那些细密的考察,更不要说再进一步体会解释者在字里行间渗透的言外之意。所以,只有和《如是说》放在一起,才能享受这部解读,这是一部将读者不断指向原著、紧扣文本细节的解读。为了降低读者的阅读困难,我们不妨在此简单地顺着迈尔的指引梳理一番《如是说》的文本结构。

第一卷在"扎拉图斯特拉的前言"(共 10 章)之外,共 22 章。解释者将这 22 章中的 4 章界定为"策略性演讲"(分别是第 1 章、第 8 章、第 15 章和第 22 章),这些关乎剧情安排的演讲将第一卷划分成了三组,每组七篇:2 – 8;9 – 15;16 – 22(参脚注 33,迈尔大多在脚注中交代了他对文本结构的观察)。第 1 章则单独构成了全部 22 章的序曲(注意,区别于此前的"前言",每一卷的开头还有序曲;第一卷的序曲最为特别,因为"论三次变形"预言了后来的道路,对全书结构有总括性)。整个第一卷的发生地是"彩牛城",只有第 8 章和第 22 章发生在彩牛城外,而这两篇演讲恰恰集中处理了扎氏和门徒的关系。在经历了前言的失败之后,扎氏决心不再向民众演说,而是要从斑驳的"彩牛城"吸引门徒。在第 8 章,通过与一位青年的对话,扎氏意识到了门徒的困境。如果说前言在最后实现了人群的区分,那么在第 8 章中事实上发生了门徒的分裂:"一类满足他的政治意求,另一类则能够把'求知者'的道路走到底。"(页 34)换言之,扎氏必须考虑到门徒的差异,同时就两类门徒说话。一类是只有政治意图的"高贵者",另一类则是有着哲学追求的"求知者",前者对应着扎氏的先知身份,后者对应着扎氏的哲人身份。这是两种不同的权力意志类型，对应着两种类型的"爱"："意求统治的爱与意求认识的爱，前者试图给予世界一种维系性的意义，后者试图恰如其分地理解世界与自身。"（页40）第15章是权力意志的第一次也是第一卷中唯一的一次出场。这一章"阐发了位于超人学说背后的政治－哲学问题"。迈尔一直突出强调"神学－政治问题"，"政治－哲学问题"的提法在他那儿并不多见。意思大约是说，哲学的兴起对政治共同体的维系来说实为一次根本的挑战，因为"自然"概念的提出使得"礼法"降级了，普遍主义"冲破了个别共同体的自足"，"至善被提升为人类的政治目标"。基督教事实上就在这样的语境中兴起，并通过对唯一真神的信仰满足了这种普遍而超越的政治诉求，却也由此而产生了棘手的"神学－政治问题"。有关于此，我们无法在这儿详述，有兴趣的读者可以参看迈尔的《政治哲学与启示宗教的挑战》（华夏出版社，2014）。尼采所面临的则是问题的后半截，是"一千个目标"失效并且"上帝死了"之后，那"一个目标"的问题。这是迈尔所谓的"位于超人学说背后的政治－哲学问题"：后基督教语境中的超越性目标和终极价值尺度问题。有关于此，我们要联系迈尔对前言的精彩分析。他将前言中的人物设置归为对应的两组：位于外围的是不再忧心基督教道德却专注地信仰基督教上帝的老圣者和无所谓基督教上帝却僵硬地持守基督教道德的老者，信仰的私人化和道德的世俗化一道构成了基督教的没落形态；位于中心的则分别是象征人本主义的走绳者和象征乌托邦主义的小丑，他们一道构成了后基督教的意识形态气氛。在迈尔看来，扎氏的"超人"学说就是在这样的语境中提出的一种未来主义学说，一种告别了基督教上帝和基督道德却残留着基督教时间观和救赎需要的末世论学说。可"超人"学说也有歧义处，因为扎氏的自我超越教义事实上要求杰出的门徒超越信仰形态，不是一直跟随扎氏行走，而是学习扎氏独行、自立。于是，在第22章中，扎氏离开门徒回到了洞穴。

第二卷的序曲则由前两章共同组成，接着共有四组演讲，每组五篇（3－7；8－12；13－17；18－22），总共也是22章。这一卷发生于"幸福岛上"。与斑驳的"彩牛城"不同，"幸福岛"是扎氏门徒的聚集地。扎氏成功地吸引并聚集了门徒，可这一卷将表明，"幸福岛"与"彩牛城"其实并无根本区别，超人教义成了新的信仰学说："对门徒的教育是一场政治上的败局。"（页54）于是，第二卷的戏剧处就在于，扎拉图斯特拉如何对门徒感到失望并决意返回孤独，而这个过程的关键在于权力意志学说的深化。第一组五篇演讲着重"批判基督教及其对现代观念的影响"，在与基督教教义的区分中重述了超人教义，并在这一组的最后一篇演讲（"论毒蛛"）中暗示了超人教义或未能解脱于复仇欲。第二组五篇演讲则径直以哲人为论题。位于中间的三首歌唱"在事件的河流中仿佛自成一座岛屿"，分别就爱、智慧和生命这三个关键主题深入考察了哲人类型的权力意志结构。权力意志概念在全书共出现九次，其中七次就出现在这一组的最后一篇演讲（"论自我超越"）当中，权力意志在这一章以学说的形态隆重登场。迈尔的考察归结起来有这样两点结论：（1）价值设定的背后是权力意志，是通过设定道德的世界秩序来施展权力意志，"当权力不足以构造一切、统治一切、直接规定事物的进程，报复心就出现了"（页68）。报复心、复仇精神是权力意志的扭曲表现，而超人学说仍不免于复仇的精神；（2）世界解释的背后也是权力意志，求真意志中仍有权力意志的作用，但这并不意味着哲学的终结，而是意味着哲人的自我反思："恰恰超越权力意志的意志，标志着权力意志的最高可能性。"（页78）回到两类说话对象的区分来看，高贵者朝向悲剧英雄，而求知者朝向超越悲剧的"超－英雄"，对悲剧和英雄的超越是最终的自我超越，解脱于复仇精神的权力意志是最高的权力意志表达。第三组接着考察了与哲人相近的形象,"崇高者"只有超越自身、具备"卸下鞍羁的意志",才能成为"超-英雄"(第13章)。"论诗人"章将超人学说归为诗人的创作,这让门徒对扎氏感到恼怒,因为超人学说已经成了他们的生存根基。先知-门徒距离的公开化开启了扎拉图斯特拉的危机,而这种危机正是第四组的论题。在"论诗人"章中,扎氏第一次对门徒摇头,在第四组头两章中(即第18和19章),他接着两次摇头。《如是说》仿讽《新约》中彼得三次不认主的信仰戏剧,扎氏以接连三度摇头确证了门徒的信仰。位于这一组核心的"论救赎"章揭示了,"位于先知之爱根底处的,是对于人类、对于如其所是的世界、对于他自身的一种深深不满"(页95)。柏拉图主义通过赋予世界一种道德化的解释来"报复"不合人类道德需要的世界,超人式未来主义学说则意图用一个想象的未来救赎过去,这两者都植根于权力意志的无能和出于无能而对世界的复仇。所以,有待救赎的不是世界,而是意志本身。超人教师尚且束缚于复仇精神,先知自己"尚未卸下鞍羁":"学说的危机提升了他的自我认识。未能卸下鞍羁的权力意志对于先知们而言并不构成问题,对于哲人们而言却是一个问题。二元而非一体。"(页103)最后两章表明,扎氏并未在转折之后放弃先知身份,只是两种身份之间的关系得到了彻底的澄清。哲人不再混同于先知,而是意识到先知"属人"、哲人"属己"的性质,意识到了内外之分、高下之别。权力意志学说澄清了超人教义的权力意志形态,并且指向了复仇精神的解脱。于是,在迈尔看来,扎氏在第二卷末尾的离开与第一卷末尾有着方向上的区别。上一次是为了门徒的成长而主动离开,这一次则是在"最寂静的时刻"的命令之下为了自身的成熟而离开。扎氏向门徒说的话已经不同于他和自己的内心交谈。

如果说超人和权力意志分别是第一卷和第二卷所围绕的学说的话,那么永恒轮回就是第三卷要端出的学说了。这一卷章数虽少,却呈现出颇为复杂的结构。第一章仍是序曲，发生在幸福岛上。2－4章构成第一组三篇演讲，发生在海上。5－8章构成第一组四篇演讲，发生在陆地上。第9章"返乡"是这一卷的中心演讲，可视为第二篇序言，发生在山上。10－13章构成第二组四篇演讲，发生在山上，或者面向自己，或者同想象中的说话对象进行对话。其中13章因为导言了意愿永恒轮回的场景而在全书占有特别地位。余下的14－16章构成第二组三篇演讲，发生在山上，是向自己的灵魂所做的演讲，以及为自己所唱的歌。（页110；脚注115）扎氏虽在第二卷结尾和第三节开头决然地告别了门徒，可这并不意味着先知身份的放弃，他在"返乡"（事实上是返回洞穴或返回孤独）途中的某些演讲甚至"全然一副先知的样子"。迈尔解释的重点就在于厘清哪些演讲属于哲人的自我认识（如他把第4章"日出之前"称为"全书最美的一章"，这一章谈论哲人的幸福），哪些演讲又属于先知的立法（如第12章"论新旧法版"），一章之中（如12章）也有哲人和先知两种语调的交织。迈尔解释中最突出的一个看法就是，永恒轮回并没有将哲人先知的二元一体转化为一种一元论，而是仍然保留了两种视角和两类说话对象的区分。作为教义的永恒轮回实际上出自动物们之口。"它们鼓励他走向他的伟大之路"："当动物们把伟大的正午拓展为伟大的大地和人类的正午，它们归于扎拉图斯特拉的就不只是一个历史性的使命，而是仿佛宇宙性的使命了。"（页149）永恒轮回对于扎拉图斯特拉来说却有另一个方向的意义，他在其中要克服的恰恰是高贵者对于小人的厌恶，是按照自己的充满复仇精神的权力意志改造世界的热望，一言以蔽之，恰恰是动物们要求于他的先知品格。无论如何，永恒轮回关乎扎氏自身的救赎或解脱，先知希望通过完成功业、没落于人群而得救赎，哲人则通过自我认识解脱于救赎需要。从动物的角度还是从扎氏自己的角度来理解永恒轮回，这是决定性的，前者满足了先知的救赎需要，而后者实现了哲人对救赎需要的解脱。

无论如何解释永恒轮回,"正痊愈者"章都构成了全部戏剧的顶点。在第三卷的最后三章中,扎拉图斯特拉只向自己说话和歌唱:"赠予和接受之间的裂隙,从一开始就规定了扎拉图斯特拉对人类的爱,推动着从前言一直到'正痊愈者'章(III, 13)的剧情,这种裂隙能够在囊括了这两种位格的统一中被扬弃。"(页153)扎拉图斯特拉的人类之爱让位于自爱了,他的赠予最终是一种自我赠予。

与通常的看法不同,迈尔重视第四卷。他强调第四卷是全部戏剧的有机组成部分(有关第四卷的语文学考证,参脚注168)。令人惊讶的是,他并不认为第三卷的结尾已然化解了悲剧,可扎氏毕竟没有再次下山(而是高等人上山),教授永恒轮回并没落的要求被一再推迟,以致悲剧变成了喜剧。关键还是在于哲人-先知关系,在迈尔的解释中,哲人-先知的二元性张力持续至全书最后,推动着所有的戏剧情节。只不过,第四卷表明,哲人不再被先知的渴望推动下山布道,这是第四卷对第三卷的一个重要补充。迈尔为全书每一卷都配上了题词,四卷题词中,第一卷突出"痛苦",第二和第三卷都突出"爱命运"或"爱",第四卷则突出了"游戏"。第四卷的戏剧性正在于诱惑和抵制诱惑的游戏,在于哲人与自身先知品格的游戏。

全书的最后是一篇类似于"跋"的文字。迈尔首先考察了尼采在手稿中对扎氏各种死法或没落形式的设计,并指出尼采最后恰当地选择了开放式结局。这对迈尔的解释是一种印证,因为"在所有这些构想中,诗人最终都必须设想先知对永恒轮回的信仰",而开放式结局保持了哲人-先知的二重性,在根本问题得到澄清之后,可以任由这种二重性展开游戏,让哲人和先知品格发挥各自的功能、各就其位。在《谁是尼采的扎拉图斯特拉?》这篇文章中,海德格尔在解释趋于完成之时,对永恒轮回是否真的解脱于复仇精神提出了质疑:"这种思想克服了迄今为止的沉思,克服了复仇精神吗?抑或在这样一种烙印中——它把一切生成都纳入相同者的永恒轮回的照料之中——不是也还隐含着一种对单纯消逝的憎恶,从而也还隐含着一种极其精神化的复仇精神吗?"(页130,译文有改动)海德格尔的反问确实值得深思。迈尔在全书最后对永恒轮回思想作了七点总结,前四点对应于哲人,后三点对应于先知。这仿佛是在回答海德格尔的提问:对于先知来说,当然是的,先知的永恒轮回信仰必定隐含着复仇精神,因为只有这样才能满足救赎需要;对于哲人来说,则不是,永恒轮回不是任何形式的新信仰,而只是最高的肯定公式。

总结言之,哲人-先知问题是贯穿迈尔全部《如是说》解释的红线,以上我们仅围绕这条红线对迈尔的解释略作了一些梳理,更多有趣的观察有待读者自己去发现。迈尔对于《如是说》文本结构的分析显然与他的解释路向分不开,可哪怕我们并不完全赞同迈尔的解释路径,他对于文本结构的梳理也都能让我们受益良多。对于《如是说》这样难解的诗性哲学著作,文本分析是哲学论辩不可或缺的前提。

3

迈尔的解释除了海德格尔这个说话对象之外,其实还针对着郎佩特这位重要的尼采解释者。郎佩特和迈尔一样,都被认为是施特劳斯学派中人,只不过他们都不是施特劳斯的亲炙弟子,他们的施特劳斯解释对于狭义上的学派都有超出并形成对话的部分。因此,两人在解释方法上的亲缘性是显而易见的,他们都紧扣着文本细节,都把戏剧情节纳入论辩。可这并不意味着两人的解释是一回事。在哲人-先知或哲人-立法者关系上,两人的看法毋宁是相反的。郎佩特把尼采解释为我们时代的哲人立法者,而迈尔则强调,哲人与立法者之间不是一体而是二元。在迈尔看来，尼采的意图是要通过扎拉图斯特拉这个二元之为一体，来展现哲学与立法之间的紧张关系，并服务于哲人的自我认识。这个根本点上的争议，既决定着两人对权力意志和永恒轮回的不同解释，也蔓延到了他们对戏剧结构和文本细节的诸多考察。有兴趣的读者可以将这本《何为尼采的扎拉图斯特拉？》与郎佩特的《尼采的教诲》相对照，或可深入具体问题作进一步研究。迈尔曾将本书的核心部分（对"论救赎"的解释）抽取出来作为贺寿论文赠送给他的朋友郎佩特，这本书也是这个意义上的赠礼。

前面曾提到，迈尔模拟尼采，为每一卷加了一句题词。不同的是，在尼采的文本中，所有题词都采自《如是说》本身（第二和第三卷的题词采自第一卷，第四卷的题词采自第二卷），并且第一卷没有题词；而迈尔为每一卷都配上了题词，并且题词都采自《瞧这人》（另外还有全书最前面的题词，采自《快乐的科学》），这标明了迈尔的《如是说》解读是指向《瞧这人》的。事实上，在迈尔自己的著作谱系中，《何为尼采的扎拉图斯特拉？》位于《论哲学生活的幸福》和《尼采的遗产》（2019年出版）之间。这后两部著作分别以卢梭最后的著作《一位孤独漫步者的遐思录》和尼采最后的著作《瞧这人》为研究对象。迈尔之所以尤其重视这两部书，是因为他发现，两位哲人都在最后的著作中以哲学生活本身为论题。而在迈尔自己的著作计划中，他的这两部重头研究当构成姊妹篇，一同阐明他一生的思想主题：哲学生活。所以，迈尔的《如是说》解释其实是为《瞧这人》研究所作的预备，因为那本书恰恰尤其突出《如是说》的位置，几乎处处都指向《如是说》。放在迈尔的哲学生活著作谱系中来看，这部《如是说》解释又是作者的自我赠礼。

2013—2014年，迈尔在慕尼黑大学首讲《扎拉图斯特拉如是说》，那时我正在他门下求学。在听《如是说》之前，其实已经听了他六七门课，从卢梭的《爱弥儿》到施特劳斯的《思索马基雅维里》，再到尼采诸书，对迈尔的文本技艺和思想路数已可谓熟悉。再加上那时候德语听说都颇熟练了，课后一律与同门好友在饭馆和咖啡馆会谈，话题虽从课堂讨论自然地延展至任何可能的哲学问题和时事争论，可《如是说》以及迈尔的尼采解释始终位于讨论的中心。这都使得我对这门课的投入最多、体会最深。可以说，译者见证了这本书的生长过程。即便如此，迈尔的书写得极为细密，在教学科研之余从事这样一份非常需要耐心的翻译工作，对译者仍是一项不小的挑战。所幸《如是说》原文已有成熟的翻译，引文大多直接摘自我的导师孙周兴先生的译本。译名译法也都沿用商务印书馆出版的孙译本，只有书名是例外。考虑到本书在华夏出版社出版，就沿其惯例用了"扎拉图斯特拉"这个译法。其实两种译法只是字面不同，因为"查拉图斯特拉"中的"查"是多音字，在姓名中也读作"扎"（如"查良镛"），而这也确实合乎德语的读音。

迈尔在刚完成书稿、尚未正式出版德文本的时候就兴冲冲地把这本书交给我了，还半开玩笑地说，希望中文译本能赶在德文版之前出来。结果，诸多杂事让我无法集中精力于译事，这部篇幅不大的翻译居然前后持续了三年。要特别感谢张缨，没有她的督促，这本书怕是要再拖上三年。她阅读了每一卷的初译稿，提出许多专业的建议，让我受益很多。要感谢家人默默的支持，我曾以为翻译和学问都是自己的事业，现在看来，这是很幼稚的想法。这本翻译也见证了我自己的成长。译事艰难已经溢于言表，译文如有不当或缺漏，敬请方家指正！

余明锋

2019年7月26日晨记于同济新村

前　言

[7] 尼采声称自己凭着《扎拉图斯特拉如是说》给人类送来了一部最为深邃的书。如果我们想要明了这份赠礼的含义，首先就得追问：何为尼采的扎拉图斯特拉？我们不能满足于海德格尔所提的那个问题：谁是尼采的扎拉图斯特拉？更不能满足于海德格尔的答案，即不能满足于说扎拉图斯特拉是永恒轮回的教师。海德格尔和那些鹦鹉学舌者看似可以援引作者尼采的说法，因为在尼采的诗篇中，扎拉图斯特拉确曾有那么一回被称为"永恒轮回的教师"，可这个称呼出自扎拉图斯特拉的动物之口。而扎拉图斯特拉的动物们不同于诗人，正如扎拉图斯特拉与尼采不容混淆。事实上，我们从未看到扎拉图斯特拉宣讲永恒轮回学说。并且，即便扎拉图斯特拉完成了动物们交给他的使命，最重要的问题仍然有待解答：何为永恒轮回的教师？一位求知者还是一位立法者？一位引诱者还是一位宗教创立者？一位哲人还是一位先知？

扎拉图斯特拉究竟是一位哲人还是一位先知，或者如果他得同时是这两者，他是否能够将哲人与先知融为一身，本书尝试依此线索探入这出戏剧的焰心，作者在这本著作的四个部分依次展开并以极大的兴致追踪这出戏剧。本书将尼采这部"为所有人而又不为任何人［而写］的书"理解为一个澄清与区分、自我理解与自我确证的大胆之举。换言之，本书既不把扎拉图斯特拉［这个形象］理解为一种学说的单纯承载，也不简单地将之理解为其创作者的传声筒。本书将行为过程和诸种事件纳入哲学争辩，对内在对话和言说对象的角色，[8]对人物形象的塑造和场景所给予的关注，并不亚于对各种学说的关注。

《何为尼采的扎拉图斯特拉？》是我十五年来专心研究的第一项成果。这本书乃是一种预备，它开启了我对《瞧这人》《敌基督者》这两部姊妹篇的探究，这两部书为尼采的全部著作画上句号。事实证明，要完成我在《论哲学生活的幸福——对卢梭系列遐想的思考两部曲》（2010）前言所预告的姊妹篇，必须先对《扎拉图斯特拉如是说》作一种新解读。1888年，尼采把《扎拉图斯特拉如是说》标识为最深邃的著作，就在同一处，他宣称即将给予人类一本最为独立不羁的著作。眼下这本书表明，《扎拉图斯特拉如是说》在何种意义上使得《敌基督者》和《瞧这人》的独立不羁成为可能，又出于何种原因无法企及这两本书的独立品格。

我对《扎拉图斯特拉如是说》的解释完成于我分别为这本书的第一、第二卷和第三、第四卷所开设的两季讨论班，我分别于2013—2014冬季学期和2014年夏季学期在慕尼黑大学，2014年春和2015年春在芝加哥大学社会思想史委员会开设了这两季讨论班。

亨利希·迈尔
慕尼黑
2016年6月28日

何为尼采的扎拉图斯特拉?
——一场哲学争辩*

---

* [译注] Auseinandersetzung 在"与某人争辩"(字面义:与某人各据一方,据理力争)之外,还有"就某事深入探究"(字面义:就艰深晦涩、被混为一谈之事条分缕析,使不可混淆者各归其位)之义。中译无法完全传达这两重含义,尤其是字面义,故此说明。

如果一本书让随便某个人感到费解,
这并不构成对于这本书的异议:
也许这正是其作者的意图哩,——
他不想被"随便某个人"理解。

尼采,《快乐的科学》

* * *

[11] 敌基督者（Der *Antichrist*）称尼采的扎拉图斯特拉为一位怀疑者。他进而解释说："一个精神，如果要欲求伟大、欲求达至伟大的手段，必定得是怀疑者。"《扎拉图斯特拉如是说》让世界耳闻、让我们目睹了一位英雄的言行，显然，这位英雄欲求伟大。然而，他的所欲所求是一以贯之的吗？他意欲为"一"（Eins）？他是"一体"（Eins）的吗？敌基督者论及"伟大的激情"，这种伟大的激情作为"其存在的根据和权力"支配着怀疑者，耗用各种信念而不会臣服其下："它通晓君临之道。""伟大的激情"通晓君临之道、将怀疑者区别于"信仰者"，这种刻画正切中了那一种激情（Eine Leidenschaft）。尼采曾因自己的哲学信仰而陷入危机，这种刻画也适用于尼采在危机之后尤为强调的"求知的激情"（Leidenschaft der Erkenntniss）。* 在开始了确切意义上的哲学生活之后，尼采将求知的激情作为标识归于哲人名下。敌基督者让我们注意扎拉图斯特拉的

---

* [译注] 尼采在《扎拉图斯特拉如是说》中尽可能避免使用术语，他用"求知者"（der Erkennende）标识哲人，用"求知的激情"（Leidenschaft der Erkenntniss）标识哲人的爱欲。为突出这种对应，强调 Er‑kennen 费劲求知并保持欲求的动态特征，译者选用了"求知者"和"求知的激情"，而非"认识者"和"认识的激情"来翻译。然而，这一译法无法贯彻到动词 erkennen 中去。因为一方面，在德语中，这是一极为普遍的日常词语，无论是在尼采的原文，还是在解读者迈尔的行文中，都有这种较为日常的用法；另一方面，即便在特别具有哲学意义的地方，如"认识之太阳"，如果译成"求知之太阳"，也略显做作。故而在动词 erkennen 出现的地方，仍时而译为"认识"。——《扎拉图斯特拉如是说》引文一律参照：《查拉图斯特拉如是说》，孙周兴译，商务印书馆，2010。

怀疑者面相，深察之下可以看出，怀疑者扎拉图斯特拉实为哲人。①然而，这位哲人却有着一位先知的名字。在创造了这个形象的作者的安排之下，无论说什么做什么，[12] 他都让人联想起一种新信仰的创始者、一套新秩序的奠基者和一个新统治的立法者。他的名字令人想起一位"来自东方的智者"，他预备像自己的神话先驱一样，再次改变历史，在戏剧的结尾处，他等待着"我们伟大的哈扎尔"降临人间，期待着"我们伟大而遥远的人类王国"，希望着"有朝一日"必将到来的"扎拉图斯特拉的千年王国"。②与此相应，就在

---

① 《敌基督者——对基督教的诅咒》，54 节（KSA6，页 234）。有关求知的激情参看《曙光——关于道德成见的思想》429、482 节；《快乐的科学》，107、123、249、300、324 以及 343 节（KSA3，页 264-265、286、464-465、479-480、515、539、552-553 及 574）。——KGW、KGB 和 KSA 分别标识由科利和蒙提纳里所编辑和创始的尼采版本：《尼采著作考订全集版》，Berlin - New York，始于 1967 年；《尼采书信考订全集版》，Berlin - New York，始于 1975 年；《尼采著作考订研究版 15 卷》，第三版，München，1999。

② 《扎拉图斯特拉如是说——一本为所有人又不为任何人［而写］的书》，第四卷，1 章（"蜜之祭品"），23 节；第四卷，11 章（"欢迎"），35 节；参看第四卷，6 章（"退职的"），31 节（分别位于 KSA4，页 298、350、324）。引用《扎拉图斯特拉如是说》时，一律标出卷（前言、第一卷、第二卷、第三卷和第四卷）、章和节，括号中另有 KSA 页码。（译注：在西方的语文学考订和编纂中，古典作品皆以行数，唯圣经以句数，每句一节。尼采无从知晓，自己的作品在后世会如何被编纂，如果他同时以语文学家的态度对待自己的作品，自然无法按行来数，只能以章计、以节算，这在《扎》更是如此。《扎》通常每句一段，时或几句成段，一段即为一节。这既保证了结构的严整，也在形式上仿讽圣经，迈尔的引用落实到每一节（Vers），而不是通常的 KSA 行数，可谓恰切。为了对应圣经用法，姑且将 Vers 译为"节"。《扎》的有些章被分为若干部分，常称为"节"，这里改称为"部分"。其他尼采著作中通称为"节"者保持不变。迈尔用罗马数字表示《扎》书各卷，用阿拉伯数字表示章和节，中间分别用逗号分隔。以下正文及脚注里的引文出处，仅开头几处标明卷、章、节，其后照录原文，请读者留意。）由于 KSA（一如先于 KSA 的 KGW）中

敌基督者把扎拉图斯特拉称为一位怀疑者之前，他援引了扎拉图斯特拉的话，在那里，*扎拉图斯特拉的"门徒"和"救赎者"的门徒相遇，并且扎拉图斯特拉承认，他的血和教士们的血是"相近的"。③所以，我们究竟该把扎拉图斯特拉思考为什么？一位哲人还是一位教士？他能满足于理解世界吗？还是以改变世界为出发点和归宿？他被自己的人类之爱所引导吗？他对现实施加报复吗？**抑或那在最深处攫住他、在最高处鼓舞他的乃是求知的激情？如果扎拉图斯特拉得同时是这两者，一位先知和一位哲人，那么这出戏剧就要证明，两种身份（Personae）是可以合二为一的，要不然就得展示其矛盾之处。

扎拉图斯特拉是一体还是二元？另有一个问题与这个问题紧密相关，即尼采的《扎拉图斯特拉》是一出悲剧吗？或者在何种程度上是一出仿讽剧（Parodie）？[13]当尼采于1882年把《快乐的科学》最后一条格言题为 Incipit tragoedia [悲剧开始了]，他预告了一出悲剧，一年之后，这条格言变成了"扎拉图斯特拉的前言"第一

的《扎拉图斯特拉如是说》错谬处少说也有半百，本书一律按照尼采分别于1883年夏、1883年冬、1884年春和1885年春所发表的各卷首版来征引原文。——遗稿中有这样一处笔记："我得把荣誉给予扎拉图斯特拉，一位波斯人：波斯人首先在整体上宏观地思考历史。有着一系列发展阶段，每个阶段都有一位先知来主持。每一位先知都有他的哈扎尔，他的千年王国。——"1884年春，25 [148]，*KSA*11，页53。最后两句话将勒南在《耶稣的一生》(1863)中的一处文字译成了德语（《全集》，Paris，1949，第四章，页115）。

　　*[译注] 指的是"论教士们"一章，而不是《敌基督者》中所引用的那一段话。

　　③《敌基督者》，53节（页235）。第二卷，4章（"论教士们"），1、5、23节（页117–118）。

　　**[译注] Rache 是《扎拉图斯特拉如是说》的一个基本词语，在本书中多译为"复仇"，根据前后文语气需要，也译为"报复"。Geist der Rache 这个固定表达，则统一译为"复仇的精神"。

部分。在"一部为所有人而又不为任何人［而写］的书"完成之后，他于 1887 年利用写作《快乐的科学》"第二版前言"的机会，为悲剧预告下了一个评注："毋庸置疑，Incipit parodia［仿讽开始了］……"尼采把《扎拉图斯特拉如是说》作仿讽来构想，这一点确实毋庸置疑。书名指向一位属于另一个时代的人物，光这一点就已经赋予诗作一种"唱反调"的特征。④这反调所指向的却不是十七首琐罗亚斯德之歌（Gatha）。*向波斯宗教创始人的歌唱致敬，只是真正仿讽的组成部分。仿讽所指向的乃是圣经，指向全本圣经，即路德译本所包括的所有六十六卷，并特别指向四福音书，指向耶稣的生平和学说。因为《扎拉图斯特拉如是说》把扎拉图斯特拉描绘成一位真正的反耶稣（Gegen-Jesus）。从第一句话开始，对扎拉图斯特拉的生平和学说的描绘就不断地指向圣经里的救赎者，并处处

---

④ 在《瞧这人》的回顾中，尼采将他所创造的形象和历史上的形象重叠起来，并将"扎拉图斯特拉"刻画为道德谬误（"自我牺牲的道德"）的奠基者和克服者："人们没有问我，人们本该问问我，在我口中，在第一位非道德主义者口中，扎拉图斯特拉这个名字恰意味着什么：因为那位波斯人在历史上所具有的非凡独特性恰与此相反。扎拉图斯特拉首先在善与恶的斗争中看到了发动事物的真正车轮——把道德译成形而上学之物，视为力量、原因和目的本身，这是他的功业。然而，这个问题本身又已经包含了答案。扎拉图斯特拉造成了这个最为有害的谬误，即道德：所以，他必须得是第一个识破这一谬误的人。不只是因为他在这方面比其他任何一位思想者都有着更长久也更多的经验——全部历史可都是对于所谓的'道德的世界秩序'（sittlichen Weltordnung）这一原理的实验性反驳——更重要的在于，扎拉图斯特拉比其他任何一位思想者都更加真诚。"《瞧这人——一个人如何成其所是》，4 章，3 节；参看第 3 章"曙光"第 1 节第一句话和第 2 节最后一句话（*KSA*6，页 367、329 和 332）。

* ［译注］历史上的扎拉图斯特拉通译为"琐罗亚斯德"，他在说法时全以韵文唱出的部分称为伽陀（Gatha）或琐罗亚斯德之歌。

报以一种胜出的姿态。⑤ [14] 也正是这种姿态决定了这个名字的选用，因为它指向先于耶稣几百年的一位先知，并且这位先知将"希伯来人"的历史纳入了一个更大的历史之中。在全书中，耶稣是扎拉图斯特拉之外唯一的一个被点名的人物。即便耶稣，也只是在第一卷第21章第26节被点过一次名，在后来谈论他的所有地方，都有意避免提及他的名号，这一做法本身突出了耶稣在这出仿讽剧中所占据的特殊地位。然而，仿讽并没有排除悲剧。数百处明言的指涉、未明言的引用和对照性的关联，都将《扎拉图斯特拉如是说》与圣经相联系，通过这些，扎拉图斯特拉对他反讽的对象形成了依赖，同样，将真正的反耶稣这一角色赋予扎拉图斯特拉，对戏剧的主人公也不会毫无反作用。仿讽到了极致，将会使他背上无人可以承受的负担，而这或许正是悲剧的缘由所在。他得在自身中将无法共存者合二为一。二元之为一体。

　　哲人和先知、悲剧和仿讽，这些概念并没有出现在《扎拉图斯特拉如是说》当中。尼采有意进入路德版圣经的语言氛围中去，在重又亲自发声的接下来一本书中，他将盛赞路德版圣经，称之为

---

⑤ "当扎拉图斯特拉三十岁时"——全书的这一开篇上来就以对立的姿态指向耶稣。耶稣在三十岁时被"魔鬼引向荒野"，在那里"受魔鬼试炼"达四十天之久，而后才开始布道（《路加福音》3：23，4：1，4：2），并在三十三岁死于十字架上；扎拉图斯特拉却在三十岁退隐山林，欢享"他的精神和他的孤独"。十年之后，也就是在四十岁时，他下山前往人间，宣讲超人。"论自由的死亡"一章澄清了这种对置的批判性目的。《扎拉图斯特拉如是说》第一卷（当这本书在1883年夏末面世的时候，尚且看不出它是一本包含了几个部分的作品的第一部）的结尾，处处都是对耶稣与其门徒关系的仿讽，在那里扎拉图斯特拉向他的门徒们预言了两度再临："有朝一日，你们当仍旧成为我的朋友，以及一种希望的孩子（Kinder Einer Hoffnung）。然后我愿第三次与你们同在，来与你们一起庆祝伟大的正午。"第一卷，22章，3部分，11节（页102）。

"德语散文的经典之作"。⑥［15］他那逐句分行的诗篇与路德的诗作甚为相似，他是如此看重这种相似，以致采用了一些并非其风格和笔法的安排与用法，并且只在《扎拉图斯特拉如是说》当中：举个既惊人又细微的例子，路德说，上帝 sahe［看着］，尼采也说，扎拉图斯特拉 sahe［看着］。⑦ 在《扎拉图斯特拉如是说》中，尼采以圣经这本"迄今为止最优秀的德语著作"为榜样，尽可能不使用那些明显的外来词，如剧场（Theater）和神学（Theologie），政治（Politik）和宗教（Religion），或基督教（Christentum）和喜剧（Komödie）。先知表明，作为译者的尼采时而越出路德的藩篱。他将自然（Natur）*作为例外来处理。自然唯有在第二卷第17章第19节被提及一次。我们尤为感兴趣的哲人、先知和悲剧等只以翻译的形式出现。它们被改写或描摹。扎拉图斯特拉着重谈及"求知者"

---

⑥ "在德国，只有布道者知道，一个音节、一个词语的分量，知道一个句子如何冲出、跳跃、坠落、奔跑、止步……德语散文的经典之作因此恰如其分地是其最伟大布道者的经典之作。迄今为止，圣经是最好的德语著作。与路德版圣经相比，其他一切著作几乎都只是'文学作品'罢了——文学这玩意不是生于德国，因此无论过去还是现在也都没有生长到德国人的内心中去，没有能像圣经那样。"《善恶的彼岸——一种未来哲学序言》，247节（*KSA*5，页191）。［译注］Philosoph［哲人］、Prophet［先知］、Tragödie［悲剧］、Parodie［仿讽］等德语词，都源自希腊文，就词源而言，都是外来词。

⑦ 尼采一共用了十一次 sahe［看着］。第一次是这样说的："但扎拉图斯特拉看着人群，心生惊奇。"前言，第4部分，1节（页16）。路德的第一次使用是在《创世记》1：4："神看着光是好的。"——尼采也按"节"征引《扎拉图斯特拉如是说》：参《瞧这人》第3章，《扎拉图斯特拉如是说》8章，第3部分（页349）。［译注］在德语中，sah 是 sehen 的第一和第三人称过去式，路德在圣经翻译中独用 sahe，尼采有意让《扎拉图斯特拉如是说》的讲述者仿效路德圣经的口吻。

＊［译注］德语中的 Natur［自然］源于拉丁语 natura［生］。

(Erkennenden)。他视"求知者们"为首要的言说对象。并且他还被"生命"本身称为"求知者"。他作为"先知"(Seher)*出现在我们面前,自称是一位"预言家"(Wahrsager),以立法者面目现身,端坐在被砸碎的旧法版和未完成的新法版之间,**等待着征兆。他自认为超越了"一切悲情之游戏(Trauer–Spiele)和悲情之严肃(Trauer–Ernste)"。⑧然而,在《快乐的科学》中题为"悲剧开始了"的段落,在《扎拉图斯特拉如是说》的开篇被分成诗行,并在结尾保留了这个预告:"于是扎拉图斯特拉开始下山。"***

---

* [译注] 德语中的"先知"一词 Prophet,源于希腊语 prophetes,动词 prophanai 意为预言。Seher、Wahrsager 与 Prophet 同义,区别只在于后者是外来词,而前两者是原生的德语词。

** [译注] "被砸碎的旧法版"字面上指摩西在西奈山上得自上帝的两块写满律法的石版:因以色列人在等待摩西下山之际铸造金牛犊犯了偶像崇拜之罪,摩西砸碎了原初的两块石版,他后来听从上帝的吩咐又重凿了两块石版(见《出埃及记》24:12, 31:18, 32:15, 32:16, 32:19, 34:1, 34:4, 34:28。尼采用"旧法版"指称各古代民族书写其善恶标准的"律法之版"。参《扎拉图斯特拉如是说》第三卷第12章"论新旧法版"。

⑧ I, 3, 28 (37); I, 13, 16 (70); I, 22.2, 10 (100); II, 3, 5 (113); II, 8, 28 (134); II, 2, 10 及 11 (110); III, 12.7, 6 (251); II, 12, 32 (148); II, 20, 11 及 12 (179); 参看 II, 1, 10 (106); IV, 2, 27 (303); 参看 II, 19, 41 (175); III, 7, 37 – 39 (225); III, 10.2, 31 – 32 (240); III, 12.1, 1 (246); III, 12.3, 13 (249); IV, 1, 15 (297); I, 7, 10 – 13 (48 – 49)。

*** [译注] Untergang 在"下山"和"下降"之外,还有"没落""覆灭"之义,故而预示着悲剧。

因孤独而感痛苦，这也当受责备。

尼采，《瞧这人》

第一卷

[17] 悲剧始于扎拉图斯特拉的第一次演讲。演讲的对象是太阳，随后是市场上的演讲，据那新福音书作者的见证，"这篇演讲也被叫作'前言'"。⑨我们可以从中得知，扎拉图斯特拉为何要下山，他在那山上"十年不曾倦怠"，欢享"自己的精神和孤独"。他显然相信自己智慧过多，渴望有人来接受他那自以为的溢流（Überfluss）："就像采集了太多蜂蜜的蜜蜂，我厌倦于自己的智慧，我需要摊开的双手。"细察之下，他的智慧还不够自己受用，因为他不能满足于自身。他想要下降至人群，给予、赠送和创造，希望得到他们的接受、爱和共同创造。他将自身的需要投射在所谓的太阳的需要当中，如讲者所述，扎拉图斯特拉向太阳"如是说"："你这伟大的星球啊！倘若没有你所照耀的，你的幸福会是何种模样！／十年了，你升起，来到我的洞穴：倘若没有我，没有我的鹰和蛇，

---

⑨ "扎拉图斯特拉的前言"共10部分，在第5部分第26节，讲述者说："至此，扎拉图斯特拉的第一篇演讲结束了，这个演讲也被叫作'前言'。"扎拉图斯特拉在市场上所宣讲的"前言"不同于尼采所写的"扎拉图斯特拉的前言"。并且，讲述者所谓的"扎拉图斯特拉的第一篇演讲"，也不是尼采告诉我们的扎拉图斯特拉的第一篇演讲。戏剧的基本演讲逐渐变为传统的估定（Zählung der Überlieferung），正如扎拉图斯特拉的前言在公共记忆中被化为他向民众说的话。

[18] 你会倦于你的光和路。/然而每个清晨，我们都等着你，从你那里接受你的溢流，并为此而向你赞美感恩。"* 扎拉图斯特拉看来将自己的幸福系于他的为他人而在（Sein für andere），系于他对他人命运所加的影响。为了一种未来的幸福，他愿意落入对人的依赖，他为自己的这一冒险之举找来一个整全的、宇宙性的支撑。他不只为所企盼的幸福诉诸光芒最亮的星球，他的行为也要与太阳相合，仿效太阳的榜样："我必须像你一样下山，就像我所要去的人间所讲的那样。"最后，他明确地为自己的行为祈求至高的祝福，他即将"四处"播撒伟大星球的幸福"余晖"。为此，他确凿地恳求"宁静的眼睛"，这眼睛"即便对于一种过大的幸福也能毫无妒忌地观望"。扎拉图斯特拉固然没有以上帝之名，受一位好忌妒的上帝的委派，向人类说话。但是，与演讲对象被想象的依赖性不同，他为了实现自己的使命而迈入的依赖性至为实在。并且他那即将发生的下降，也不同于太阳每天的下山，并不是自然事件。扎拉图斯特拉不会保持不变，下山复又上山，运行于永远相同的轨道。当讲述者在第 12 节谈及"扎拉图斯特拉的下山"，他所谈论的是一个历史事件。位于这个历史事件根底处的是一种影响深远的观念转变，扎拉图斯特拉最后道出了第 1 节所指向的这种转变："扎拉图斯特拉又想要成为人了。"扎拉图斯特拉这篇面向太阳、取得自我认同的演讲向我们展示了他成为先知的转变过程。⑩

随着内在转变而发生的是外在的信仰自白（Bekenntnis）。自白

---

* [译注] segnen 源于拉丁语 signare，画符号，即在胸前划十字架，在"祝福"这一通常含义之外，还有一种"赞美""感恩"的含义。稍后，扎氏祈求太阳 Segnen，即祈求太阳的祝福；此处是接受了赠予之后的赞美和感恩。

⑩ 前言，1，1-12（11-12）。

体现在这样三句话中：我爱人类。我带给他们一个礼物。我来把超人教给他们。"我爱人类"是扎拉图斯特拉跟人说的第一句话。这句话是扎拉图斯特拉对一位白发老人所提问题的回答，他在下山路上遇见这位白发老人，老人问，扎拉图斯特拉因何愿意放弃自己的孤独。他在扎拉图斯特拉身上看到了另一位把火送往山谷的普罗米修斯："你难道不怕受到对纵火犯的惩罚？"这位林中圣者不再爱人，因为对他来说，人是"一个太不完美的东西"，他现在爱上帝，[19] 他的反驳促使扎拉图斯特拉作出解释："我所说的爱是什么啊！我带给人类一个礼物。"扎拉图斯特拉所爱的，并非如其所是的人，而是他的礼物的接受者，是他们通过他能够成为的东西。第三句话最终将礼物规定为一种要求。"我教你们超人"，扎拉图斯特拉以此开始了著名的市场上的演讲，这时他刚刚抵达距离他的洞穴最近的城市，还没有向听众作自我介绍，没有让听众对自己的学说有个预备，就直接开始了。他接着说："人是某种当被超越的东西。你们已经为这种超越做了什么？"这位先知爱［人类］、［向人类］发预言，并且［对人类］提出要求。他的爱所关系到的是人的改变。他的要求是要超越现存者。他的礼物是一种学说，这种学说当能为人类设定一个目标，赋予人类的生命一种意义，为人类在整全中指定一个位置。面向民众的演讲围绕着超人学说，我们可以在这个学说中看出扎拉图斯特拉作为赠送者想要分发或者作为创造者想要拿来实验一番的智慧"溢流"。在三度开讲、分为三章的演讲中，扎拉图斯特拉一开始就呼吁，人当意求超出自身去创造（Übersichhinausschaffen），由此融入整全。"迄今为止，一切生物（Wesen）都超出自身创造了些什么。"如果人类不想落后于其他物种，或脱落于进化史，就不能将自身视为终点。"你们走过从蠕虫到人类的道路，且你们身上许多东西仍是蠕虫。你们曾是猿猴，且即便现在，人也比任何一只猿猴更像猿猴。"扎拉图斯特拉的话表明，超人学说源于生命本身的要求，并将人带入与生命根本原则的和谐。不过，超人学说并不止步于一种普遍的编排。它毋宁赋予人类一个特殊的、使其超出所有其他生物的目标。因为它给人类委派了一个自然历史和世界历史的使命，即创造大地的意义。扎拉图斯特拉在演讲的第7节宣告："超人是大地的意义。"可意义如果没有作为意义被肯定，就不是意义，所以他在第7节中用敦促重复了这句话："让你们的意志说：超人当是大地的意义！"[20]这个措辞将意义变成了将来之事，一切都要以这一意义为目的，所有对于人而言具有分量的东西都要从中得到理解。这种极端未来主义的意义赋予，规定了价值判断、崇敬与藐视、信条与禁令的一种新秩序。扎拉图斯特拉将所预告的顶点［时刻］坚决地置于此岸，用大地责任（irdische Verpflichtungen）*反抗超越大地的希望，宣称"上帝死了"，对大地的亵渎"现在"成了"最可怕的"，并用厌恶的情感来对抗一切适于将人固着于"可怜的舒适"的东西。为使幸福、理性和德性不致降格为这样一种"可怜的舒适"，他树立了一种能够"证成""此在本身"的幸福、一种"欲求知识犹如狮子欲求食物"的理性，以及一种让人"发狂"的德性。作为一种觉醒的学说、越界的学说，一种［有着］至高抱负的学说，超人学说的首要目的是克服"可怜的舒适"，因为从这种学说来看，在通往伟大和卓越的道路上，"可怜的舒适"构成了第一道障碍。"并非你们的罪——是你们的知足在朝天呼叫。"扎拉图斯特拉唤起狄奥尼索斯式和柏拉图式疯狂，以对

---

*［译注］或译为"尘世/地上的义务"。

抗知足和平庸:"然则那用舌头舔你们的闪电在哪里呢?那必定注射到你们身上的疯狂在哪里呢?/看啊,我教你们超人:他就是那道闪电,他就是那种疯狂!"扎拉图斯特拉不仅作为先知说话,他还像一位先知一样说话。⑪

人群来到市场是为了观看走绳表演,以此娱乐,扎拉图斯特拉的话在人群中只收获了嘲笑,于是他另起炉灶,开始了第二段演讲:"人是一根绳索,系于动物和超人之间——悬于深渊之上。"通过绳索这个形象,扎拉图斯特拉为接近他想要说服的听众迈出了第一步。无论这个隐喻有多么即兴,又多么具有误导性,它不仅联系着围观者所注目的东西,而且使得他可以在联想起走绳者之外,迅速切入正题,[21]开始谈论他的人类之爱:"人之可爱,正在于他是一种过渡和一种没落。"*接下来连着十八节都以"我爱"开头,在这十八节中,扎拉图斯特拉历数了新的意义创造所要求的藐视和崇敬。所有这十八节都大力赞颂为了"使大地有朝一日能归属于超人"这一目标而献身、牺牲和无畏于灾难。第二段演讲清楚表

---

⑪ 前言,2,7;2,10(13);3,1-26(14-16)。"我来把超人教给你们"在第3章第2节、7节、16节和26节的四度出现,对应着第3章第14节、18节、19节和20节对"可怜的舒适"的四处谈论。

* [译注]"过渡"(Übergang)和"没落"(Untergang),都以 gang 为词根,gang 源于 gehen(走)。这两个词因而与走绳者的任务和命运相应,过渡即走过去,没落即往下走去、掉落、垮台、毁灭。下文所谓"求没落的意志"也就是"求毁灭的意志",也就是宁愿自我牺牲也要"走过去",在这当中看见了超出个体生命和当下实存的意义。总结来说,Untergang 在书中有三层含义:(1)下山,扎氏的下山或太阳的落山;(2)下降,扎氏教诲从天空下降到大地;(3)覆灭、死亡,如沉船折戟,实即扎氏的死亡,及其所教诲的自我牺牲。除极为明显的"下山"或"下降"义,文中更多的是"覆亡"义,为兼顾这种多义性,权译为"没落"。

明，在向民众所发表的演讲中，超人学说是为甘于承受重负的精神、为英雄或骆驼而设置的，扎拉图斯特拉后来将之描绘成精神所要经历的三次变形的第一次。位于"前言"中心的是"求没落的意志"。⑫

与第一段演讲不同，扎拉图斯特拉在第二段并未完全"隐藏"起来，而且在末尾重又回到他在第一段末尾所引入的闪电形象，可他所获得的仍然只是嘲笑和不理解。他在一段独白中（这也是全书的第二段独白）⑬斟酌该如何激发听众，这还是第一次［策略斟酌］，或者是我们所能看到的第一次。在两度失手之后，他现在要抓住他们的骄傲，他们对自己所受教化的骄傲，抓住他们的自负，这种自负让他们留意自身的与众不同，让他们还能够感受到差别。"所以我要对他们谈论那最可轻蔑者：此即末人。"末人当迫人做出决断。"是时候了"，扎拉图斯特拉两度以此开头。"是时候了"，不是《诗篇》作者呼吁主——他的上帝该行动了，因为律法遭到践踏（《旧约·诗篇》119：126），而是"人类该为自己确立目标"，该"栽培他最高希望的幼芽"了。接着，扎拉图斯特拉三度用"呜呼！必有一日"切换到了先知的语调（Register）。［22］先知从远处看到灾祸临近，并且为了祛除危险而召唤最危险的时代，"人将不再射出

---

⑫ 前言，3，27；4，1-23（16-18）。在第二卷中，扎拉图斯特拉也让求知者，即哲人，服务于未来主义的意义赋予："我爱那人，他活着是为了认识，他要认识是为了超人有朝一日活着。他因此而意求自身的没落。"前言，4，8。

⑬ 前言，5，1-5（18-19）。第一次独白紧接着第一次对话，且有两句："而当扎拉图斯特拉独自一人时，他就对自己的心说道：'这怎么可能啊！这位老圣者在他的林子里，居然还根本不曾听说，上帝死了！'"前言，2，21（14）。

渴望超越自身的弓箭",“人将不再孕育星辰"。"呜呼！必有最可藐视之人的时代到来，这种人不再能够自我藐视。"通过让人四度听到末人的答辩，四度看到他们说话时眨巴的眼睛，扎拉图斯特拉把最可藐视之人展现了出来。"'什么是爱？什么是创造？什么是渴望？什么是星辰？'——末人如是问道，并眨巴着眼睛。"末人所提的并非苏格拉底式问题，他的眨巴也不是暗示或表演时的隐秘传达。这四个问题所表现出来的是对扎拉图斯特拉演讲的冷漠拒绝。第三和第四个问题让扎拉图斯特拉关于最大危险的宣告归于徒劳："你谈什么渴望和星辰？"第一个问题反驳了扎拉图斯特拉演讲的核心关切："谈什么爱呀？"唯有第二个问题没有征引扎拉图斯特拉的原话，末人仿佛耸耸肩膀消解了整个超人学说："创造算什么？超出自身去创造算什么？"眨眼则强化了对先知的预言和告诫的无感。末人无法自由观看。他看不见危险。他对真理没有概念。末人在第三段演讲中的四度眨眼，对应着第一段演讲中对"可怜的舒适"的四度展示。扎拉图斯特拉共让末人说了四句话，并且第二句和第四句是一样的，这相同的一句道出了关键："'我们发明了幸福'——末人边说边眨巴着眼睛。"被发明的幸福基于幻象，这句关于被发明的幸福的话是末人们的判词。尼采将在《敌基督者》中用哲人们的回答来对之做出回应，仿佛迟到的回声："我们发现了幸福。"⑭

"前言"淹没于"人群的叫喊和喜乐"："把这末人给我们吧，噢，扎拉图斯特拉，——他们如是喊道——把我们变成这种末人！我们就把超人奉送给你！"先知全然失败了。他的学说触动不了民

---

⑭ 前言，5，7-25（19-20）。《敌基督者》，1节（页169）。

众。[23] 他试着谈论听众们的骄傲，这个尝试也被引入歧途。对末人的谈论并未将他们引向自我决断。这种谈论所唤起的不是惭愧，而是欲求，是促使他们与之相等同。扎拉图斯特拉下山分享他智慧的溢流，却在市场上觉察到了自身智慧的缺乏。他不知道自己在向谁说话。他因此也不知道自己该如何说话。他能向谁说，不能向谁说，对此，他一无所知。他该从失败中明白，他必须让自己的演讲适应听众。他得从别人那里知道并且亲自体会到，这是可以给他带来危险的。扎拉图斯特拉对自己送给人类的礼物满怀信心，把林中老圣者的警告当作耳旁风。在"前言"的末尾，他认识到，他的学说收获的不只是嘲笑，而且还有仇恨："他们在笑的时候，也在恨我。他们笑里藏冰。"所以，他听进了小丑的警告，正是这位小丑导致走绳者摔死。"噢，扎拉图斯特拉，离开这城市，"小丑在他耳边窃语，"这里有太多人恨你。善人义士们恨你，他们称你为他们的仇敌和藐视者；正确信仰的信徒们恨你，他们称你为众人的危险。"从扎拉图斯特拉后来的表现来看，他着实听进了小丑的话，随后，当他把既存秩序的护卫作为自己学说的敌人纳入视野，他也谈论"善人义士"；当他把"正确信仰的信徒"作为自己的对立面，他同样也在接续小丑的话。在"扎拉图斯特拉的前言"末尾，我们看到，先知在一场大睡并获得了一个新的洞见之后，决心从市场上的失败吸取教训并走上另一条道路："扎拉图斯特拉不该向民众说话，而要向同伴讲话！扎拉图斯特拉不该成为某个牧群的牧人和牧犬！/把许多人从牧群里引开——我是为此而来的。"扎拉图斯特拉不再向所有人说话。他将要区分其学说的言说对象。他所寻求的不再是直接的，而是一种间接的统治。他把赌注下在颠覆既有、下在一群新创造出来的精英上面。

他的外在的信仰自白也由此发生了变化。⑮

[24] 扎拉图斯特拉向民众所作的演讲——"人们也称之为'前言'"——规定了《扎拉图斯特拉如是说》的历史位置。这场演讲所面向的不是波斯人或希腊人,不是犹太人或德国人,而是面向"最近的城市",这最近的城市可以是人类的任何一座城市。后基督教时代的先知向人类说话。他所要宣讲的,关乎所有人,并且看起来并不特别地关乎任何人。他既没有谈论忠心的都城,也没有说起最好的城邦。他所论及的不是这个或那个共同体,而是人类的未来。无论从何种意义上说,超人和末人学说这一"扎拉图斯特拉的前言"事实上的核心,⑯ 实际上都是一种后基督教的学说。这种学说尝试回应"最大的一桩新事件",这个事件同时也标志着这种学说最重要的前提,这个事件就是"上帝死了"。⑰这种学说要"教给人类其存在的意义:此即超人,从人这乌云而来的闪电"。这种学说凭借它的未来张力,它对渴念和希望的强调、对奉献和牺牲的要求、着眼于最大的危险和最高的期望而对决断的呼吁,得以接替已经丧失可信性的基督教末世论。和前言开头对达尔文主义视角的采纳一样(在那里,超人显现为一种新物种,尚且没有被刻画为有待解释的"闪电"),超人和末人学说对青年黑格尔派(他们为了人类而将人类提升至最高存在者)的回应,同样属于扎拉图斯特拉的后基督教语境。

---

⑮ 前言,5,26(20);8,1(23);9,1-18(25-27)。

⑯ 在科利和蒙提纳里版(Colli und Montinari)的"扎拉图斯特拉的前言"处,尼采在第一卷的目录安排印有"论超人和论末人"。在向民众所做的演讲中,扎拉图斯特拉运用了12次"超人"和6次"末人"。

⑰ 《快乐的科学》,卷五(1887),343节(页573);参看卷三(1882),125节(页480-482)。参看前言,2,21(14)和3,11(15)。

扎拉图斯特拉面向民众的演讲共有66节诗行，这些诗行所标识的历史位置，通过行动得到了进一步澄清，行动构成了演讲的背景。因为这一"前言"只包含了本章十部分中的三部分，这十部分以"扎拉图斯特拉的前言"为名先行于全书八十篇演讲或八十章。[25] 在下山的这一天，扎拉图斯特拉遇见了四位和他说话的人。这些人物两两相应，以各自的方式反映了后基督教境况中的不同立场。对称排序中的两个外围人物，即扎拉图斯特拉抵达城市之前在树林中撞见的老翁，扎拉图斯特拉重又离开城市后，在林中敲其大门的老者，都以仿讽的手法得到了夸张的描写，他们显示了没落的基督教的两种形态。劝诫扎拉图斯特拉不要去和人类打交道的"老圣者"，同他的上帝一道作为"双隐者"*而活，他一直赞颂他的上帝，以之为自身的支点。他将基督教上帝简化为一个内在的上帝，不再关心信仰的公共意义、对世界的影响，不再关心基督教道德和基督教政治。向扎拉图斯特拉和走绳者的尸首提供"面包和葡萄酒"的单隐者，不加分别、不论情境、不计配得与否地将基督教博爱加诸每一个人。他只是履行义务，不论来者是活人还是死尸。他的支点不在上帝，而在一种服从普遍化命令的道德。扎拉图斯特拉在曙光和午夜之间所遇见的第一个人和最后一个人，分别代表着：信仰基督教上帝却不顾基督教道德和信仰基督教道德而不顾基督教上帝。一体被分成了两截。两个内在人物分别是走绳者和在绳上跟着他、让他慌张、跳过并惊吓他、致其死亡的小丑，这两个人物不同于前面两个外围人物，他们不是基督教没落后的内在形态或私人形态。他们

---

* [译注] 原文 Zweisiedler，系尼采仿 Einsiedler [隐者] 所造。"双隐者"不是一个人隐居，而是和自己的上帝一起隐居。在和"双隐者"对应的场合，Einsiedler 中的 Ein 得到强调，故译为"单隐者"。

并不住在树林,而是属于市场,他们是市场上的"竞争者",争夺民众的掌声。两个位于中心的人物登上了公共舞台,有着政治上的指向。走绳者代表的是保守的人本主义者。他努力在深渊上保持平衡,在绳子中央、在动物与超人之间的半路上摔了下去。他想要将人保持为人,没有越界,没有超越或沉落,没有一种越出的态势。反之,小丑把赌注下在新人类(Neuen Mensch)一边。他代表的是革命性的乌托邦主义者或千禧年主义者,想要加快历史的进程,超越如其所是的人类。[26] 人本主义者误以为乌托邦主义者身上有个魔鬼并且感到害怕。他信仰恶的本质。基督教留给他的不是天堂,而是地狱。扎拉图斯特拉轻而易举地在他濒死的时刻给他安慰。走绳者的信仰是虚弱的。乌托邦主义者从基督教中保留了天堂,他想要把这变成地上的天堂。他于此时此地展现自己的绝活,唤起对于彼时彼处伟大预言之实现的希望。小丑不仅警告扎拉图斯特拉当心现行秩序的捍卫者和正统信仰的信徒,而且警告他当心自己。在关乎人类未来的竞赛中,小丑是扎拉图斯特拉的竞争者。我们同样可以把小丑看作对超人捍卫者的一种反讽意味的预演,这些捍卫者信仰扎拉图斯特拉,他们以为会发生巨大的突变,且当把人类抛诸身后,无论付出何种代价。[18]

当扎拉图斯特拉在向民众演讲、在种种相遇之后的第二天,在孤独中谈到一个"新真理"的时候,哲人出场了。这是他第一次谈论真理,并且当太阳位于"正午",他所谈论的真理直接地关乎他自身:扎拉图斯特拉需要同伴。紧接着这个真理的是一个决断:扎拉

---

[18] 前言,2,1-20(12-14);6,1-6(21-22);7,3-4(23);8,1和6-8(23-25)。参看前言,9,18(27);I,12,3-16(65-66);III,12.4,3(249)。

图斯特拉不再向民众,而要向同伴说话。并且这种真理在一种确信中达至高潮:谁还有聆听闻所未闻之物的耳朵,扎拉图斯特拉就要用自己的幸福让他的心灵变得沉重。如扎拉图斯特拉后来所说,他在市场上的演讲可谓一桩"隐居者的蠢事",在此意义上,新的真理所表达的是一种自我批判和自我校正。扎拉图斯特拉洞察到:"当我向所有人说话,我其实没有向任何人说话。"这个新的洞见绝不只是纠正了一个错误,而且也敦促扎拉图斯特拉转向自身,这首先是因为新的洞见必然将扎拉图斯特拉从需要何种同伴的问题引向他如何理解自身的问题。扎拉图斯特拉向"自己的内心"说道,他需要同伴,"他们跟随我,因为他们想要跟随自己——并且通往我所要到达的地方"。这又可以分为两种同伴。[27]一种同伴,扎拉图斯特拉理解他们甚过他们理解自身,扎拉图斯特拉能够获得他们的同意,带领他们去往他想去的地方,而他们不必理解他的意愿。另一种同伴,跟随扎拉图斯特拉,去往他想去的地方,是因为他们的意志与他的意志相吻合,也就是说,因为他们像扎拉图斯特拉理解自身那样理解自己,或者因为他们心目中最重要的东西与扎拉图斯特拉心目中最重要的东西相同。扎拉图斯特拉的表达所蕴含的两种可能性从一开始就得到了指示,这种双重性在接下来的事件中将扮演重要角色。在前言的结尾,区分尚未发生,因为扎拉图斯特拉的意志将两类同伴作为"共同创造者"系于一桩功业(Einem Werk),而扎拉图斯特拉对创造的界定也仅限于"在新版上题写新的价值"。出于相同的理由,扎拉图斯特拉将自己理解为什么,也仍然保持开放。相反,清楚的是,他的幸福、他的模范意义,对于和同伴的关系将具有重要意义,这些同伴,他首先还要"创造"、必须为自己赢得并对之施加教育。"新真理"将扎拉图斯特拉的注意力转移到同伴身上，也将扎拉图斯特拉移到了中心位置。"对于我们而言，谁是扎拉图斯特拉？"的问题，对于他此后向之说话的圈子来说，重要性并不让于超人学说。对于他的未来学生而言，扎拉图斯特拉的生命和学说是紧紧联系在一起的。是一体，而非两截。⑲

"扎拉图斯特拉的演讲"开篇即考虑到了情形的变化。因为"三次变形"的寓言所关涉的并非普遍意义上的人类，而是扎拉图斯特拉的同伴，或者更准确地说，关涉与扎拉图斯特拉同类的同伴，因而也关涉扎拉图斯特拉自身。在渔猎人类者（Menschenfischer）于严格意义上开始其说教活动之前，他向自己优先面向的言说对象应许了即将经历的三次变形，即变为骆驼、狮子和孩子；而扎拉图斯特拉要么已经经历过这三次变形，要么他相信自己知道，他必须经历这些变形。扎拉图斯特拉所勾勒的这三次变形展现了求知者的发展过程、哲人的道路。变形为"骆驼"、[28]变为心怀敬畏的"负重的精神"（tragsamen Geist），即变形为英雄，英雄试着投身最为艰难的事情。可用一句话来总结：这是我的意愿，将最沉重者加于我身，担负最高的使命。骆驼担负着最沉重之物、带着真诚（或对自身的残忍）的要求走向荒漠，第二次变形即发生于"这最孤独的荒漠"。在这里，他曾相信自己当尊崇和敬献的主、"最后的上帝"褪去了掩盖，向他展现为千年传统之巨龙，这巨龙否定了求知者的意志。狮子认识到，他曾作为"至为神圣之物"来爱的"汝当"（Du-sollst），乃是基于"妄想与任意"。位于中心的是求知者对主人和"汝当"之神的反抗。第二次变形意味着，不服从任何"汝当"，将自己

---

⑲ 前言，9，1-18；10，1（25-27）；参看 II，20，13-15（179）；III，3，7、16（203-204）；IV，13.1，1-2（356）。

从所有的权威中解放出来,如是我愿。自我解放的精神进行"神圣的否定",随后,自由创造的精神在第三次变形中又作了"神圣的肯定"。孩子象征着"无辜",即位于义务道德的彼岸,象征着"遗忘",即超越了对于敌人的依赖,还象征着"游戏",即超越了委任和传承所带来的负担。第三次变形的原理是:肯定自身的意志,肯定我对自身的爱,在世界的游戏中以创造的方式参与游戏,如是我愿。⑳

我们对于扎拉图斯特拉如何通达自己的言说对象一无所知,这属于《扎拉图斯特拉如是说》在政治上的未被确定状态。他还接着在公共场所面向一大群人说话?或者"前言"为他赢得了一群追随者,这群追随者早就围在他的周围?而这意味着,面向民众的演讲末了并不像扎拉图斯特拉所以为的那样失败了。㉑与此相反的是,讲述者告诉我们,在讲述"论三次变形"这段开场白的时候,扎拉图斯特拉正逗留于"一个名叫彩牛城"的城市。[29]"彩牛城"四度被提及,并且是唯一一座具名的城市;"彩牛城"之名将佛陀也拉入了反讽,因为佛陀曾经寻访过的一座城市也叫"彩牛城";这扩大了尼采的反耶稣的胜出姿态所涉及的范围。㉒"扎拉图斯特拉的演讲"第一卷共有二十二讲,其中二十讲都发生在"彩牛城"。这是扎拉

---

⑳ I, 1, 1-26(29-31)。第一卷第 1 章共有二十六节,在第 13 和 14 节,并且只在这两节中,上帝各出现了一次。

㉑ 扎拉图斯特拉在第一篇演讲中四度称其听众为"我的兄弟们"(I, 1, 18、20、23、25)。不过,他在市场上向民众说话的时候,已经用过一次这个称呼:"我恳请你们,我的兄弟们啊,保持对大地的忠诚,别相信那些向你们宣讲各种超越大地希望的人!"前言,3, 9(15)。

㉒ I, 1, 27(31);I, 8, 1(51);I, 22.1, 1(97);III, 8.2, 33(230)。——在《敌基督者》的类型学中,"佛陀"与"救赎者"、"保罗"与"摩奴"相比肩,占据一个重要的位置:《敌基督者》20、21 节(页 186-188)。

斯特拉第一波教谕活动的发生地。他为门徒所阐发的学说，核心是源自"前言"的超人之为大地意义的未来主义学说。不过现在，扎拉图斯特拉改变了方式。在哲人的道路这一譬喻（I, 1）之后，他并没有再一次用"我教你们超人"开始。他现在首先了解了一番情况，看最强大的竞争者能够用什么来吸引他的言说对象的注意力（I, 2）。扎拉图斯特拉"同所有青年一道"端坐在一位智者的讲席前，"有人"向他盛赞这位"善谈睡眠和德性"的智者。结果证明，智者吸引青年，乃是因为他并不以道德家的面貌出场，而是着眼于[听众]自身的善好来解说各种德性，德性可以增进善好。智者将基督教道德学说的隐含意义规定为"好的睡眠"，而其信条和禁令也正是为此而设的各式手段。㉓扎拉图斯特拉自信他可以向门徒教授一种更好的"生命意义"——扎拉图斯特拉将在短短几十年间使得"生命意义"这一说法广布德语世界。㉔当他在第一次重拾"前言"教义（Doktrin）的演讲（I, 3）中引入"大地的意义"，他不仅预先对"背后世界论者（Hinterweltler）"*的教义做了一番明确的批判，

㉓ 智者在解释圣经道德和基督教德性的时候主要依据的是十诫中的第八条、第六条和第十条，保罗《罗马书》13: 1，《诗篇》23，《马太福音》5: 3。参 I, 2, 9, 10, 14, 15, 18 (32 – 33)。

㉔ "对于所有这些受人赞美的讲席智者而言，智慧都是无梦的睡眠：他们不知道更好的生命意义。"I, 2, 32 (34)。参看奥登伯格（Hermann Oldenberg），《佛陀：生平、教义与教团》，Berlin1881，页 51；柏拉图，《苏格拉底的申辩》，40d。

* [译注] Hinterweltler 是尼采生造的词语，这个词有双关含义：一方面影射 Metaphysiker [形而上学家，超自然论者]，指相信此世背后还有一个隐秘的实在世界的人；另一方面影射 Hinterwäldler [森林背后的人]，这种人因居于世外而对此世事务显得无知而愚蠢。于是，这个双关语本身就成了暗讽，讽刺割裂现象与本质的形而上学家或信仰者是些着实老土而愚蠢的人。有译者将这个词处理为"彼世论者"或"信仰彼岸世界的人"，问题在于，尼采用了"后

[30] 努力为身体和大地赢得新的荣誉，而且还用信仰自白来开启话头："和所有背后世界论者一样，扎拉图斯特拉也曾将他的妄念抛向人类的彼岸。"他不再简单地宣称"上帝死了"，而是援引他自己过去曾经信仰的上帝，这上帝现在当见证，扎拉图斯特拉对于他所谈论的东西是了解的："啊，兄弟们，我们过去所创造的这个上帝，是人的作品和妄念，同所有神祇并无二致！"他一方面用"大地意义"的教义替代各式古老的教义，继而宣讲一种"新的骄傲"和一种"新的意志"来与之相连，这新的骄傲和新的意志基于"最年轻的德性"：真诚。㉕直到下一篇演讲（I, 4）的末尾，在做了进一步的概念澄清以衬托学说之后，扎拉图斯特拉在市场上突兀提出的概念"超人"才最终出场。㉖在第一卷第 3 章的最后一个词"大地意义"和第一卷第 4 章的最后一个词"超人"之间，第四篇演讲引入了"创造的自身"作为中介环节，这创造的自身在最后将身体及其"大理性"和自我、"小理性"和意志统统纳入一个有行为能力的整体中来，这个整体是一个设定并追随目标的行动者。扎拉图斯特拉用这个"自身"（Selbst）来对抗背后世界论者的"幽灵"，对抗一个没有身体的精神或灵魂。由此可见出扎拉图斯特拉对生理学话语（Physiologia）的援引。我们可以将这种"自身"理解为被具体

于"（Hinter），"彼世"或"彼岸"在字面上的方向恰相反。"背后世界论者"能兼有两义，虽嫌突兀，确乎达译。毕竟，尼采造的这个词，在德文中也是突兀的。

㉕ I, 3, 1、7、18-22、28、33-34 (35-38)。

㉖ 在书中所有四卷，超人学说都得到了宣讲。超人在"扎拉图斯特拉的前言"中出现了十五次之后，才出现在四部新"福音"中（参尼采 1883 年 2 月 13 日致出版商 Schmeitzner 的信，《尼采书信全集》III 1，页 327，以及 1886 年夏至 1887 年春遗留残篇 6 [4]，*KSA* 12，页 234），共出现了三十三次（第一卷，十二次；第二卷，十四次；第三卷，三次；第四卷，四次）。

塑造了的个体天性，并且这种塑造随着生命过程而生变化。"自身"通过身体而指向大地，通过创造而指向超人——因为超出自身而创造，这是"它最喜欢做的事情，它全部的热情"。扎拉图斯特拉因此在陈述教义之时，回到了"前言"所处的层面：自身，或者不如说，那些"健康的"自身们，那些同其真正的意愿相和谐、意欲超出自身而创造的自身们，[31] 可以是通往超人的"桥梁"，超人作为新的物种（前言第3部分开头）或者作为"闪电"（如在"前言"第3部分结尾、第4部分和第7部分），作为杰出的卓越类型，为自身们的创造、为他们超出自身的创造设定了目标，赋予他们的生命以意义。㉗"自身"概念在德性和激情（I, 5）上的运用，一方面澄清了反对的方向，即对致人庸常的普遍概念的反对，而更重要的是反对适用于所有人的神法或人法，反对"所有人的理性"。德性的方向也由此得到指示，即便不是指向私己之德，至少也是指向自身所选择的善好，并指定征用激情、为之赋予秩序的最高目标。另一方面，诸种德性成为自我提升和自我超越的路径，令人竭尽其力，乃至献祭其身，这些德性使扎拉图斯特拉得以从"创造的自身"达至并强化他在对民众演讲中一开始所提出的要求："人是某种必须被超越的

㉗ I, 3, 8, 9、10、16、19、33 - 34（35 - 38）。I, 4, 1 - 22（39 - 41）。——在第一卷第4章"论身体的蔑视者"和第5章"论快乐和激情"这紧密关联的两章中，扎拉图斯特拉称说话对象为"我的兄弟"，而在这之前的两章教谕式演讲中，即在第一卷第1章和第一卷第3章中，说话对象都被称为"我的兄弟们"。身体只能是一个一个的，无法与他者共享。——在第一部分第4章作为术语登场的"自身"，在后来的论述中却并不具有支撑性功能。只在第三卷，出现了一次（III, 1, 5），在第四卷则根本不再出现。概念上的区分服务于形成反差、澄清对立、标画方向。它们受制于作者的意图，用以劝说谈话对象、增益其教育。它们是帮助理解、指引方向的手段，而非表达一种以自身为目的的教条。

东西：因此你当热爱你的德性，——因为你将毁于自己的德性。"㉘

—— 扎拉图斯特拉为超人的缘故而呼唤英雄主义，可他并没有接着宣布末人。事实上，"末人学说"在前言之外便没有再被宣讲过。㉙ [32] 取而代之的是对既存秩序代言人的挑衅式攻击（I，6），既存秩序代言人唯一的追求，是"在一种可怜的舒适"中长久地活着，这让扎拉图斯特拉感到"厌恶"（Ekel），他将门徒的注意力转向这种攻击。他宁愿因其尚未被社会所驯化的"疯狂"，而赞赏罪犯具有自我区分的力量，在市场预言中，他否认了"最可藐视之人"还具备这种力量。扎拉图斯特拉以革命者的形象示人。他的未来主义学说与现存秩序为敌。"我是河流边的栏杆：谁能抓住我，就把我抓住吧！但我不是你们的拐杖。"㉚第六篇演讲的最后一节过渡到了第七篇，在第七篇演讲中，扎拉图斯特拉着重谈论了自己。在这一章发生了出人意料、门徒们闻所未闻之事。扎拉图斯特拉把自己同围绕在他身旁的人们坚执对立起来（I，7）。开篇寓言谈论他和真正的同伴，他在展望求知者道路的时候，并未把他的"兄弟们"排除在外，可现在他却宣称自己超越了一切，俯瞰所有不能和他一道登上顶峰的人。他没有再用寓言，而是用了尖锐的短句，这些短句足以让大部分听众感到震惊，让大多数门徒受到伤害。扎拉图斯特拉不再是"落自云层"、宣告超人将来的"沉重雨点"。超人之闪电源

㉘ I，5，25（44）。前言，3，2："人是某种当被超越的东西。"I，5，1-8、12。

㉙ 末人共出现了十次，其中九次在前言第5部分。而后只被提及一次，即扎拉图斯特拉在III，12.27，1（267）回顾他"曾经就'末人'说过"的话。民众对他的末人演讲的反应，让扎拉图斯特拉意识到，不能把"末人"作为一种预言的言说对象。

㉚ I，6，1-3、16、23-27（45-47）。参看本书脚注11。

于人类之"密布的乌云",他已跃居其上。他"嘲笑"其"乌黑和沉重"。扎拉图斯特拉不再摆出先知的姿态,高谈逼人的危险,不再仿佛另一位[施洗]约翰,谈论那将来者。他以哲人的姿态说话,哲人以其明朗超越了"一切悲情之游戏和悲情之严肃"。㉛在观察人类、其严肃及其至伟大、至沉重之物时,扎氏所依凭的新高度,[33] 见于他就神和魔鬼所说的话。他在其中一节断定,如果一定要他承认某个神为神,那么这位神所必须具备的特征是:他得懂得舞蹈。下一节他引入了"重力的精神"(Geist der Schwere),他将之视为自己的魔鬼。"一切事物"皆因这魔鬼而堕落。尽管直到最后一部分,"重力的精神"都作为对手而存在,与扎拉图斯特拉进行着持久的竞赛(Agon),可早在第一次提及的时候,扎拉图斯特拉就宣称,他要用大笑来杀死"重力的精神"。没有人会想要用大笑来杀死对手,除非他最终严肃地认为,自己已经摆脱了对手,因此有理由报之以大笑。喜剧比悲剧更接近哲人的视角,第 7 篇演讲印证了这个古老的真理。在最后一节,扎拉图斯特拉宣称自己已经学会了飞翔,会从高处、从上方、在低于自己的地方看自己。他俯视自己的学说,豁然超越了先知。二元,而非一体。㉜

㉛ I, 7, 10 - 13 (48 - 49);前言,4,22 - 23。—— 第七篇演讲和第一篇一样共有二十六节。不同的是,扎拉图斯特拉在第一卷第 1 章四度使用了"我的兄弟们"这一称呼,而在第一卷第 7 章却没有使用任何称呼。与此相应,第 7 章中有四节以"我"开头。在之前的演讲中,他只有两次让"我"位于一节的开头。除了第一卷第 6 章最后一节,只还有第一卷第 4 章最后一节(第 41 节):"我不会走上你们的道路,你们这些身体的蔑视者啊!于我而言,你们不是通往超人的桥梁!"

㉜ "现在我轻逸了,现在我飞起来了,现在我看到我在自己下面,现在有一位神通过我在舞蹈。"I, 7, 26; I, 7, 22 - 25 (49 - 50);参看前言,2,4。

在"论山上的树"这篇演讲中,扎拉图斯特拉向一位跟随他的青年说话(I,8)。这篇演讲是一个转折点,把三组"扎拉图斯特拉的演讲"(每组七篇)中的第一组带向了完成。这是第一篇位于"彩牛城"外的演讲,也是第一篇以扎拉图斯特拉之名开篇的演讲,还是第一篇包含了一段对话的演讲。㉝扎拉图斯特拉把一位门徒卷入了一场对话,他的学说给这位门徒造成了困扰,并且很快可以看出,扎拉图斯特拉的学说事实上将门徒带向了对立面。他在山间遇见这位青年,别无旁人。青年倚靠在树上,"以疲惫的目光望着山谷"。[34]和在市场上的演讲一样,扎拉图斯特拉就近取譬,而后又替换了喻像。为了打破门徒的缄默,他用树来比喻人:"它越是想长到高处和光明处,它的根就越是力求扎入土里,扎到幽暗的深处——深入到恶里去。"扎拉图斯特拉一谈到"恶",就触碰了这位门徒的内心,他在道德上被搅乱,并且为此深感不安。"是的,深入到恶里去!"这话两度从他的内心爆发出来。"你如何可能发现我的灵魂呢?"青年承认,"自从"他"想高升",他不再信任自己,别人也不再信任他。他竭力效仿扎拉图斯特拉,他的努力却给他带来一种让他"颤抖"的孤独。

㉝ "论山上的树"是对耶稣的仿讽,仿讽一方面指向耶稣对拿但业说的话(《约翰福音》1:47-51),另一方面指向耶稣对少年财主说的话(《马太福音》19:16-22)。—— 四篇策略性演讲或四座桥墩将第一卷划分成了三组,每组七篇:分别是第1章"论三次变形",第8章"论山上的树",第15章"论第一千种和一种目标",第22章"论赠予的德性"。其中第1章和第15章位于"彩牛城"内,第8章和第22章位于"彩牛城"外。第1章是一种序曲或前瞻,扎拉图斯特拉真正的教谕活动从那之后才开始。—— 第一组七篇所经历的上升过程,在七篇演讲中的第一篇和最后一篇的开篇有所反映:"人们向扎拉图斯特拉称赞一位智者"(I,2);"扎拉图斯特拉眼见一位青年在躲避他"(I,8)。

他越是高升,就越是藐视自己,因为他没有获得确定的认识,没有获得能让他安身立命的真理。越是如此,他也就越发渴求他无法触及的东西。与扎拉图斯特拉的比较也让他自惭形秽,因为他无法与老师比肩。扎拉图斯特拉指示给他的道路,把这位门徒带向了没落。忌妒毁掉了他。"我多么憎恨那飞翔者啊!我在高处是多么疲惫啊!"这位"痛"哭的青年让扎拉图斯特拉看到了,他在第七篇演讲中所描绘的图像,会给那些在类型上不同于扎拉图斯特拉的追随者们造成毁灭性的影响。通过前言,扎拉图斯特拉认识到,他以后最好"不向民众",而要"向追随者"演讲,可前言的洞见还是不够。如果扎拉图斯特拉不想再次失败,他就必须还要区分"追随者",必须向追随他的两类门徒说两种不同的话:一类满足他的政治意求,另一类则能够把"求知者"的道路走到底。"论山上的树"一章中的青年所代表的是扎拉图斯特拉追随者中的绝大多数,他们试图追随扎拉图斯特拉升入他的"高处",可往往或者坠入纯粹的犬儒主义,或者蜕变为粗鄙的享乐主义,更有甚者,因其怨恨而叛教,成了死敌。扎拉图斯特拉用一番道德言辞来应付直接的危险。他警告门徒,要从他那些"恶劣的冲动"中"净化"出来:"你的野犬们想要获得自由;当你的精神力求解放一切牢狱时,他们在地窖里欢快地吠叫。"他从高处俯视青年,却不再强调高处,[35]而是反过来,用他们共同的、用联结两者的"爱和希望"来恳请青年:"别丢了你的爱和希望!"不过,最重要的是,他将迄今未被提及的"高贵"引入了言谈,他呼吁"高贵者",切莫丢弃了他灵魂中的"英雄"。"神圣地持守你最高的希望!"为了打动高贵者,将他们束缚于其未来主义教义所蕴含的英雄主义,扎拉图斯特拉情愿

以爱、希望和神圣教师的姿态来说话。㉞

无论第七讲［论读和写］的揭示最终意味着什么，对于学生而言，这种揭示都来得太早了。因为，根据"论三次变形"中的预览，孩子的意志要以狮子的意志为前提，而狮子的意志又要以骆驼的意志为前提。"论读和写"公开了先知和哲人之间的分裂，这种分裂或许会让《扎拉图斯特拉如是说》的读者早早地注意到贯穿全书的根本张力。可这也带来了一种危险，即在学说发生影响之前，甚至在扎拉图斯特拉系统地阐述学说之前，就为"负重的精神"掘除了学说的地基。在与青年相遇过后，扎拉图斯特拉重新调整了自己的教谕活动。他开始强化精神（I，9-11），并以净化听众的灵魂为目的（I，12-14）。第二组七篇演讲中的前三篇以政治为主题，接着三篇以道德为主题。与第一组七篇演讲不同，扎拉图斯特拉现在着眼于其差别而向两类受众说话。这尤其可以从三篇谈论生死、战争与国家的演讲当中的中间一篇最清楚地看出，他在这篇演讲中可谓区分了两类跟随者，并对之加以清晰的等级排序。扎拉图斯特拉用"我的战争中的兄弟们"来称呼言说对象，［36］可这既指通常意义上的战争中的参战者，也指思想或论辩战争中的参战者。㉟"你们当寻

㉞ I，8，1、6、7-14、19、21-27、35-36（51-54）。扎拉图斯特拉在对话之后向青年所说的话共有16节（I，8，21-36）。他在其中七度运用了高贵的和高贵者，六度运用了希望。高贵的或高贵者此前从未出现。在向民众所做的演讲中，扎拉图斯特拉曾分别以警告的姿态（"……不要相信那些对你们阔谈超尘世的希望的人！"）和敦促的姿态（"是人类栽培他最高希望的萌芽的时候了"）使用了希望一词（前言，3，9和5，7）。——注意尼采在《敌基督者》23节（KSA6，页190-191）中对基督教所取得的历史成就的分析。

㉟ "你们当寻找你们的仇敌，你们当作战，而且是为你们的思想而作战！如果你们的思想落败，你们的诚实当依然高呼胜利！"I，10，7（58）。"你们当寻

找你们的仇敌",以及"勇敢是好的",这对两者都适用。然而,共同的称呼所提供的共同的出发点,无法就最重要的东西混淆能力的等级差别,扎拉图斯特拉尖锐地提出了这种等级差别:"而且,如果你们不能成为知识的圣徒,那么至少要成为知识的战士。知识的战士乃是这样一种神圣性的伴侣和先驱。"扎拉图斯特拉称求知者为"知识的圣徒",这是从第二类言说对象的视角出发来说的,这第二类人从对一种更高的、神圣的事物的服务出发,来获取其行为的意义和合理性证明。扎拉图斯特拉从山上的对话吸取了教训。他懂得如何高贵地言说,在高贵的言辞中,神圣性和对最高希望的爱扮演了突出的角色。他在此并且仅仅在此谈及高贵(Vornehmheit),这绝非偶然:"你们的高贵是服从!你们的命令本身就是一种服从!"㊱无论是对命令链条的始发点,还是对高贵所尊奉的目标设定,扎拉图斯特拉都直言不讳:"然而你们的最高思想,应当由我来命令你们——这个思想就是:人是某种应当被克服的东西。"㊲扎拉图斯特拉的第一位的言说对象,是求知者或未来哲人。至于第二位的言说对象,我们可以以第一卷第 8 章和第 10 章的演讲为背景,根据尼采在《善恶的彼岸》中明确作出的一种区分(尼采后来一直坚持这个区分),将其标识为高贵者。关于国家的演讲(I, 11)提供了同时向

㊱ I, 10, 19 (59)。"在一个好战士听来,'你应当'比'我意愿'更适意。而且你们喜爱的一切,你们应当首先让人下令给你们。/让你们对生命的爱成为对你们的最高希望的爱吧:让你们的最高希望成为生命的最高思想吧!"I, 10, 20-21 (59)。参看 I, 1, 4、22 (29-31)。

㊲ I, 10, 2、4、22 (58-60);参看本书脚注 28。I, 10 的最后一节是:"我不保护你们,我打心眼里爱你们,我战争中的兄弟啊!"[译注]爱在这里也表现为一种教促或要求,一种统治和鞭策的力量。"打心眼里"原文为 von Grund aus,字面义为"从根本上""自根底里"。

两类言说对象发言的范例,这篇演讲同时警告哲人和高贵者警惕"一切冷酷怪物中的最冷酷者",免得"老上帝的战胜者"重又服务于"新偶像",让最勇敢者和最愿意献身者得以摆脱利维坦。[38] [37] 与之相反,第二组七篇的中心章节(I,12)只向第一类对象说话。在这一章中,扎拉图斯特拉在言辞中而非在事实上回到了市场和小丑们。扎拉图斯特拉不仅要求第一类读者拒绝利维坦,而且还要避开"市场":"逃吧,我的朋友,逃到你的孤独里!"对逃离社会的敦促开启了演讲,这个敦促还将在演讲中三度重复。扎拉图斯特拉把这篇演讲所关涉的朋友称为"真理的求爱者"(Liebhaber der Wahrheit)。推荐给他的孤独,在某种意义上,仍然是接下来两篇演讲(I,13 和 I,14)的论题。[39]

"论一千个和一个目标"是第一卷的第三根支柱,它同时面向两类言说对象。可第二组的第七篇演讲(I,15)尤其会让出众的[第一类]读者感到特别的兴趣,因为在"扎拉图斯特拉的演讲"中,唯有这一篇阐发了位于超人学说背后的政治 - 哲学问题(das politisch - philosophische Problem),并且这篇演讲也一同澄清了,会是什么触动了《扎拉图斯特拉如是说》的作者 comme poète - prophète [以

---

[38] I,11,3、15 - 17(61 - 64)。"一种自由的生活依然为伟大的灵魂敞开。真的,谁愈少占有,也就愈少被占用:轻微的贫困该得赞美!/国家终止之处,并非多余之人才开始:那儿才开始响起必然者之歌,一首独一无二的、无可替代的曲子。"I,11,31 - 32(63)。

[39] I,12,1、17、18、39 和 13(65 - 68)。"孤独结束处,市场开始了。而市场开始处,也就开始了大戏子的喧嚣和毒蝇们的嘤嘤。"I,12,3(65)。——在 I,10 中所用的称呼是"我战争中的兄弟们"(2 次)和"我的兄弟们";在 I,11 中是"我的兄弟们"(3 次),在 I,12 中是"我的朋友"(4次)和"你这个真理的求爱者"。"真理的求爱者"只在 I,12"论市场上的苍蝇"中出现。

诗人-先知的身份]说话。[40]尼采在这一章的开篇让扎拉图斯特拉如是谈论自己,正如荷马让奥德修斯在《奥德赛》的开篇如是谈论自己:"扎拉图斯特拉见过许多国家和许多民族:他于是发现了许多民族的善与恶。"他继而补充说道:"扎拉图斯特拉在世上没有找到一种比善与恶更大的权力。"[41][38]与奥德修斯不同,扎拉图斯特拉并不是通过海上的歧途,而是通过历史迷宫中的探寻,作出了发现。各民族所定的律法各自不同、相互冲突,他并非共时性地,而是历时性地观察这些律法,并将它们带向一个共同的、奠基于自然的地基。"任何一个民族,倘若它不首先进行价值评估,就不能生存;而如果它要自我保存,那么它就不能像邻族一样进行价值评估。"为了自我保存,一个民族不仅要区别于他民族,而且同样需要甚至更加需要自我区分。它必须服务于一桩高过自身的事业,通过自己的律法而将自身带入义务,必须愿意超出自身而创造。"一块诸善版高悬每个民族之上。看啊,这是它的超越之法版;看啊,这是它的权力意志的声音。"扎拉图斯特拉在此引入并且在第一卷中仅此一处提及的权力意志,将自身表述为诸种目标和价值评价之中的求自我提升的意志,连同和这些目标与评价相关的、引发这种提升的戒律与禁令。被理解为求自我提升或"自我超越"的意志的权力意志要确立善恶,为万物赋予一种意义。不是诸神——在"论一千个和一个目标"中诸神被默然忽略了——创造了各民族的律法,而是各民族藉着律法创造了诸神。扎拉图斯特拉将其研究的核心发现置于演讲的

---

[40] 参看尼采1885年3月14日致彼得·加斯特(亨利希·克塞利茨)的信,*KGB* III 3,页21。

[41] I, 15, 1 (74)。扎拉图斯特拉以校勘的态度"阅读"荷马,用 nómos 替换了 kainóonégno 中的 nóon。

中心：是人类自己为自身赋予了"他们所有的善恶"，是人"才为事物"创造了"意义"。㊷紧接着启蒙行动之后的是呼吁："估价就是创造：听啊，你们这些创造者！"最高意义上的创造者创造了规定一个民族的生命与自我理解的"目标"，创造了让一个民族认定为己有的价值秩序。㊸［39］就在他传达核心发现之前，扎拉图斯特拉选取并刻画了四个民族作为例证，用以说明每一个民族的头上都"悬着一块诸善版"，他由此让人看到，谁在他的心目中特别地被视为此类目标的创造者。对于第一个和最后一个民族来说，即对希腊人和德国人来说，认同感来源于诗歌，即分别来自《伊利亚特》和《尼伯龙根之歌》。第二个和第三个民族，即波斯人和犹太人，都将我们指向先知们。他并未指名道姓地称呼波斯人，而只是说"作为我的名字之来源的那个民族——这个名字于我而言，既可爱又艰难"。扎拉图斯特拉与波斯人的联系不在来源，而只在名字。与之相反，《扎拉图斯特拉如是说》的作者源自扎氏所谓"孕育和承荷了伟大希望"的民族。如果说第二个例子把先知扎拉图斯特拉置于中心，那么第四个例子就让我们想起了给予扎氏名字和生命的诗人，正如［诗人］荷马曾为奥德修斯和阿喀琉斯赋予生命。扎拉图斯特拉唯把耶稣所来自的民族称为"强大和永恒的"。呼吁人们"忠诚于大地"并打

㊷ 演讲共有二十六节，其中第13、14节为："真的，人类给予自己一切善和恶。真的，人类并没有取得一切善和恶，也没有发现一切善和恶，一切善和恶也不是作为天国的声音降落到他们头上的。/人为了自我保存，首先把价值投入事物中——人首先为事物创造了意义，一种人的意义！因此人把自己称为人，此即是说：估价者。"

㊸ 第19节的第一句话概括地宣称："诸民族曾经把一张善版悬于头上。"第二句话又做了必要的区分："意愿统治的爱与意愿服从的爱共同为自己创造了此类法版。"（着重为引者所加）

算为人类最高的希望培育幼芽的反耶稣是弗里德里希·尼采的作品。㊹ —— 杰出的创造者为爱所推动。扎拉图斯特拉在第23节重又采用了第1节中的话,即他在地上没有找到比善与恶更大的权力:"扎拉图斯特拉见过许多国家和许多民族;扎拉图斯特拉在世上没有找到比爱者的作品更大的权力:'善'与'恶'就是这些作品的名称。"不过,爱者也有多种样式。和"权力意志"一样,爱将相互冲突者集合为一体,这个一体有待进一步的规定:意求统治的爱与意求认识的爱,前者试图给予世界一种维系性的意义,后者试图恰如其分地理解世界与自身。扎拉图斯特拉能够谈论"爱者",因为他作为爱者和被爱者同时在两种意义上说话。"论一千个和一个目标"呼吁想要统治和服从的爱者,[40]为扎拉图斯特拉的未来主义学说效力,朝向那一个目标,为能给大地赋予意义的那一个目标共同创造。"迄今为止有过千个目标,因为有过千个民族。只是一直没有套在千个颈项上的锁链,一直没有一个唯一的目标。人类还没有目标。"我们可以从之前和之后的演讲得知,根据扎拉图斯特拉的学说,人类能够构造的目标是超人。㊺要树立并实现这个目标,则需要"爱的火焰"和"愤怒的火焰"。考虑到演讲所敦促的目标,扎拉图斯特拉在提及地上最强大的权力的两处都闭口不谈"重力的精神";而当他返回孤独,他又将之称为自己的死敌。他这样做是为了突出"爱者的作品",那种权力正长自这种作品。对于求知者而言,扎拉图斯特

㊹ I, 15, 9–12 (75);前言, 3, 9 (15) 以及 5, 7 (19)。

㊺ 超人并未出现在 I, 15, 在 I, 14 (一次) 和 I, 16 (两次) 都被提及。就超人被提及的频率而言, I, 15 事实上成了一条分水岭。在之前的十四章, 超人共被提及四次, 在这之后的七章, 共被提及八次。在引入一个唯一的目标之后, 频率变得四倍于前。

拉的启蒙成就并不局限于善恶权力的起源、人类对万物意义的创造和目标对于民族建立的根本意义。⁴⁶演讲适于让他睁眼看到源于柏拉图的哲人统治学说的政治-哲学问题。柏拉图的教义所具有的普遍主义倾向在根本上违逆并且在历史中冲破了个别共同体的自足,扎拉图斯特拉考虑到了这种后果。当最优秀者的统治一旦被预设,或者当至善被提升为人类的政治目标,人类被统一在一个唯一的目标之下也就是可以想象的了。[41]对回归第一卷第15章那个意义上的诸民族的道路形成阻隔的,首先不是而且不只是有着普世诉求的基督教。⁴⁷

扎拉图斯特拉在第一卷的政治-哲学高潮之后所宣讲的超人学说,并不针对人类和习俗而发,而是回返到孤独,并指向自然。第一卷第16章的主题并非最优秀者的统治,而是自我提升,是最优秀者通过最遥远者之爱,通过自己选择的朋友所意味的挑战而达至的自我提升。扎拉图斯特拉为了将创造引向最宽广的视角,针对邻人之爱("你们对你们自己的糟糕的爱")而召唤最遥远者之爱,并且

---

⁴⁶ 这一章最初的说话对象是求知者:"真的,我的兄弟,如果你首先认识到一个民族的困厄,认识到土地、天空和邻族:那么你就能猜度这个民族的超越和胜利的法则,以及为什么它从这把梯子向自己的希望攀升。" I, 15, 8 (74)。后来的称呼所面向的就不只一种人了:"你们创造者"(15、16节),"你们兄弟们"(24节)和"我的兄弟们"(26节)。

⁴⁷ I, 15, 22-26(75-76)。参看 I, 1全章,和 I, 15一样共有26节,并注意 III, 12.2, 16-17 (248)。——扎拉图斯特拉早在 I, 11就已经在说他"关于诸民族的死亡的话"了:"某个地方还有民族和人群,但不是在我们这里,我的兄弟们:我们这里只有国家。""这个标志是我给你们的:每个民族都讲自己的善与恶的语言;相邻的民族并不理解它这种语言。每个民族都从风俗和法律中为自己发明了语言。/然而国家却用所有善与恶的语言撒谎。" I, 11, 1、2、7-8 (61)。在第7节,扎拉图斯特拉运用了旧约中的一个控诉,而第8节的用语则指向了新约:《以赛亚书》7:14和《使徒行传》2:4。

他将注意力引向朋友,将朋友视为自爱最严苛的化身。"对你们来说,朋友当是大地上的节庆,一种超人的预感。"早在第一卷第14章,扎拉图斯特拉已经敦促听者,当成为朋友的"一支箭和一种对于超人的渴望",让"不屈的眼睛和永恒的目光"停留于朋友之上。⑱作为激发力量的自爱之筹划,朋友成为攀升至"超人"或实现最高类型的重要阶段。作为想象中的 Alter ego［另一个自我］,朋友也绝不会妨碍扎拉图斯特拉在第二组七篇演讲的中心所建议的孤独。不过,扎拉图斯特拉在第一卷第16章向"兄弟"建议,要赢得自身,就要按照自身最高企望的样子来创造朋友,此后他在第一卷第17章又向兄弟发问道:"你要寻找通往自身的道路吗?慢着,且听我道来。"［42］第一卷第12章中对"逃吧,我的朋友,逃到你的孤独里!"的四度呼吁或许会让听者误解,误以为这是不加限制的命令,现在,扎拉图斯特拉则令人无可怀疑,只有少数人能够踏上"进入孤独"的道路,并且只有极少数人才能忍受这道路。扎拉图斯特拉忆起在城外与青年的对谈,迫切地警告创造者,良知这"群氓的声音"将追随他进入他的孤独,并且其最后的闪光将在他的"哀伤"之上燃起余火。扎拉图斯特拉非但没有鼓励他走上通往自身的道路,反而要求他展现适于这条道路的权利和力量。⑲为了尽可能地防止他之前的呼吁被误解为一种普遍解放或自我实现的呼召,他提

---

⑱ I, 16, 1、4、8、12、15、19 – 20（77 – 79）。I, 14, 13 – 17（72）。——朋友的"不屈的眼睛"和"永恒的目光"与末人的"眨眼"（前言, 5, 13; 15; 22; 25）构成了正相对立的两极。参看本书页22［译注］此为德文版页码,即文中［］内数字,后不注明。

⑲ "你是一种新的力量和一种新的权利吗?一种原初的运动?一个自转的轮子?你也能迫使星球围绕你转动吗?" I, 17, 6（80）;参看 I, 1, 24（31）和 I, 20, 8（90）。

高了孤独者所必须满足的要求，亦即提高了狮子所必须卸除的障碍：“你把自己称为自由的吗？我愿意听到你支配性的思想，而不是要听到你摆脱了枷锁。”这里所谈及的不再是构造人类的唯一目标，而是让孤独者成为一己的那个思想。“你能够把你的恶和你的善赋予自己，把你的意志高悬于自身之上，犹如一种律法？你能够成为自己的法官以及你的律法的报复者吗？”藐视和忌妒将降临扎拉图斯特拉的言说对象中的出众者身上，扎氏让他做好预备，扎氏进而将“善人义士”必定会施加于出众者的迫害、钉十字架和火刑展示于他眼前，并且提醒他提防爱的“发作”：“孤独者会太快把手伸向遇见他的人。”[50] 有关男女、孩子和婚姻的两篇演讲（I，18 和 20）断定，超人必须被生育出来，这两篇演讲强调，不仅在谁有能力走上孤独之路的问题上，而且在对超人学说的全方位考虑中，自然*都扮演了重要角色。[43] 与此同时，“道德的毁灭者”（I，19）通过一个形象的例子展示，他懂得为一种仅仅还服务于“可怜的舒适”的制度赋予一个新的真理，懂得为一个基于习俗的机构赋予一个有支撑力的地基。[51] ——扎拉图斯特拉在“彩牛城”所作的最后两篇演讲，谈论

---

[50] I，17，9－13、18－27（81－82）。“……然则你升得越高，嫉妒之眼便把你看得越小。而飞翔者最受人仇视。”I，17，20（81）；参看 I，8，14、19（52）。“且要小心提防那些善人义士！他们喜欢将那些为自身发明德性的人钉上十字架，——他们憎恨孤独者。/也要小心提防那种神圣的单纯！在它看来，一切不单纯的东西都是非神圣的；它也喜欢玩火——火刑柴堆。”I，17，23－24（82）；参看《人性的，太人性的》67（*KSA*2，页 80）。

*［译注］或译为“天性”。

[51] I，18，18－19（85）；I，20，5－10、16、25－28（90－91）。“善人义士们称我为道德的毁灭者”I，19，3（87）。在整部著作中，除去前一节的非本真用法（那里意为“故事”）不计，“道德”（Moral）一词只出现在这一处，也就是说，只出现在“道德的毁灭者”这一组合中。

的是生命的开端和终结。出生和死亡被提升为意志、思索、有意识的决断和塑造的对象。"你不仅要向前繁衍,而且要向上繁衍!"(I,20)接着这一要求的是"死得其时"(I,21)的学说。这两篇演讲都重又把听众回置入人类的视角,让他们以一个超越个体的目标为义务。"臻于完成的死亡"当成为生者的"一种刺激"和"一种誓愿","向上繁衍"的诫命和对"臻于完成的死亡"的赞扬,这两者都指向他人。自我选择的死亡乃是庆典,死者当向生者献上"誓言",此类宣言为全然指向未来的教义加封盖印。"谁若有一个目标和一个继承者,他就会在对目标和继承者合适的时候意愿死亡。"在扎拉图斯特拉的第一次教谕活动接近尾声的时候,在谈论"死得其时"的语境中,尼采第一次也是最后一次让扎拉图斯特拉点出了另外一个人的名字:耶稣,这位"宣讲慢死的说教者们所尊敬的"死得太早了。扎拉图斯特拉说,耶稣死得不是时候,他就此给出了渎神的解说:耶稣被"死亡的渴望"所侵袭了。"或许他倒是该留在荒野里,远离善人义士!也许他就学会了生活,学会了热爱大地——还要加上欢笑!"他死得太早,这在之后成了"众人的厄运"。因为耶稣不再有机会收回他的学说。[52] [44] 反耶稣却完全是另一个样子。他已经没有什么可收回的,他好似要径直赴一场"臻于完成的死亡",这种死亡可以为他的学说恰当地添上一个远远可以望见的感叹号:"我自己愿这样死去,使你们这些朋友因为我的缘故而更爱大地,我愿重返大地,化作灰尘,使我能在生我的地方安息。/真的,扎拉图斯特拉有过一个目标,他抛出了自己的球:现在,朋友

---

[52] I, 21, 25 – 30(95)。"相信我,我的兄弟们啊!他死得太早了;倘若他活到我这个年纪,他自己一定会收回他的学说!他足够高贵,会收回的!"I, 21, 28(95)。参看前言,1,1,并参看本书页13 – 14和33 – 35。

们啊，你们就是我的目标的继承者，我把这个金球抛给你们。"然而，扎拉图斯特拉却接着来了一个大转弯。他坦言，他想要观望那些学说的接受者们如何"抛掷那金球"，"胜过其他一切"。为能亲眼观望，他还想"在大地上逗留一会儿"，胜过用死亡向"生者"献上"誓言"。在观望和牺牲之间，他选择了前者。前言曾两度预示扎拉图斯特拉的没落，一处在第1部分的结尾，一处在最末1部分的结尾，两处用了同样的话，这场没落被推迟了。㊝

扎拉图斯特拉继续停留于大地，但不在人群中了。在第一卷的末尾，我们看到他离开了城市，后来我们得知，他再度上山，返回自己洞穴中的孤独。"许多自称为他的门徒的人"护送他，直到一个十字路口，扎拉图斯特拉就在这个路口用最后一场教谕演讲同他们告别。这是"扎拉图斯特拉的演讲"中最长的一章，除了"论山上的树"，这是唯一发生在"彩牛城"外的演讲。和头两篇策略性演讲（I，1和I，8）一样，第四篇谈论的也是同伴，在以反对姿态援引了耶稣的学说之后，扎拉图斯特拉现在称呼他们为"我的门徒"。三部分划分对应着市场上对民众的演讲，[45]那里所做的承诺在这一章又被拾起，进而被超越。"论赠予的德性"（I，22）无疑是一篇仿讽，针对耶稣向门徒所做的演讲。尼采在这一章中将扎拉图斯特

㊝ I，21，1-2、6、8-9、12、34-36（93-96）。前言，1，12（12）及10，10（28）。——Untergang［没落，沉落；下降］在《扎拉图斯特拉如是说》中共出现十七次，其中四次谈论的是扎拉图斯特拉的没落。在第一次被提及的时候，"扎拉图斯特拉的没落"也可以读作"扎拉图斯特拉的下降（Niedergang）"，即下降到人群中去（前言，1，12；参看III，12.1，2）。在前言末尾重复这一句话的时候，下山已成往事，此时扎氏决计要创造同伴，这另一种读法已经被剧情所超越（前言，10，10；参看III，13.2，61）。其他十三处Untergang的"没落"含义都很明显。

拉刻画为"独行爱好者",并且在结尾处比在之前任何一处都更为清晰地让我们听闻先知扎拉图斯特拉的声音。先知将弓拉回第一卷第三篇策略性演讲,"论一千个和一个目标"。㊹扎拉图斯特拉首先用一个寓意解释开篇。他向门徒抛掷"金球",门徒临别呈送给他的拐杖顶端的"黄金手柄"亦含黄金,他将黄金解作"最高德性的摹本"。黄金被定为最高的价值,因为它和最高的德性一样不寻常、无用、闪烁光芒,而那光泽又是温柔的:"它总是赠予自身。"最高的德性是一种赠予的德性,按照这最高德性的价值评价标准来看,黄金的价值评价是一种表达、自我规定或者应当自我规定。最高的德性当具有领导权,并与一位爱者的意志相应。如果说金球代表着扎拉图斯特拉的学说,那么带有金色手柄的拐杖(上有一条蛇环绕着太阳)就指向门徒归于扎拉图斯特拉的神职。在鹰和蛇这两种扎拉图斯特拉的动物中,他们选择了象征明智、归属大地的那一种,而不是体现骄傲、飞入至高的那一种。㊺扎拉图斯特拉将"金球"解释为源于

㊹ I, 22, 1 (95);II, 1, 1 (105)。《约翰福音》13:33 至 14:33。参看本书脚注 33。

㊺ 我们不能假定门徒了解扎拉图斯特拉在前言中所见到的景象,在这景象中,两只动物升入天空:"一只鹰正在空中翱翔,兜着大圈子,而且身上解释为源于爱的赠礼,这与前言中的告白相吻合;当他走向门徒,对他们说,从他们的礼物他猜出,他们和他'一样'追求赠予的德性,还悬挂着一条蛇,这蛇似乎并不是它的猎物,而像是一个朋友,因为蛇就盘绕在它的头颈上。/'它们是我的动物!'扎拉图斯特拉说道,心中充满了喜悦。"前言,10,1-2 (27)。参看 I, 7, 10-13、25-26 (48-50),以及 I, 8, 14 (52) 和 I, 17, 20 (81)。[译注] 这里把 Klugheit 译作"明智",是考虑到德语学术传统中,常用 Klugheit 翻译亚里士多德的 phrōnesis [明智、审慎],而且在"论人类的明智"(II, 21) 章,扎拉图斯特拉也在这个意义上用 Klugheit,相当于英文中的 prudence。译成"聪明"自然也不错,但含义不如"明智"来得明确。

爱的赠礼,这与前言中的告白相吻合;当他走向门徒,对他们说,从他们的礼物他猜出,他们和他"一样"追求赠予的德性,这时他也为"金手柄"提供了最好的解释,所谓最好也就是最有挑战和给予最大支持的解释。他鼓励他们"让自己成为牺牲和赠礼的渴望"。换言之,他强化了负重的精神,这负重的精神背负极端的重量。[46] 同时,他也清楚表明,他所教诲的赠予的德性并非"无私的"德性。位于赠予之前的是获取:"你们强制万物归于你们,落入你们之中,使得万物要从你们的源泉里倒流出来,作为你们的爱的赠礼。/真的,这样一种赠予的爱必定会变成一切价值的劫掠者;但我认为这种自私是完好而神圣的。""赠予的灵魂"所具有的自私是"完好"而丰富的,不同于"病态"而贫瘠的自私那般狭窄和细微,而是让人高远和伟大;扎氏向这种自私指出他在前言开头给予人类的目标:"我们的道路是向上行的,从这个物种上升到超-物种。"我们仿佛重又面临对作为一个新物种的超人的展示。或者,也许这个超-物种恰恰不是——一个物种?在第22章第1部分的末尾,扎拉图斯特拉对"新德性"作了一番解说,这番解说可以让人瞥见他的自我理解:"它是一种统治性的思想,围绕这种思想的是一个明智的灵魂:一个金色的太阳,知识之蛇围绕着这个太阳。"对"金手柄"的解说在此转向了自我解说,扎拉图斯特拉唯有在这一处将蛇称为求知之蛇,这条蛇并不在本质上指向人类的未来。㊾——扎拉图斯特拉用一个呼吁开始第二段演讲,这呼吁在字面上关联着市场上的演讲,并且为了最终的意义给予这伟大的目标而再次宣告知

㊾ I, 22.1, 2 – 10、14、21、25(97 – 99)。注意"论毒蛇之咬",I, 19, 1 – 3(87)。

识的服务功能:“我的兄弟们啊,用你们的德性的权力,为我保持对大地的忠诚吧!让你们的赠予之爱和你们的知识效力于大地的意义吧!”一切的意念和追求都应当以此为目标,“神圣的自私”必当在此得满足,为此也可以要求最高的牺牲,此即为大地创造它所欠缺的“人类的意义”。扎拉图斯特拉接连三度凭大地的意义起誓,自前言以来,大地的意义就是扎氏学说的遁点。就在这时,在演讲的中间部分,他第一次说出了未来主义构想的反面结果:“我们依然一步一步与偶然这个巨人战斗,而直到现在,支配着整个人类的仍然是荒唐,是无意义。”创造人类意义的呼吁在本质上是一个克服人类无意义的呼吁。[47] 先知试图通过对未来的权力赢得对于过去的权力。扎拉图斯特拉的创造教义与黑格尔的叛教青年们主张的历史哲学(从呼吁一种行动的哲学,到未来哲学与宗教合一的要求,再到为了改变世界而预设哲学的实践转向,第十一条费尔巴哈论纲正简洁地表达了这种预设)共享一种激情,一种通过在未来发生的转折而决定一切的激情,一种超越迄今为止的人类历史尤其是哲学史的伟大断裂的激情。(57)扎拉图斯特拉将历史哲学的行动主义热情与被戏仿的基督教的泛音*融合在一起。他由此向那些接受他的呼召、逃离国家和社会的“孤独者们”颁布“福音”:“你们这些今日的孤独者,你们这些离群索

(57) 比如可参看契希考夫斯基(August von Cieszkowski),《历史哲学导论》(*Prolegomena zur Historiosophie*),Berlin,1838,页151-154;赫斯(Moses Hess),《欧洲三头政治》(*Die europäische Triarchie*),Leipzig,1841,页24-32、39;费尔巴哈,《未来哲学原理》,Winterthur,1843,第66节,页84;马克思,《黑格尔法哲学批判:导论》,载《德法年鉴》1/2,1844,页78和页85末尾(马恩全集版I 2,页176和183)。

*[译注]泛音为声学术语,指一个声音中基频以外的其他频率的音。

居者，你有朝一日当成为一个民族：从你们这些自己选出来的人群中，当有一个特选的民族成长起来：——而且从中产生出超人。"弥赛亚本当源于上帝的选民，取而代之的是这样一种应许（Verheißung）：在扎拉图斯特拉的跟随者当中会产生自我选中的民族，他们将产生超人，连同超人身上所负载的"拯救"和"新希望"。可严格意义上的孤独者从来就不可能形成民族，这应许所面向的显然是门徒中的大多数，是对高贵者的应许，这些高贵者能够把自身理解为尚需创造出来的人类的先锋队，因为扎拉图斯特拉将过去各民族独有的诸神交给了诸民族。然而，应许中的高贵者民族在何处聚集，又该当如何组织，对此，扎拉图斯特拉保持着沉默。如果我们可以把扎拉图斯特拉的"福音"称为一种政治讯息的话，那么这种政治讯息最终只局限于一种希望的培植。[48] 当扎拉图斯特拉让门徒展望，他们将会成为他的"朋友"和"一种希望的孩子"，这时，中间部分的结语在演讲最后一部分的预言中再度出现："然后我愿第三次与你们同在，与你们一起庆祝伟大的正午。"反耶稣一同预言了他的复返和伟大正午的世界历史事件，在这历史事件中，集行动主义和末世论信仰的各种期待于一身的未来主义学说达到了顶峰。扎拉图斯特拉以三种方式接近这一未来事件：伟大正午是极为突出的时间点，因为那时（1）"人类站立在动物与超人之间的路中央，把他通向傍晚的道路当作他最高的希望来庆祝"，那时（2）"没落者将祝福自己""成为一个过渡者"，"他的认识之太阳"为他立于"正午"，那时（3）"我们最后的意志"将是，"所有诸神都死了：现在我们要使超人活起来"。伟大正午仿佛联结了最高的希望、最高的牺牲、最高的认识和最高的决断。可是被扎拉图斯特拉置于中心的［对］伟大正午的认识，会给宣告伟大正午的先知在认识上增添些什么呢？在决定性的转折的预言中，其认识之太阳尚未达至最高点吗？就最重要的东西而言，它会被超越吗——随之被超越的还有他赠送给人类的全部学说？或者，对于他来说，只要认识到他拿人类所做实验的结果就足够了？无论人类是否能够凭借"最后的意志"，在诸神隐去超人来临之际，实现其最高的可能性？或者没落？可以确定的是，扎拉图斯特拉直到最后都将自己呈现为超人的先驱，而未来属于超人。所谓直到最后也就是直到尼采的"一本为所有人又不为任何人［而写］的书"的结尾，在刚出版的时候，读者并不知道还有后续的卷，因为第一卷并没有被标识为第一卷。包括对于伟大的正午，扎拉图斯特拉只是预言了对超人的希望，而不是他们的在场。[58]——超人教义之为大地的意义所指向的是"蕴含着敬畏"的精神。［49］扎拉图斯特拉的第一次教谕活动的目标是创造门徒，教导他们进入骆驼阶段。然而，在城外十字路口的告别演讲中，他又向那些跟随他的人示意，他们不能停留在向骆驼的变形，而是必须超越它，为此就必须和老师分离。与耶稣不同，他必须独行；与耶稣的门徒不同，他们同样必须独行。他进而要求他们反对自己，这样才能自立。"或许他欺骗了你们。"他最后一次向门徒中最有天赋的那些展示了"求知者"。与政治人不同，求知者必须"不仅要爱自己的敌人，而且也能恨自己的朋友"。[59]他向所有人呼喊道："你们说，你们信仰扎拉图斯特拉？然而扎拉图斯特拉有何要

---

[58] I, 22.2, 2、4、8、9、13 - 15（99 - 101）。I, 22.3, 11 - 14（102）。参看前言，3, 2（14）；6, 1（21）；7, 3（23）；注意《曙光》146、429、501（页 137 - 138、264 - 265、294）以及总结性的《瞧这人》，"人性的，太人性的" 6（页 328）。

[59] 参看柏拉图，《理想国》332d 和《克利托普丰》410a - b。

紧！你们是我的信徒，然而所有信徒有何要紧！"向狮子的变形要求对信仰的克服，要求从服从获得解放——根据自己的洞见。扎拉图斯特拉并不能够严肃地期待他最后的呼吁能够让他成群的门徒变成独立的思想者："现在我要叫你们丢弃我，去寻找你们自己；唯当你们把我全部否弃时，我才愿意回到你们身边。"这呼吁是说给谁听的呢？"如果始终只做学生，那就没有好好报答老师"，之前这句话无疑是一位哲人的警戒，而非一位先知的命令，先知需要"那一个希望的孩子们"，需要他们完成人类历史上决定一切的变革。二元而非一体。[60]

---

[60] I, 22.3, 2-10（101-102）。I, 1, 2-4（29）。参看《马太福音》10:33，《马可福音》8:38，以及本书脚注54。

> 我表示人类之伟大的公式是 amor fati［热爱命运］：不要有任何不同，向前不要，向后不要，永远不要。
>
> 尼采，《瞧这人》

第二卷

［51］先知和哲人之争在第二卷公开化了，在第二卷中，智慧位于中心，而超人学说陷入了危机。扎拉图斯特拉决定要给人类带去一个礼物，由此开始了整部戏剧，在剧情突变之前许久，读者就已经可以看到扎拉图斯特拉内心的分裂。"持镜的孩子"（II，1）给我们所展示的隐者，已经不能说是在"欢享他的精神和他的孤独"了，讲述者毋宁报道说，他"充满了焦躁和渴望"，渴望"他所爱的那些人，因为他还有许多要给予他们"。扎拉图斯特拉没有待在他想要在的地方，也没有按他所想要的样子去生活。认识者的自足，在他身上根本无从谈起。先知所渴望的是发生影响。他"经年累月"地等待着最终返回人群，为了完成自己的使命，他暂且避开人群，避开多久并不确定。二度山居之际，他身上长出的智慧像前言开篇处一样，让他"因充满而痛苦"，逼着他去传达。对种子长成果实的等待，让他备受煎熬，"播种者"扎拉图斯特拉通过一次解梦而得释放，他于是向自己呼喊："我的学说处于危险中，莠草要被叫作小麦了。"这之前，扎拉图斯特拉只谈到过另一位播种者的学说，这另一位死得不是时候，成了"多人"的灾。他对自己学说的第一次谈论是在第二卷第一章中。他没有怀揣着学说走向太阳，而是 ［52］

"当曙光尚未亮起"就朝向自己的内心。在梦中,一个孩子敦促他照照镜子,扎拉图斯特拉在镜中看到,"一个魔鬼的鬼脸和嘲笑"。对于一个心系学说、从学说来理解自身的教师而言,没有什么比将梦中的"预兆和警示"联系于学说来得更自然了。"我的敌人变得强大了,他们歪曲了我的学说的面目,这样一来,我最亲爱者必定会羞于我给他们的礼物。/我丢失了我的朋友们;现在,寻找我的丢失者的时候到了!"或许,他在镜中看见的并非敌人对他的学说的扭曲图像,而是内在于他那作为大地意义的超人学说当中的"重力的精神",这另一种可能性扎拉图斯特拉却没有考虑,可事实上,这种自我批判性的解说同样有着充分的理由让他下山,重新开始教谕活动。学说无法自助,援助学说的使命正是他所希望的呼召。扎拉图斯特拉从床上跳起来,"不是像一个寻求透气的恐惧者,而倒是更像一个神灵附体的先知和歌者"。和前言开篇处一样,扎拉图斯特拉被渴念和希望所规定。他再次追逐一种未来幸福的到来。在饱尝分离之苦后,他更生动地表现了那种触动和充满先知的东西:"我又可以下去,到我的朋友们那里,也到我的敌人们那里!扎拉图斯特拉又可以演讲、赠予、行至爱于所爱者!"第一卷结尾的归隐并非源于独行的爱好,而是服从一种应然,一种自己给自己加上的义务。想到他可以做他想做之事,扎拉图斯特拉便欢呼雀跃:"犹如一声大喊和一阵欢呼,我想要穿越大海,直到我找到那幸福岛,那是我的朋友的逗留之所:——/而且我的敌人也在他们当中!"孤独和沉默,对于先知曾是负担,现在从他身上掉落了。可一切迹象都表明,扎拉图斯特拉的"野性的智慧"在山林间孕育的"最幼小者",他打算带去山谷的"新演讲",将会是一位哲人的演讲,其目标是未来的哲人。他的"母狮般的智慧"要在幸福岛上向狮子说话。即便他几无可能在门徒中找到狮子，[53] 他的演讲目标都不再是骆驼们，而是狮子们。[61]

扎拉图斯特拉在幸福岛上遇见的门徒［却］并非狮子。在他不在的这几年，他们没有超过骆驼的阶段。也没有证据表明，如他向他们承诺回归时所预言的那样，他们全都否认了他们的老师。事实上，对于门徒的命运和状态，我们一开始所知甚少，我们所知道的一点点也是从扎拉图斯特拉的演讲中推论得来的。前两篇演讲交代了他的说话地点和言说对象，两篇一道构成了序曲（Prolog）。更准确地说，我们是通过把第1章中的一节和第2章的标题联系起来才得知，在戏剧第二幕中，扎拉图斯特拉位于幸福岛上，所面向的是他的门徒。在第4章中，当他第一次谈及救赎者的门徒，他的朋友们第一次被称为他的门徒。[62]因此，我们知道，门徒至少记住了扎拉图斯特拉的一项要求，他们从城市迁了出来。他们前往遥远的岛屿，逗留于像古典净土和现代乌托邦一样的原野。我们不知道，扎拉图斯特拉所预言的选民是否已经在那里从他们当中成长起来，或者尚在萌芽中。不过，无论如何，我们可以期待，从聚居一处的门徒们

---

[61] II，1，1-10、14、20、22、29-33（105-108）；前言，1，5、9-11（11-12）；I，21，25-28（95）；参I，7，23（49）。《马可福音》4：2-20。——有关他置于第二卷前面的格言（取自I，22.3，9-10），尼采在1883年7月13日给加斯特（Peter Gast）作了这样的解说："从中可以看出，这里的和弦与转调与第一卷不同，向音乐家说明这个几乎是种失礼。/主要得跃入第二级，——从而再从第二级达至第三级（题为"正午与永恒"：我跟您说过吗？但我要郑重地请您对之保持沉默，不要告诉任何人！我要给自己足够的时间来写作第三卷，也许是好几年——）" *KGB* III 1，页397。[译注] 加斯特为专业的作曲家。

[62] II，1，22（107）和II，2，标题"在幸福岛上"（109）。II，4，1、8-9、20、23、25（117-119）。——与第一卷不同，第二卷并没有划分为一篇序曲（I，1）和三组演讲，每组七篇（I，2-8；9-15；16-22），而是分为两篇序曲（II，1-2）和四组演讲，每组五篇（II，3-7；8-12；13-17；18-22）。

当中会［54］散发出一种深刻的影响。第二卷最值得注意的发现之一是，幸福岛上的关系与"彩牛城"里的关系并无本质区别。我们再次碰见"善人义士"，也同样自然地再次碰见"无赖"。在幸福岛上，有乞丐，一切迹象表明，还有教堂和教士——基督教教士。这里并非一片净土，也没有一点儿接近高贵者的乌托邦的样子。如果说第一卷的教谕活动旨在改造人类，而扎拉图斯特拉也曾怀抱建立一种新秩序的希望，那么第二卷则表明，他所期望的改造并没有取得一丁点进步。对门徒的教育是一场政治上的败局。—— 读者如果谨记扎拉图斯特拉在双重序言的上半部（II，1）向他的内心和他的动物所说的话，就能在序言下半部（II，2），在他于幸福岛上向朋友们所做的演讲中，辨认出对于下列问题的最紧要的回答：扎拉图斯特拉为何看到他的学说陷入危险，他那"野性的智慧"的"最幼小者"又是个什么东西。他的学说所遇到的第一个危险，或者说他的学说的第一个危险，在于超人与基督教上帝的混淆。超人当取代上帝，可他并不是要坐上上帝的位置；超人当接替一神论上帝的任务，而又不追随上帝的脚步；超人当取消上帝的权威，而又不声称自己具有那样的权威。看起来，这只是些极其细微的差别，却造成了整体上的差异。扎拉图斯特拉的学说从一开始就活动于一块非常狭窄的边缘地带。它不需要先有善意的朋友或恶意的敌人，来将之提升为一种新的信仰学说（Glaubenslehre）。当先知把超人放入一个末世论视角，直呼其为大地的意义，他自己就已经为此做了一切。序言的下半部分对此作了修正。扎拉图斯特拉在开始新的教谕活动之前，先发表了一场修正侧重点的演讲，这场演讲达到了迄今所未有的清晰。他用一个简要的概括开篇："从前，当人们眺望远海时，就会说到上帝；而现在，我却教你们说：超人。"接着，他尝试用前后相连的三段来遏制混淆，这三段分别在与超人、扎拉图斯特拉、求知者和创造者的对照中谈论上帝，[55] 并且在每一段前面都有这样一句话："上帝是一种猜想。"在第一段，扎拉图斯特拉告诫门徒，他们的猜想不能比他们的创造性意志伸至更远，他命令他们，如果不知道创造任何上帝或神，那就要对诸神保持沉默。相反，超人不是上帝，是他们可以创造的。"也许不是你们自己，我的弟兄们啊！但你们可以把自己改造为超人的父辈和祖辈：而这会是你们最佳的创造！"将自身理解为创造者，即便"也许"无法将自身改造成为超人，也要投身于一个将要从中产生超人的历史进程，这种呼吁所面向的是更广范围的演讲对象。第二段的情形却有不同，扎拉图斯特拉在这里敦促听众要将猜想保持在可思的界限之内。扎拉图斯特拉引入了求真意志，并且在这三段的中心明显转向了求知者。对于求知者而言，求真意志当意味着，"一切都被转变为人类可思议的、人类可见的、人类可感触的东西！你们应当透彻地思考你们的感官！"将上帝"猜想"限制在可思的范围之内，思想一位上帝，既不意味着屈从于不可理解之物，也不意味着逃入非理性之物，而是将人之为人所具有的东西发挥到极致。求真意志无法屈居启示权威之下。在第二段末尾，扎拉图斯特拉首次显露了其母狮般智慧的新生儿。在取用了求真意志之后，他以反讽的措辞，宣告了一种假设的无神论（postulatorischen Atheismus）的三段论推理："然则我要向你们完全敞开心扉，我的朋友们啊：倘若有诸神，那么，我如何受得了不变成一个上帝！所以说，根本没有诸神。"这个推理的认知水平与相反的推理即假设的有神论的推理不相上下。无论这两种推理中的哪一种都没有说出关乎诸神的真理。可关于作出推理和被推理牵引的人，无论这两种推理中的哪一种都说出了重要的信息：求知者扎拉图斯特拉无法满足于成为超人的传令官和先驱。他向门徒们暗示,他如何能够忍受自己没有成为超人。第三段将三度提及的"猜想"(Muthmaassung)[56]作为一种致死的折磨呈现在两类言说对象面前,这种致死的折磨剥夺了创造者的"信仰",让飞翔者无法"盘旋"于高空。"怎么?时间总要流逝,而一切可流逝者都只是谎言?"最后一部分所谈论的上帝是一个"思想",唯一者、完满者、不动者、满足者和不朽者,这些规定让这个思想变得"邪恶"和"敌视人类"了。扎拉图斯特拉以创造者的名义提出反驳,因为创造者就活在变动之中,并且为真理之故必须公正地对待流变:"一切不朽者——都只不过是一个比喻!况且诗人撒谎太多。"⑥——扎拉图斯特拉带向山谷的"新演讲"意欲赞颂流变,为之做一种辩护。"新演讲"教授的是,通过创造和意愿、通过创造者和求知者的意愿,来解脱于痛苦,来克服厌恶。第26节用一个浓缩的公式总结了狮子的发言:"意愿有解放之功:这是有关意志和自由的真实学说——扎拉图斯特拉如是把它教给你们。"这个学说是为那些能够自我解放、能够创造自身的人准备的,他们所具有的变形能力让他们可以对生成不抱任何复仇怨艾,而是作为"一切流变之物的代言人和辩护者",参与大化流行的世界游戏。"为了使创造者本人成为新生的婴孩,他就必须也愿意成为孕妇,承担孕妇之苦。"狮子的智慧看

---

⑥ II, 2, 4、5-7、8-13、14-18(109-110)。位于中心的两节以求知者为说话对象:"而你们所谓的世界应当首先由你们所创造:你们的理性,你们的形象,你们的意志,你们的爱,当成为世界本身!而且真的,是为着你们的圣福,你们这些求知者啊!/而且如果没有这种希望,你们这些求知者,你们要怎样忍受生命?你们既不能生于不可捉摸的东西中,也不能生于非理性的东西中。"II, 2, 10-11(110)

起来有着双重含义。一方面,解放的意志朝向知识:"即便在求知中,我也只感受到我的意志的生殖和生成的快乐;而如果在我的求知当中并无罪责,那是因为其中有求生殖的意志。"另一方面,显然是要按照超人的形象来对人类进行一番深刻的改造,这与第一卷中的教义并无二致,只不过表述得更为尖锐罢了:[57]"而我那炙热的创造意志,却总是一再驱使我走向人群;锤子就这样被砸向石头。/啊,你们人类啊,在我看来,石头中沉睡着一个形象,那是我的形象之象!啊,它必定沉睡于最坚硬、最丑陋的石头中!"除非这两个分支事实上是一种意志的两个方面,这种意志以狮子本身为对象。[64]

扎拉图斯特拉在幸福岛上首先谈的是他在"彩牛城"大多已经谈过的道德和政治事物,从而更为明确地与基督教教义相区分,只要想一想[《扎拉图斯特拉如是说》的]前言在主要方面所遭遇的混淆,就不会对此感到惊讶了。序曲之后的第一组五篇演讲有一个共同的方向,即批判基督教及其对现代观念的影响(尽管并未指名道姓地提及前者或后者),从同情的道德到谦卑的诫命再到平等的布道。扎拉图斯特拉分别在五篇演讲中的第一篇(II,3,1)、中间一篇(II,5,6)和最后一篇(II,7,22),三度明确地提及他的学说所经历的接受状况,即嘲笑、愤怒和歪曲,他也由此进一步标识了这五篇演讲的共属一体。他用一个听来的"嘲讽"开始了新的教谕演讲:"看看扎拉图斯特拉吧!他在我们当中游走,不就像在动物当中游走一样吗?"愤怒者的嘲讽给了扎拉图斯特拉机会,让他得以在一开始就将自己确认为哲人,而且还引入了一个细微的区分,在第

---

[64] II,2,19-34(110-112)。第28节重拾了有关上帝"猜想"的第二段演讲;第29节回指向第12节中他依据悬设的无神论(postulatorischen Atheismus)所作的推论。

二卷最后一组五篇演讲的核心一讲,在一个极具哲学意义的语境中,他还会再回到这一区分:"不过更好的说法是:'求知者游走于人类中,就是(als)游走于动物中。'"求知者视人为动物之一种。他即便活动于人群中,也是拉开了距离、从"飞翔者"的高度来看待人类的。他把人类放在自然历史的视角中来看待:"对于求知者,人类本身就等于:有着红红面颊的动物。/这是怎么回事呢?难道不是因为人类必定太经常地感到羞耻吗?/啊,我的朋友们!求知者如是说:羞耻,羞耻,羞耻——这就是人类的历史!"在让求知者接连三度出场之后,扎拉图斯特拉没有忘记立即将求知者和高贵者区别开来,并提醒我们注意两类言说对象的区分。扎氏进而说,"高贵者"要求自己"不感到羞耻",而是在所有痛苦者面前维护羞耻心,这种羞耻心是同情者们所缺乏的。求知者的目光,尤其是他的"人类历史",追本溯源、将人纳入自然的整全,却必定令人感到羞耻。扎氏也正因此而收获了嘲讽,被说成"仿佛(wie)在动物当中"游走。⑥——扎拉图斯特拉警告说,要提防同情,它令人感到羞耻、让灵魂变得狭隘、导向"卑琐狭隘的思想"、增加痛苦、妨碍了那还要创造被爱者的大爱;他让这警告在两节中达至顶点,却很难说这两节位于高贵的言辞之列,尽管如此,它们构成了这篇演讲中最为重要的部分,其重要程度远超其余:"魔鬼曾经对我如是说:

---

⑥ II, 3, 1-7(113);参看前言,3, 4-5(14)。哲人尼采从《曙光》开始自然历史视野下的谱系学考察,这种考察明确地对羞耻毫无顾忌,要挖掘到 pudenda origo[可耻的起源]。参看《曙光》42节和102节(页49-50和102-103);参看《善恶的彼岸》202节开头处(页124)。[译注] als 常译为"作为","求知者游走于人类中,就是(als)游走于动物中",也就是说,"求知者游走于作为动物的人类中","视人类为动物"。为了便于和 wie[如同]相对比,也为了简便地突出这种区别,翻译中就处理为"就是"。

'连上帝也有自己的地狱:那就是他对人类的爱。'/而最近我又听魔鬼说这番话:'上帝死了;上帝死于他对人类的同情。'"在前一节中还是一句渎神的挖苦,在第二节中成为对上帝死了所作的一种真正的评注,而扎氏那时为止尚未对"上帝死了"一语作出解说。魔鬼就十字架上的殉道给出了一种解释:上帝死了,因为他变为肉身、追随同情的道德,没落其中。扎拉图斯特拉在此让其发言的这位魔鬼并不是他在其他地方称为"我的魔鬼"并刻画为"重力的精神"的那一位,而是圣经中的魔鬼,扎氏自己之前则将之比拟为"龙",在第一卷最后一章则称其为"求知之蛇",并挪为己用。求知之蛇明白,假设的无神论所作的推理是站不住脚的。而他自己的论证是这样的:被自己的同情心所规定的上帝不是提高人,而是降低为人,[59]这样一种存在者不能被承认为上帝。他的死,是停止其为上帝。[66] ——"论同情者"(II,3)这篇演讲中的哲学论证以游戏的方式引入,间杂严肃与轻巧,随之而来的是"论教士们"(II,4)中的还施彼身论证(Ad-hominem-Arguemnt),* 在这一章,扎拉图斯特拉的门徒与耶稣的门徒相遇,并且这是全书中唯一的一处。"凭着他们的果子,就可以认出他们来",扎氏将耶稣登山宝训中的这句话反施于耶稣。在

---

[66] II,3,36-37(115);参看前言,2,21;3,11(14,15);I,19,1和3(86);I,22.1,25(99)。注意尼采后来以自己的名义就狄奥尼索斯神所说的话:《善恶的彼岸》295节(页297-299);《敌基督者》39节(页212);《瞧这人》前言,2;IV,9(页258、374)。就"何为神"这个问题在与启示宗教的真理诉求所进行的争辩中所具有的意义,请参看拙著《政治哲学与启示宗教的挑战》,慕尼黑,2013,页83-88,及脚注72。参看本书页33及脚注32。

* [译注]常译为"人身攻击论证",即不是就事论事,而是搞人身攻击。迈尔的用法固然有这层含义,可更主要的是暂且从对方的论点出发,引申之,归谬之,进而批判之,或启发之。因此,根据作者的用法试译为"还施彼身论证"。

第一卷中,他已经将耶稣的跟随者和信仰者归入"死亡的布道者"之列,在这里他又说:"他们必得为我唱更动听的歌,我才能学会信仰他们的救主:他的门徒们必得让我看着更有得救的样子!"他进而将批判扩展到基督教宣教中最有价值的东西之一,这种设置并且连绵不断、其渊源可追溯至基督教的奠基性事件,此即通过殉道来为真理作见证:"他们把血的标记写在他们走过的路上,而且他们的愚蠢教人要以鲜血来证明真理。/然则鲜血却是真理最坏的证人;鲜血还将最纯粹的学说毒化成了心灵的妄念和仇恨。"将还施彼身论证扩展至殉道,这不仅让扎氏可以将狮子的智慧与基督教相对立("而当有人为自己的学说赴汤蹈火时,——这证明了什么啊!从自己的火焰中得出自己的学说,这才更加真实。"),而且还让他得以将自己的学说与这种鲜血、牺牲和死亡的朝向相对照,在对照中突出为真正的福音,这后一点甚至才是首要的。在此意义上,他在前一章演讲(II,3)中宣称:"自从有人类以来,人类就少有快乐:我的兄弟们啊,唯这一点才是我们的原罪!"而且,在紧接着的演讲(II,5)中,他将教导有德者,德性如果得到恰当的理解,那么它既非一种奖赏,亦非一个外来物,而是它自身——扎拉图斯特拉令有德者感到愤怒,因为他否认了一位奖赏者和会计师(Lohn – und Zahlmeister)的存在。古老的学说"在事物的根底中置入了"赏罚,并要求人无私,扎氏则用一种新学说来反对它,这种新学说将成己(Werden – zu – sich)定为使命。⑰

---

⑰ II, 3, 12(114); II, 4, 19、23 – 26、30 – 32(118 – 119); II, 5, 6 – 10、15、35 – 36(120 – 122)。"彩牛城"中青年倾听智者的教诲,那位智者洞见到,德性不是"它自身的报偿",而是必须得着眼于自身的善好来理解,扎氏的学说带有智者的洞见。不过,在扎氏的规定中,其"意义"不再是好的睡眠,而是好生活。参看 I, 2, 30(34)和本书页 29。

第一卷两篇中心演讲,"论新偶像"(I, 11)和"论市场上的苍蝇"(I, 12),不断地批判平等教义及其在国家、市场和"过多的多余人"的统治中所发生的影响,[第二卷]第一组五篇演讲中的最后两篇重拾了这一主题。"论无赖"(II, 6)和"论毒蛛"(II, 7)批判了从现代直至基督教的"平等布道者"(Predigern der Gleichheit),可另一方面又将目光回指向扎拉图斯特拉,并通过对厌恶和复仇的讨论,以应有的距离为其学说的决定性转折做了准备。"论无赖"章同高贵者和未来的求知者谈论厌恶,他们都让自己被一种纯净、纯粹、纯洁的观念所引导,都想要肯定一种"神圣的"也就是迥异的或理想化的生命。和前言中扎氏第一次也是这之前唯一的一次提及厌恶时一样,他意在排斥庸俗低贱、引人向下之物,从而促人自我区分、激发自我提升。他在此所遵循的是这样一种观察,即逃离生命可以是一种高贵需要的迹象,这种高贵需要追求纯粹。在道德严厉者眼中,"不纯者的渴求""无赖"的权力玷污了生命,败坏了最有天赋者对生命的兴致。扎拉图斯特拉因此也坦白说:"我曾追问,且几乎因我的问题而窒息:怎么?生命也必需无赖吗?/毒化的泉、发臭的火、污秽的梦以及生命面包里的蛆虫,都是必需的吗?/饥饿地咬啮我生命的,不是我的仇恨,而是我的厌恶!"他所指出的出路是一种 Itio in partes [分道扬镳],和第一卷第 12 章无甚差别,在那里他敦促"爱真理者":[61]"我的朋友,逃到你的孤独里去吧,逃到刺骨的强风吹拂的地方去吧。""论市场上的苍蝇"敦促逃离,与之不同的是,这里所关系到的不只是独立性的确保,不只是解脱于市场上实际评判的过分要求,从而解脱于民众的价值评价,无需为讨好民众而如戏子一般表演。这里所关系到的是对生命的肯定。扎拉图斯特拉摆在听众面前的 Itio in partes [分道扬镳] 有着空间和时间两个维度。扎氏指出，他的"厌恶本身"为他造就"翅膀和预感泉源的力量"，从而飞至"最高处"。上升带来了一种与所有不能跟随者的自然区分。他还承诺将厌恶的对象推得远远的。在冰雪和高山上有一种生命，"没有无赖共饮"。与升至高处相伴的是探入未来："我们在未来树上建筑我们的窝巢；而鹰当为我们这些孤独者叼来食物！／真的，没有那些不洁者可以分享的食物！"鹰的复返暗示着骄傲在有关超人的未来主义学说中所扮演的角色，骄傲当控制住厌恶并克服它。⑱在"论无赖"中（Ⅱ，6），扎氏声称已然"解脱"于厌恶。这种声称的作用首先在于道路的确信，即确信他向求知者所指出的道路。远比这更重要的是，在全书开篇向太阳所做的决定性的演讲中，那促使扎氏下山、让他甘愿没落的智慧究竟是什么，在此得到了一个后来的说明。对于扎拉图斯特拉而言，要克服他的厌恶，只居于高山之巅、归隐于孤独，是不够的。出走或转离，感性上的缩减都只是对于厌恶所引起的直接情感的一种回应，这种回应对情感开启了保护模式、使之不被触碰。可无论是过去还是现在，同扎氏有关的厌恶都不只是一种强烈的身体性的生命感受，［62］而是与之相连可又能与之分离开来的一种深刻的道德反感的表达。扎拉图斯特拉相信，通过朝向未来，通过超人的使命，通过对人类的超越，他已经找到了对付厌恶、对付这种折磨人的恼怒的办法。扎拉图斯特拉在十年孤独中增长了智慧，一切迹象表明，他已然解脱于厌恶；在上山和下山的时候，扎氏在林中都曾遇见的那位老者对

---

⑱ 参看本书页35。鹰出现在前言的开头和结尾，而后又出现在第二卷的序曲：前言，1，3（11）和10，1（27）；注意前言，10，2－3和8－9（27－28）；Ⅱ，1，10（106）；Ⅱ，2，14（110）。有关Ⅱ，6，29（126）也请参看《列王纪上》17：4和6。

此作了见证。他发现，扎拉图斯特拉变了。"他的目光纯洁，他的嘴角没有厌恶。"不过，老者只在他去往人群的途中看到他，并未见到他在人群中的样子。就扎氏本人而言，如果这种解脱基于未来、基于一种本质上是希望的信仰，那他对之又有几分把握呢？[69]——在"论毒蛛"演讲中，扎拉图斯特拉提出了一种乌托邦理想："将人类解脱于复仇"，并且补充说，在他看来，这不是期待，而就是"通向最高希望的桥梁，漫长暴风雨之后的一道彩虹"；在此，他比在第二卷任何其他地方都更清楚地发出了先知的声音。这一系列有关厌恶和复仇的演讲带有一种解脱的要求，并终于一个解脱的宣称；哲人由此精微地指向扎氏对厌恶的解脱中所包含的问题，在"论救赎"一章（II, 20）中，这个问题最终显明为"复仇精神"的问题。"论毒蛛"强烈地警告听者，[63] 要当心"平等说教者"，他们顶着正义的名义对现实施行报复。"毒蛛们"意欲反对不平等和等级秩序。他们想要按照一种普遍的道德法则来奖惩赏罚。他们的复仇针对生

---

[69] II, 6, 1-4、7-8、11-21、27-33（124-127）；参看 III, 12.14, 6-7（257）；I, 12, 39（68）。老者在林中就扎拉图斯特拉所说的话包含了对厌恶的第一次使用：前言，2, 4（12）。那之后，直到"论无赖"只有两次使用：前言，3, 17（15）和 I, 6, 25（47）。在 II, 6, 13、19 和 20 这三处之后，还有 33 处使用。扎氏绝没有在 II, 6 了结他与厌恶的较量，尽管他在这里以为自己了结了。——康德称厌恶（"一种刺激，感受者通过食道这条捷径即可摆脱它"）为一种"强烈的生命感受"。康德将之与"不恰当的精神食粮"联系了起来，可并未与道德义愤相联系。《实用人类学》（*Anthropologie in pragmatischer Hinsicht*）第一部分第 21 节（学院版，卷 7，页 157）。有关感性上的缩减，请参看笔者在另一个语境中的讨论：《论哲学生活的幸福》，页 286–289。[译注] Ekel 在某些场合更适于译为"恶心"，但正如作者在正文所指出的那样："可无论是过去还是现在，同扎氏有关的厌恶都不只是一种强烈的身体性的生命感受，而是与之相连可又能与之分离开来的一种深刻的道德反感的表达。"为保持译法的统一，都译为"厌恶"。

命所偏爱和自然所优待者。扎拉图斯特拉对"毒蛛们"的政治－道德批判（politisch－moralische Kritik）覆盖了各式世俗化的和基督教的平等卫士，从现代的"善人义士"直到那些"过去最厉害的世界诽谤者和异教徒焚烧者"。这种批判尤为强烈地针对那些扭曲扎氏学说的"毒蛛们"，反对那些他不想与之"混杂和混淆"的"毒蛛们"，因为一种混淆的危险确实是存在的："有一些人在宣传我的生命学说；而同时，他们也是平等的布道者和毒蛛。"生命必须不断自我超越，他们或许现在就如是教诲，或者在将来诉诸这一点，从而为自己的乌托邦计划找到理由，撼动现存格局。显然，他们是一种革命性的历史进步观念的追随者。他们大致会用新人（der Neue Mensch）取代超人，这种新人当扬弃一切古老的区分、给予一切拥有人类面孔者以另一副面貌。为预防混淆，扎拉图斯特拉强化了他关于正义的演讲：人类既非一致，也不当变得一致。超人所预告的并非一种新型的自由平等者。"超人们"将与"末人们"共存，而不会消灭他们。扎拉图斯特拉对他的学说所面临的混淆危险的讨论，为这一章的最后一个转折做好了预备：先知承认，他自己被他的"老女友"毒蛛所叮咬。就在叮咬之前，一首对于古人的伟大建筑和神性竞赛的颂辞，造极于对一种"确实"而"美好的"敌意的敦促："我们意愿神性地彼此相抗相争！"扎氏刚刚召唤仍然懂得"一切生命之奥秘"的前人，仿照他们的榜样，将不同于己的敌人放在了和自己一样的地位，叮咬的意义还不止于此。另有一种复仇的影响更为深远和严重，毒蛛的叮咬指向了易受这种"复仇"感染的特征。[64] 被咬之后，扎拉图斯特拉敦促他的朋友们就像绑奥德修斯那样将他绑起来，以免成了"复仇欲的漩涡"。无论找什么借口、采取何种手段，对现实中令人不快、引人反抗之物施加报复，是哲人最大的危险。⑩

　　哲人是第二卷中间五篇演讲的论题。所论包括他对民众、对智慧、对生命所取的姿态，他的爱，他的求真意志，他的自我认识，他与英雄、与学者、与诗人的区分。和哲人一道，扎拉图斯特拉步入中心。他比以往任何时候都更为强调地谈论自己。他的演讲上升为歌唱，他就自己所唱的三首歌（II，9-11）是第二组五篇演讲的核心所在。第一组五篇中的最后两篇演讲已然预示了侧重点的转移，这种转移与扎氏的狮子智慧若合符节，这种狮子智慧无法满足于做超人的令官。同时，门徒在演讲中的重要性也在下降。他越来越多地跟自己说话，还直言不讳地同不在场的听者讲话。在第二卷中，福音的读者逐渐取代了扎拉图斯特拉的门徒。在"论著名的智者们"（II，8）章，第二卷序曲中最后出场过的智慧第一次复返；之前五篇所用的称呼要么是"我的朋友们"，要么是"我的兄弟们"，这两种称呼，扎拉图斯特拉现在全都摒弃不用，而是用了六次"你们著名的智者"。他将他那"野性的智慧"对著名智者所施加的尖锐批判直接地说给他们听了："你们是为民众和民众的迷信效力的，一切著名的智者啊！——而不是为真理服务的！恰恰因此，人们向你们致以敬仰。"第 1 节道出了对服务民众的质问，位于中心的两节（"因为他们总是作驴子，拉民众的车！""但在我看来，他们依然是奴仆和被套上挽具的役畜"）重复了这种质问，最后一节又在称呼中（"你们这些民众的奴仆，你们这些著名的智者"）再一次强化了质问；扎拉图斯特拉以真诚为名提出这种质问，而著名的智者们也用

---

⑩ II，7，4-7、10-11、14、21-32、33-37、38-42（128-131）。注意本书页 26 和页 46-47。

真诚衡量自身、声称自己是真诚的。批判无疑切中了智者的虚伪。[65]他们不可能同时服务于真理和民众。当他们为了让民众能够容忍自己的不信仰（一种以民众信仰为标准而言的不信仰）而服务于民众，他们就是在服务于迷信、上帝和偶像，而这些东西属于民众、城市和一切类型的绿洲。扎氏骤然将自由精神的形象摆在智者们面前，自由精神"为民众所憎恨，犹如一头狼之于狗群"："锁链之敌、不做礼拜者、隐居山林者"收获的不是荣誉和崇敬，而是迫害。这一牵涉广泛的批判所触及的是智者们的自我误解："你们要在民众的崇敬中为你们的民众辩解：这就是你们的'求真理的意志'，你们这些著名的智者啊！"就著名的智者们而言，扎拉图斯特拉在第二卷序曲中作为求知者或哲人的决定性意志而引入的求真意志，被一种"崇敬意志"所引导，而生偏离、迷误和妥协，他们未曾解脱于这种"崇敬意志"而又不愿承认它。扎氏向之说话的智者们不仅想要被民众崇敬，而且还要自我崇敬。他们或许脱去了"狮皮"，可他们缺乏在荒漠中见证变形的狮子的意志。"那个走进无神的荒漠、粉碎其崇敬意志的人，我称之为真诚的。"扎拉图斯特拉再次把自由精神拿来与智者比较，并且现在所指向的不再是森林，而是不宜安居的荒漠："摆脱奴隶的幸福，挣脱诸神和礼拜，无畏而可怕，宏伟而孤独：真诚者的意志就是这样的。/真诚者、自由思想者，向来作为荒漠之主人居住在荒漠中；而在城市里，则居住着那些被喂得好好的、著名的智者，——那些役畜。"为了自我保护，智者们服务于民众而非真理，他们陷于民众的崇敬，因此而身陷对民众的义务。可批评还不止于此，而是进而指出，如果他们不知精神为何物，那么他们自己就仍然还是民众。"精神是自残的生命——因自身的苦难增长自己的知识。"民众和著名的智者们只从外围和下方来觉知精神："你们只知道精神的火花:但你们看不到精神是一块铁砧,无视其铁锤的残忍!"最终,他们也不是飞翔者,"不是雄鹰",所以他们也不识"精神惊恐中的幸福"。[66]"谁若不是鸟,就不该筑巢于深渊。"扎拉图斯特拉在论述哲人之时,一开始就用尽全力强调哲学与政治之间的张力、求真意志与信仰之间的无可调和、精神之高升与节制(Mäßigung)之间的裂隙,标定进一步探讨的视域,而听者被敦促参与这种进一步的探讨。演讲在高潮部分指向了飞翔者,对飞翔者的新近指向,以及著名智者与自由精神的两方面对照,提出了关乎扎拉图斯特拉自我理解的诸多问题:(1)扎氏以真诚(Wahrhaftigkeit)之名批判对民众的服务,这种真诚如狮子一般,摧毁了他那崇敬的意志,是对自身的真诚;又如雄鹰窥入深渊,是在考察世界时的真诚。它是求真意志的表达,意在如其所是地观己观物。演讲中的真诚并不要求人公开地赞成真理或支持真理在各式"绿洲"中的宣告。它并非为真理而献身(Vitam impendere vero)。⑦因此,扎拉图斯特拉在这里所作的批判并非如初看上去那样是道德的。智者的虚伪所关系到的严肃问题,乃是他们对自身的不诚实。可真诚者又为何偏要住在荒漠中呢?社会性定然会腐蚀真诚吗?或者荒漠中的孤独才最有益于真诚者,有益于自由精神?(2)为人民服务中最富有启发性的情况,在扎拉图斯特拉的批判中却被略过了:统治所要求的服务。对著名智者的统治或他们的统治意愿保持沉默,是非常值得注意的,特别是当智者们想要"在民众的崇敬中为之辩解"一语,让我们回忆

---

⑦ 如果自由精神为了"真诚"或"纯洁"而拒绝任何的诡计与伪装,那就落入了尼采后来对"自由精神"的"不自由"即对其崇敬意志所做的批判:《善恶的彼岸》105(页92)。有关"为真理而献身",参看《论哲学生活的幸福》,第五卷和第六卷,尤其页200-202、225、233-235、253-258。

起[67]那些将"诸善版"悬于民众头上的智者时,尤其如此。"论著名的智者们"说明了,在"论一千个和一个目标"(I,15)中声名煊赫的创建者和立法者,必定要懂得[提供]何种服务。自由精神是"荒漠之主"。他们不受任何的服务所束缚,因为他们除了统治自己,不想统治任何人。可自由精神缘何要离开"荒漠"呢?那规定了过去的"创造者",让他们为民众赋予一千个目标的东西究竟是什么?又是什么能够触动扎拉图斯特拉,让他为人类创造他们还缺少的那一个目标?先知的答案是:爱,对人类的爱和对统治的爱[欲]。⑫

爱正是扎氏在讨论哲人这一卷插入的三首歌中的第一首的主题。"夜歌"(II,9)所要思考的是神爱(die Liebe eines Gottes)*——尼采将在《瞧这人》中称其为"迄今写出的最为孤独的歌",并且是《扎拉图斯特拉如是说》中唯一被他的最后这部作品全文引用的诗篇,他也以此强调了"夜歌"的独特地位。准确地说,"夜歌"从反面来论证(argumentum e contrario),神爱与爱欲(Eros)并无二致,都必得被思考为一种缺乏和欲望的表达。⑬第一段(3-10节)

---

⑫ II,8,1-5、6-12、13-18、19-20、23、24-29、33、35、37-38(132-135);参看III,12.7,5(251)以及IV,4,30(312)。前言,2,7(13)。I,15,19(75)。注意本书页61-62。

* [译注] Liebe eines Gottes 字面义为"一位神的爱",考虑到文中接下来讨论的是这种神爱与爱欲(Eros)的关系,即经典的 agape 与 eros 的关系,所以径直译为"神爱",以凸显主题。

⑬《瞧这人》第三部分,"扎拉图斯特拉如是说"第4节(页341)和第7节(页345-347)。尼采在那里将夜歌称为一位狄奥尼索斯的"不朽怨诉","因光与力的充沛,因其太阳本性而注定不能去爱"(第7节,页345),"唯一个神,一个狄奥尼索斯,才有此等遭遇。有关光明中的太阳之孤独的这样一种酒神颂歌的回应,乃是阿里阿德涅……除我之外,谁知道阿里阿德涅是什么啊!"第8.1节,页348。

既抽离于爱欲,也抽离于权力意志(即抽离于意欲超越自身的生命)。他试着阐发一种赠予之爱,不是爱欲,而是纯然溢流,不是一种缺乏的表现,而是泛滥的充盈,是纯粹的智慧、纯粹的求知、纯粹的光。扎拉图斯特拉的灵魂在歌唱,除了读者别无听众。有关地点和时间,我们从内容全然相同的开篇和收尾两节(1-2节和27-28节)所能得知的只有"是夜里"这一点。在夜里,"爱人们的全部歌声响起"。他们对于自己的所爱可以不受干扰地渴望和欲求了。在夜里,[68] 全然光明、"被光明所萦系"的神,觉察到了自己的孤独;他的爱只知赠予,不知接受,他缺乏夜对光的需要。"我不识取者的幸福;并常幻想,盗窃也比收取更得圣福吧。"他的爱不应当是欲求,可他具有一种欲求,这种欲求"本身"无可避免地在真正的意义上说着"爱的语言"。他愿自己是"昏暗和黑夜般的",好让他可以吸吮"光明之乳"。他渴望着渴望(Er sehnt sich nach Sehnsucht)。他被"对欲求的欲求"(Begierde nach Begehren)所推动。第二段(11-18节)又引入了欲求。其实,只要神的赠予之爱在面对被赠予者时并非全然无动于衷,那么渴求就是显而易见的。再说,如果解脱于所有的意图、期待和兴趣,那么又有什么理由被称为"爱"呢?"他们从我这儿获取,但我还能触及他们的灵魂吗?取予之间有着一道裂隙;且那最小的裂隙最后才得跨越!"他的给予会对接受者产生影响,爱之神(der Gott der Liebe)对此并非无动于衷。对于他们以何种精神接受他的礼物,或对于他们如何使用礼物,对于他们的感恩或服从,他都感到兴趣。他受接受者的幸福所洋溢的快乐所感染。给予和接受之间的意图和兴趣开启了裂隙,社会性情感(die Affekte der Soziabilität)也随之复返。被扎拉图斯特拉置于中心的是他的充盈所"起"的报复心。报复心显明了充盈之局限，因为报复所表现的是一种权力的缺乏。当权力不足以构造一切、统治一切、直接规定事物的进程，报复心就出现了。当扎拉图斯特拉补充说，他那"赠予时的幸福""消失"于不断地赠予、充盈之单纯涌流，他指向了同一种局限。无动于衷的分发之溢流不辨高低。它让德性对自身感到厌倦。它不识羞耻和顾惜，一如它不懂得适可而止。只有意图和兴趣才带来了区分。扎拉图斯特拉在全书开篇处向太阳所作的演讲，让赠予者的幸福依赖于接受者的幸福，并因此而脱不开失败的可能性。这个社会性的观念也仿佛括号一般围绕着［69］夜歌的第一和第二段：只有给予者同时是给予者和接受者，或者说，只有当给予者有着不幸的可能，他才可以被称为幸福的。第三段（19－26节）不再谈论给予和接受。爱和幸福也不再被提及。扎拉图斯特拉的太阳被置于众多太阳之间，并且与全书开篇处不同，这些太阳中没有一个对扎氏抱有兴趣。"许多太阳绕行于寂寥天际：它们以自己的光明向一切黑暗之物诉说。——对我却默然无语。"太阳运行于自己的轨道，"这就是它们的变换。它们循着自己不可阻挡的意志，这就是它们的冷酷。"太阳服从必然性，和它们一道，神之为光明也服从必然性。这种必然性也意味着，完满当被思为运动，包含了不完满并从中凸显出来。扎拉图斯特拉与社会性幸福概念保持着距离。可这种幸福概念构成了他的孤独怨诉的背景，随着怨诉他又回到了夜歌的第一段："是夜了：啊，我是必定成为光明的！还有对黑夜的渴望！还有孤独！"第三段的最后一句可谓扎拉图斯特拉的渴求："我渴求言说。"扎氏的歌唱并未断言，他所渴求的言说是朝向他人还是自己，是他的人类之爱的表达，还是他的自爱的

表现。㊹

生命位于第二首歌（第二组五篇演讲中的第三篇）的中心。与之前的"夜歌"和之后的"墓歌"不同，"舞曲"（Das Tanzlied）所包含的是扎拉图斯特拉的一篇演讲，标题所谓的曲子被植入演讲当中，也因此，这一章并不以"扎拉图斯特拉如是歌唱"结尾，这也不同于之前和之后的歌。在扎氏开讲之前，讲述者先行说了开篇语，此外他还在扎氏演讲之前和之后分别各说了一句话。全篇演讲共三十六节，其中舞曲占了二十节；在舞曲本身，扎拉图斯特拉报道了他"新近"同生命以及他那野性的智慧所谈的话。"舞曲"的核心是他同生命及智慧的对话，围绕着这个核心有着一个同心圆结构，[从外向里]分别是讲述、演讲和报道。[70] 如此精巧的修辞为前后两首歌曲所无，这相应于这一首曲子所处理问题的分量。因为对于哲人而言，还有什么问题比他同生命和智慧的关系问题更重要呢？这一首处理最严肃问题的曲子却散发着戏谑和轻巧的气息。一个黄昏，扎拉图斯特拉在门徒的陪伴下走过绿茵，在上面遇见一群正在舞蹈的少女；在这段背景交代中，扎氏就用一种轻巧的语调同少女搭讪，这语调后来被舞曲所沿用。少女们"认出扎拉图斯特拉"，就停下了舞蹈，扎拉图斯特拉极殷勤地请求少女们继续跳舞。他保证，自己"不是少女的仇敌"，在"重力的精神"面前是"神的辩护者"，并且绝不反对"神性的舞蹈"。在"轻盈者"面前，他并未带上光明的面具，发光闪耀，而是全然相反，他说自己是"一片森林，幽暗树林下的一个黑夜"："可是谁若不怕我的黑暗，他也

㊹ II, 9, 1–2、3–10、11–18、19–26、27–28（136–138）。参前言，1，2–12（11–12）。有关"赠予的德性"所需要的接受，参看 I, 22.1, 6–9（98）。

会在我的柏树下找到玫瑰花盛开的山坡。"丘比特显然符合扎氏在第一卷曾提出的一位神所应有的最低标准：他懂得舞蹈。当然，扎拉图斯特拉还得帮他一把，还得稍稍"责罚"一下这个"小神"，这样他才和少女们一起为扎氏的歌曲伴舞。歌曲的戏谑和轻巧一样针对"重力的精神"，"重力的精神"将生命和智慧问题置于死亡的思想之下，并臣服于他的"汝当！"。因此，当这一章的标题在文中唯一一次出现的时候，扎拉图斯特拉说的不只是舞曲。他把自己在门徒面前、在小神和少女的舞蹈中所唱的歌，称为"一支针对重力的精神、我那最高又最强的魔鬼的舞蹈和嘲笑之歌（das Tanz - und Spottlied）"。当他第一次嘲笑自己和自己对深不可测的谈论之时，他也嘲笑了重力的精神。他在歌曲的开头和结尾坦言，当他望入生命的眼睛，他仿佛沉入"深不可测的东西"了。是生命本身"用金钩"把扎拉图斯特拉从深不可测中拉了上来，并借用扎氏的形容来讽刺他："所有的鱼都这么说的，它们没有探测的东西，就是深不可测的。/但我只不过是变化无常的，野性的，完完全全是一个女人，而且并不是一个有德性的女人。"生命的笑有纠正之功：[71]"你们男人总是把自己的德性赠予我们——啊，你们这些有德性者！"与生命和智慧的舞蹈就以此开场，扎拉图斯特拉所歌颂的正是这舞蹈。生命自称为"一个女人"（Weib），而智慧则被扎氏称作"一个女子"（Frauenzimmer），对于扎氏而言，两者都具有吸引力、诱惑力，都是值得欲求的。当生命用"恶言"中伤自己时，他对于"不可置信者"是不相信的。相反，当智慧说自己"坏话"时，却充满了诱惑。智慧恰恰通过自我批判的能力而赢得扎拉图斯特拉［的信任］。相反，当生命恶语中伤自己的时候，他是不相信的，因他在心底坚信，生命是好的。他那"野性的智慧""私下里"对他所提的异议对此作了强化和引证:"你意愿,你渴求,你热爱,你因此才赞颂生命!"情敌口中吐真理:意愿、渴求和热爱,那超出单纯生命的意愿、渴求和热爱,才使得生命值得一过。在夜歌中,充盈之神所缺乏的东西,才让那位于善恶之彼岸的生命成为好的。生命之被肯定,乃是因为它有待超出,可以冒险:[因]智慧的诱惑。"在我们三者之间,情形就是这样",扎拉图斯特拉在曲子的中心唱道:"根本上我只爱生命——而且说真的,当我恨生命时,我爱之最甚!"当扎拉图斯特拉想要超越生命(超越自己)的时候,他对生命爱得最深。为了智慧的缘故意愿生命,意味着从根本上热爱生命。并且,智慧与生命极为相似,以至于可以被混淆。"智慧有自己的眼,自己的笑,甚至自己的金色钓竿:两者之间看起来如此相似,我又能如何?"智慧是懂得质疑生命的生命,并且通过反思而有益于生命。如果生命只有通过意愿自我超越才能自我保存,那么与生命相对而立的智慧就与生命正相和谐。智慧与生命是如此的二而一,以至于当生命问,是否有一种与生命分别的智慧,扎拉图斯特拉险些重新陷入"深不可测的东西"。⑦

舞蹈和嘲笑之歌针对重力的精神而阐发了生命与智慧的关联,[72]而这一关联是夜歌和墓歌所缺少的。墓歌忽略了智慧,一如夜歌忽略了生命。尽管在墓歌中心处,智慧被三度明确提及,可那是他年轻时的"快乐智慧",扎拉图斯特拉只是回顾性地谈起,并且在它出现的这一部分(共二十节,这部分使歌曲变得沉重),所谈的并

---

⑦ II, 10, 1、2-9、10、11-30、31、32-36(139-141)。参看 I, 7, 22-26(49-50)。在"舞曲"中,共7次提及生命,6次提及智慧,1次提及愚蠢:II, 10, 11、18、19、20、21、23、28、29、30、34。真理出现了2次,生命和智慧的"金钩"和"金色钓竿"也共出现2次:II, 10, 12、19、22。

非智慧,而是一种人性、太人性之物的见证:扎拉图斯特拉转向他的敌人,抱怨他们杀死了他青春的"面容和最可爱的奇迹",夺走了他的"玩伴"。"墓歌"(II,11)以一次通往"坟墓之岛"的越洋航行开篇,扎拉图斯特拉想要把"一个常绿的生命花环"带到那里去。他的青春的坟墓,他那过快消逝的"面容和仪表"(他将之作为"最亲爱的死者"来想念)"也在"岛上。墓歌开篇的悲伤呼应着"舞曲"结尾处的忧郁,当"夜幕降临",歌者自问:"怎么!你还活着吗,扎拉图斯特拉?"不过,扎拉图斯特拉并未沉浸于对年轻时那"神性的目光和瞬间"的悲伤。一方面,在他看来,他的发展过程已然涵盖那些离他而去者:"我永远地还是你们的爱的继承者和土壤,你们对于各式野生德性的回忆在我这儿开放,噢,你们最亲爱者啊!"另一方面,他将无辜受难者的慰藉判为己有,而这也是歌曲的重点:"在我们互相的不忠诚中,我们彼此是无辜的。/为了杀死我,人们便扼死你们,我的希望的歌鸟啊!是的,恶意总是向你们射箭,你们这些最可爱者——那是要击中我的心!"扎拉图斯特拉赋予其声音的这个人,显然还没有通过沉思和洞见从无根据的希望所导致的妄念里解放出来,他也还没有懂得用对自身的残忍来克服梦幻泡影的诱惑。他义愤填膺地宣称,自己被"人们"的恶意中伤,而这个"人们"并没有进一步的规定,他最终要以此来控诉他那进行谋杀和干了其他恶劣罪行的敌人:"然而我意愿向我的仇敌说出这话:比起你们对我所做的,一切杀人罪又算什么呢!"因此,他为过去那"圣福的精神"(seligen Geister)的记忆所带去的不只是一个"花环",而且是一个"诅咒"。那些敌人毁了他的"最神圣之物",[73] 夺走了他"最美的舞蹈",诅咒所针对的正是这些敌人。"我的最高希望还不曾得言说和解脱!且我青春的所有幻象和慰藉都已死灭！"不过，歌曲并不只是在回味过往种种，也没有停留于对三度唤起的青春"幻象"的哀歌。从怨诉之幽暗中，意志的神化（Apotheose）愈发光辉地升起，这种神化为墓歌也为全部三首歌曲作结。扎拉图斯特拉在"舞曲"中问道："何故？为何？由何？何往？在哪？如何？依然生活下去，这岂不是蠢事一桩？"在"墓歌"的同一处，*扎拉图斯特拉呼喊道："的确，我身上有一个不可损伤、不可掩埋的东西，一个能炸毁岩石的东西：那就是我的意志。它默然穿越岁月，丝毫不曾改变。"可见，扎拉图斯特拉想要带去"坟墓之岛"的"常绿的生命花环"乃是他的意志福音。扎氏称赞它是所有坟墓的"破坏者"。"唯那有坟墓之处方有复活。"反耶稣所预言的复活不仅指向他的"至爱"，而且指向所有的"死者"，不仅指向他的青春希望，而且指向最高的希望。他所预言的，乃是人类通过自己的意志而得救赎。⑯

扎拉图斯特拉的三首歌曲与波斯先知的琐罗亚斯德之歌（die Gathas）不同，并不是要针对共同体，宣示上帝的国度、优良的统治及合理的顺服。这里所关系到的也不是雅典异乡人意义上的序言（Proömien），那种序言服务于解释立法。扎拉图斯特拉的这些歌主要是唱给自己听的。它们服务于自我认识。夜歌传神言，墓歌播人声。位于两者之间的舞曲展现哲人。这三首歌曲在事件的河流中仿佛自成一座岛屿。[三首]歌曲之后的第一篇演讲看起来直接联系着

---

* [译注] 同为一章的第34节。

⑯ II, 11, 1–2、3–12、13–32、33–38（142–145）。II, 10, 31–36（141）。请注意演讲对敌人所提出的控告（II, 11, 13–32），也请注意扎拉图斯特拉之前对自己的青春"妄念"及其克服所作的陈述。

歌曲之前的最后一篇演讲。"论自我超越"（II，12）*章着重讨论的是最有智慧者（der Weisesten）的"求真意志"，而不论其荣誉或声名；此前，"论著名的智者"（II，8）章批判了智者们的"求真意志"，[74] 这些智者们的荣誉和声名要归功于他们对民众的服务。在"论著名的智者"（II，8）章，扎氏六度面向"著名的智者"，在"论自我超越"（II，12）章，扎氏七度选用了"你们最有智慧者"（ihr Weisesten）这一称呼。对于探讨的进程（可以从中读出演讲的言说对象）和争辩的深化（可从中推断出其争辩的对象）而言，歌曲的终止并非外在之事。这显然适用于舞曲，正如我们已然看到的，舞曲本身被植入一篇演讲当中。值得注意的是，在舞曲中，生命第一次出场；而在"论自我超越"中，扎氏将揭示生命的秘密。这同样也适用于歌曲末尾对"不可损伤的"意志所作的赞颂，赞颂开启了12章和13章对意志的探讨，其中第12章构成了第二组五篇演讲的最后一篇，而第13章则构成了第三组五篇演讲的第一篇。——在扎拉图斯特拉面向"最有智慧者"的演讲中，他并没有像指责"著名的智者们"那样，指责他们在为民众服务中没有坚持对自身的真诚。他承认，他们所谓的"求真意志"确实"驱使"他们，并使他们"热血沸腾"。然而他要告诉他们，他们并没有恰切地理解自己，他想要告诉他们的，也只是这一点。"求一切存在者之可思状态的意

---

* ［译注］这一章的标题 Von der Selbst – Überwindung ［论自我超越］有两处需要说明：（1）原文在"自我"和"超越"之间有一间隔符，出于中文习惯上的考虑，略去了；（2）又译为"论自我克服"，差别在于"超越"有向上、向前之意象，克服则相反；译为"超越"，是为了与"超人"对应，两者在德文中的前缀皆为 Über ［超］；港台通行"超克"的译法，似可兼有"超越"和"克服"两义。

志：我如是称你们的意志！"扎拉图斯特拉回溯到他在第一次使用这个概念时所作的规定（II，2，9）："而对你们来说，这就意味着求真理的意志，即是说，一切都被转变为人类可思议的、人类可见的、人类可感触的东西！你们应当透彻地思考自己的感官和意识！"在谈论求真意志的时候，最有智慧者有误识自身所扮演的积极角色的危险，他们的感官、感触、观看和思想都在其中扮演着积极角色。这种误识导致了一切存在者的可思状态被窄化为一切存在者都必须"服从和屈服"于精神，都同化为精神。"你们的意志就意愿如此。它当变得光滑，听命于精神，成为精神的镜子与反照。"他们的意志按照自己所以为的形象、按照自己对于一种支配自身和一切存在者的精神的观念，为自己创造世界。就在这一处，一切存在者的可思状态，在被精神之表象所同化的意义上或按其违抗和悖逆之必然性而被打上问号，也就是在"论自我超越"章第5节，扎拉图斯特拉将权力意志引入对哲人的讨论。[75] 此前，扎氏在这一章的开头，首先从"求真意志"开始，并且抱着一种批判的目的："最有智慧者啊，这是你们的整个意志，作为一种权力意志；即便你们谈论善与恶，谈论价值评估，情形亦然。/你们还意愿创造一个你们能够对之下跪的世界：这就是你们最后的希望和醉态。"第5节的构造引人注目，有着向后翻转功能的"即便"一语包含了两个层面，这让我们注意到，第6节的批判既可以指向第一个层面，也可以同时指向两个层面。广义上的批判是说，最有智慧者通过他们的权力意志创造了一个世界，一个他们能够承认和臣服的世界，因为这个世界相应于精神的各种观念（den Vorstellungen des Geistes），符合他们对于精神的观念（ihrer Vorstellung vom Geiste）。他们所设想的这个世界可以是（1）真实世界和（2）伦理世界。两者可以在最有智慧者的价值评估中相遇一处，它们都产生于最有智慧者的权力意志。另一种读法则不把两个层面合二为一，而是区别对待；根据这第二种读法，批判所指向的只是层面（1），而不是层面（2）。扎拉图斯特拉告诉最有智慧者，他们对于善恶的谈论"也"是他们的权力意志的表达，但他并没有断言，他们（所有人）都信仰伦理世界，或者都向之跪拜。如果考虑到求真意志，那么对于精神之真实世界的批判，于哲人而言，就具有特别的重要性；扎拉图斯特拉在第6节之后却没有继续或深入这一批判。他将所有注意力都引到第5节的"即便"一语所唤起的、在善恶谈论中得到表达的权力意志。如果最有智慧者懂得向"没有智慧者"传达价值评估，如果他们通过给予民众一个目标来服务民众，那他们就遵从了自身的"统治意志"。扎拉图斯特拉将话锋回指向"论著名的智者"章中的不充分阐述，那里的阐述略去了最重要的观点，进而回指向"论一千个和一个目标"章（I，15），"权力意志"在这一章第一次出场，这也是此前唯一的一次。当扎拉图斯特拉在"论自我超越"章（II，12）第二次使用这个概念时，他回顾了之前的那次使用："你们曾把你们的意志和价值置于生成之河流上；被民众当作善与恶来相信的东西，向我透露出一种古老的权力意志。"[76] 最有智慧者必得将价值评价托付民众，可是考虑到他们面对生成之河流或面对民众所激起的保留态度，扎拉图斯特拉在第三步中向他的言说对象指出，他们的政治－统治意志并不会因为一切事物的变动不居而受阻碍。"最有智慧者啊，你们的危险和你们的善与恶的终结，并不是这条河：而是那种意志本身，是权力意志——那种生生不息的生命意志。"价值评估遭遇价值评估，意志遭遇意志，而那在扎拉图斯特拉身上做功的权力意志则能够澄清这种遭遇。对于最有智慧者之善恶的有效性诉求而言，以及对于将精神的世界视为真实的世界而言,扎拉图斯特拉的启蒙*都是真正的"危险";不过,作为大地意义的超人学说也面临同样的危险。——为了让最有智慧者,也为了让我们更明白他"关于善恶的话",扎氏又添上了他"关于生命的话"。他通过阐述一种教义来支撑批判。他报道说,为了认识生命的样子和方式,他走过"生者"(Lebendige)大大小小的道路,还从上百个视角考察之。"然而,但凡我发现生者之处,我都听到了关于服从的说法。一切生者都是服从者。"他从生者之"眼"读出的演讲乃是一种人类的演讲。这种演讲不但谈论服从,而且也谈论命令、法律、法官、复仇者和牺牲。"这是如何发生的呢?我曾这样问自己。什么东西劝说生者,使之服从和命令,并且在命令之际也服从呢?"在这一章的中心,扎拉图斯特拉把答案交付给那些从教义来理解自身的最有智慧者,同时敦促他们"认真地"检查一番:"凡在我发现生者的地方,我都发现了权力意志;即便在奴仆的意志中,我也发现了做主人的意志。/弱者服役于强者,这是弱者的意志劝它这样做的,而弱者的意志意愿主宰更弱者:它不想放弃的只是这样一种快乐。"扎拉图斯特拉将生命之为权力意志这一教义的核心陈述,留给了这个概念在这一章七次运用中的第四次,而这也是全书九次运用中的第五次。接下来的三次运用都出自生命自身之口,开展和认证学说的任务落在了生命头上。在演讲的开头,生命向扎拉图斯特拉现身,就像上帝向摩西显现一样。不过,与西奈山上的神话之辞(Theologumenon)*不同的是,[77] 生命的话语指向内在于其自身并能被认识的必然性:"看

---

*[译注]上文的澄清(aufklären)即启蒙(Aufklärung)的动词形态。

*[译注]大意指并非源于神启而是源于个人意见的关于神的说法。勉强以"神话之辞"对译。

啊，我是那必须不断自我超越者。"生命的演讲共计十节，在中心处，生命揭示了求真意志的秘密，而这正是哲人最感兴趣的："无论我创造什么，无论我怎样爱它——我必须很快成为它的对手，以及我的爱的对手：如是我愿。/甚至于你，求知者啊，你也只不过是我的意志的小径和脚印：真的，我的权力意志也紧跟着你的求真理的意志！"扎拉图斯特拉像他之前的先知一样，懂得用自己的智慧来为诸神增添光彩，不同只在于，他并未将生命提升为一位女神，也没有从其学说为缺乏智慧者提供戒律，而是为最有智慧者赢得了一种批判。⑰——生命说给扎拉图斯特拉的演讲，使得扎氏能够在这一章的 1–11 节向最有智慧者澄清，在他们的价值评估中有着权力意志的作用，既在关乎世界和自身认识的求真意志中，又在面向缺乏智慧者的关于善与恶的演讲中。求真意志从启蒙中所得之收益对于论证的进一步发展将具有至为重要的意义，可在生命的演讲之后，在总结性的 37–42 节中，这种收益却未被提及。当扎氏强调说，他"还要"从生命的学说出发为最有智慧者解开他们心中的"谜团"，他总结性地谈论"价值评估者"借以施展强力的"价值"和"关于

---

⑰ 在《扎拉图斯特拉如是说》中，求真意志（[译按]或译为"真理意志"。）共出现四次。先用这个概念的是扎氏自己（II, 2, 9），最后用这个概念的是生命（II, 12, 32）。这个概念的第二和第三次使用是"著名的智者"（II, 8, 6）和"最有智慧者"（II, 12, 1）用以自况，却懵懂于权力意志的作用，这两次出场都带有双引号，这区别于第一次和第四次使用。——权力意志在第二卷第 12 章的第六和第七次提及，位于生命演讲的最后两节："凡有生命处，皆有意志；但不是求生命的意志，而是——我如是教你——求权力的意志！/生者将许多东西看得比生命本身还重；然则在这种评估本身中说话的——就是权力意志！"II, 12, 35–36（149）。——参看本书第页 70–71，以及《出埃及记》3：14，以及 33：19。

善与恶的言辞",扎氏还谈到,[78]这正是他们"隐蔽的爱",这种爱意欲统治。[78]扎氏阐明了他们的政治角色,凸显了其统治的必然局限,还强调了"价值"的变化,而他则认识了其不变的原则。"然则从你们的价值中生长出一种更大的强力,以及一种新的超越:蛋和蛋壳破碎于此。"善恶之事的创造者首先必得是一位"价值"的毁灭者,求知者于是推断,"至高的恶归属于至高的善"。这预设了诸种创造性的善是诸种至高的善。可这是从"前言"开始,位于扎拉图斯特拉的未来主义学说根基处的假定。在他的总结发言之后,他第七次也是最后一次直呼最有智慧者并且敦促他们:"我们尽管谈论吧,你们最有智慧者,尽管这是糟糕的。可沉默更糟糕;一切默然不表的真理会变得有毒。"扎拉图斯特拉向他们讲述的并非都是最有智慧者闻所未闻之事?对于"价值"变动之必然性,他们或者他们当中的大多数并不陌生?"真的,我要告诉你们:永远不变的善与恶——是没有的!"当扎氏如是宣布,他难道没有告诉他们任何新东西吗?他们只不过不谈罢了?他们将自己的洞见隐藏在富于教化意义的(erbaulichen)学说之中了?他们的教义会变得独立,因此他们必须考虑到,他们当中的某些人最终会信仰一种道德的世界秩序?而另一些人以为真理是致命的,因此在一种艺术的形而上学中寻求逃避之所?[79]最后的话是说给高贵的言说对象听的:"让一切会因我们的真理而破碎者破碎吧!还有些房屋有待建造!"[80]

扎拉图斯特拉强调了在求真意志中起作用的权力意志,他由此

---

[78] 参看 I, 15, 19 (75),并参看本书页 38 – 39。
[79] 参看《论历史对于生命的利弊》9, 7 (*KSA*1,页 319) 和《悲剧的诞生》,"一种自我批判的尝试" 2, 5, 7 (*KSA*1,页 13, 17, 21)。
[80] II, 12, 1 – 11、12 – 26、27 – 36、37 – 42、43 – 44 (146 – 149)。

向最有智慧者指出了将权力意志回指向自身的必要性。并且，当他让生命将权力意志学说陈述为自我超越的学说，他［实际上］向求知者确保了，恰恰是其意欲超越权力意志的意志，标志着权力意志的最高可能性。无论是在前一种情况，还是在后一种情况中，权力意志都不是最后的话。[79] 从一开始，这个概念就用来服务于哲人的批判和自我认识。紧跟着教义陈述并补全了第二卷中心处关于意志的三部曲的演讲强化了这一批判意图：在"墓歌"章（II, 11）结尾处，扎氏欢呼他那不可损伤的意志。在"论自我超越"章（II, 12），他将目光转向求真意志中的权力意志。而在"论崇高者"章（II, 13）他要求卸下鞍羁的意志（abgeschirrten Willen）。"论崇高者"所谈论的那些"崇高者"，胸部高挺、鼓足气息地从"知识之林"回来；这些"庄严者"（die "Feierlichen"）显得满足于他们在"丑陋真理"中觅得的猎物；这些"精神悔罪者"将对于自身的残忍视为一种道德功绩。扎拉图斯特拉对这些谨守诚实的猎人、这些总只是严肃的求知英雄施加批判。从最高的视角、从泰然而明朗的立场出发，并以解脱自在之美的名义，他批判严肃和张力，但这正是他之前向创造者所提的建议和要求。⑧在诚实或对自身的残忍中，权力意志所反对的恰恰是那种根据自身的成见、愿望和习惯将现实化为己有并因此而错失真理的权力意志，因此这个批判的分量也就更重了。扎拉图斯特拉非但没有因其艰苦战斗而赞扬英雄，或再一次向他歌颂意志的解放力量，而是劝诫他必须要学习笑和美。进而：

---

⑧ "他从与野兽的战斗中回来：但从他的严肃神情上，也还透出一只野兽的模样——一只未被战胜的野兽。/他总还站在那儿，就像一只跃跃欲试的老虎；但我不喜欢这些紧张的灵魂，我的趣味也对所有这些退隐者怀有敌意。" II, 13, 7 - 8（150）。

"他还必须忘却自己的英雄意志:他应当成为一个高升者,而不只是一个崇高者——苍穹本身当能高升,这个无意志者啊!"对于哲人来说,权力意志不是答案,而是问题的核心。"对于一切热烈的意志,美都是不可获取的。/多一点点,少一点点,在这里这恰恰意味许多,意味最多。/以松懈的肌肉,卸下鞍羁的意志,兀自站立。崇高者啊,这对你们所有人来说都是最艰难的!"站立于而非屈膝于世界面前,以卸下鞍羁的意志驻足世界之前,[80]而非为了对于自身的残忍("精神悔罪者"不是将这种残忍理解为手段,而是将之提升为目的)紧紧绷着权力意志,这是扎拉图斯特拉为求知英雄所开启的自我-超越的要求。他如果要登上至高点,就必须变为超-英雄。关于意志的三部曲在字面上而又不仅仅在字面上终结于"超-英雄"(Über-Held)。⑫

在飞上至高点之后,在一连六篇演讲(除了一处例外)都只是顺带同他的未来主义学说的言说对象说话之后,扎拉图斯特拉在接下来三篇演讲又回转为创造者,向创造者说话。* 对跛足的历史主义、纯粹知识观念和徒劳的学术的批判[对之前那一组五篇演讲而言]具有对比色彩,这进一步说明了中间两组五篇演讲的共同主题。"论教养之邦"章(II,14)以一声呼喊开篇("我飞向未来太远了"),又以一个承诺结尾("我是我父辈的孩子,为此我要在我的孩子们身上将功赎罪——也要因为这个当下,而补偿全部未来")。未来主义学说植根于对当下的批判,远离之,拒斥之。扎拉图斯特拉接续了

---

⑫ II, 13, 3-8、18-27、35(150-152);参看 II, 12, 6(146)。超-英雄在全书只出现这一次。

*[译注]"六篇"指第二卷第 8-13 章,"接下来三篇"指第二卷第 14-16 章。

前言，他在那里将同时代人的自我区分意愿的缺乏，联系于他们对教化的骄傲。现在，他把历史主义称为这种教化的坚硬内核，历史主义表现为一种无可救药的折中主义，一种对于现实的贫瘠看法。扎氏指责"当代人"（他六次直接称呼他们，向他们说话）之"斑杂多彩"，没有自己的形象和自己的生命。"你们似乎是由颜料和胶布条烘烤出来的。/从你们的面纱看去，所有时代和民族都是五彩缤纷的；通过你们的姿态，一切习俗和信仰天花乱坠地发言。"他们相信自己知道一切事物的历史局限性和短暂性。他们还相信自己可以"没有信仰和迷信"，这让他们对于超人学说没有接受能力，因为超人学说建基于一种信仰，即相信首先要创造并最终可以创造"大地的意义"。扎拉图斯特拉用梅菲斯特的话（das Mephisto‑Wort）来表达"当代人"的现实［81］："一切皆值得毁灭。"⑧——"墓歌"章曾用一只令人厌恶的"猫头鹰怪物"预先指向了历史主义，那是扎氏年轻时代的遭遇，"论教养之邦"章（II，14）的历史主义批判与"论学者"章（II，16）的学者批判相同，都是扎拉图斯特拉自己的经验之谈。他曾是学者，可现在不是了，并且当他曾是学者的时候，他也比单纯的学者要多一点东西。他不曾"被定向于知识，犹如被定向于轧碎核桃"。他也从不愿意"对一切只作冷眼旁观"。这两章有着共同的批判主题：缺乏和无能于生命的一体化。在"论

---

⑧ II，14，1、5‑15、18‑24、33‑35（153‑155）。前言，5，3‑5 和 23（19‑20）。"你们是不会生育者：因此你们缺乏信仰。但谁若必须创造，他也就总是有自己的真实梦想和星辰符号——而且也相信信仰！——/你们是半开半掩的门，掘墓者就守候在门旁。而且，这就是你们的现实：'一切皆值得毁灭。'"II，14，22‑23（154）。——"论教养之邦"这篇演讲中的历史主义批判，其顶点在第 23 节，"掘墓者"作为除了民众之外唯一的一组人格群体出现在前言（8，2）中，那里的"掘墓者"所代表的是谁，可从此处觅得踪迹。

学者"章的中心处,扎氏用精练的语言道出了学者和哲人以及先知之间的决定性区别:"我的单纯何求于你们的杂多!"对于哲人来说,这意味着:一种激情,求知的激情;一种统治性的思想,自己赋予自己的使命;一种生活。[84]——对于创造力的强调联结了所有这三章。扎氏在敦促超-英雄的时候匆匆向前,走得太远了,超-英雄懂得为权力意志卸下鞍羁,在考察世界的时候,从最高的视角出发达到了对整全的肯定。"论无瑕的知识"章(II,15)补上了沉思生活误解批判,在第三组五篇演讲的中心一讲的中心,我们重新遇见以呼吁英雄主义精神的形象而出现的英雄:"美在哪儿呢?在我必须以全部意志去意愿的地方,在我意愿热爱和没落、使得一个形象不只是形象的地方。/热爱和没落:两者是永远合拍的。爱的意志:那就是也意愿去死。我对你们怯懦者如是说!"扎氏在这一章所谈论的美是高贵者之美,而非完美者之美,他在"论崇高者"章(II,13)用完美者来对比"崇高者"。[82]与"论崇高者"章(II,13)中的一味诚实者不同,他对"纯粹求知者"的批判,即便不是以道德的名义进行的,也是以一种道德化的姿态进行的。他用"伪善者""贪婪者"和"谎言精"来攻击他们,援引他们的"羞耻"和"坏良心",*还指责他们玷污了欲求,因为他们缺乏"欲望中的无辜"。这里所关系到的是对沉思生活的一种道德化理解的拒斥,这种理解将沉思生活视为无欲无求、无私且超越尘世的。扎拉图斯特拉让"纯粹求知者"说道:"而且,这在我看来就是关于万物的无瑕的知识,我对于事物毫无所求——唯求能躺在事物面前,犹如一面具有

---

[84] II, 16, 6-10、14、21、26 (160-162)。II, 11, 21 (143-144)。

* [译注] schlechtes Gewissen 也可意译为"内疚"。

千百只眼睛的镜子。""论无瑕的知识"章所谈论的,是对求知激情的辩护,这种激情抓住和规定了哲人的全部生命。与此相应,扎拉图斯特拉在这一章的最后七节讲述了一个修正版的"太阳之爱",从第一篇演讲开始,他就用"太阳之爱"来诠解自己的爱。现在,他将"无辜和创造欲"归于太阳:"她想要吸吮大海,把大海的深渊吸到她的高度。""大海的欲望"回应着"太阳的焦渴",大海意求变为空气和光。扎氏肯定了它的欲望,对于一种给予着的获取将与一种获取着的给予相呼应,表达了他的信心:"真的,如同太阳一样,我也热爱生命和一切深邃的大海。/而且在我,这就是求知:一切深渊当上升——达到我的高度!"⑧

"论诗人"章(II, 17)既是一个结尾,也是一个开篇。扎拉图斯特拉批判了止步于服务民众的著名智者,批判了一味追求诚实的求知英雄,批判了自我遗忘的观察者,这种观察者妄以为自己是一面纯然的世界之镜,还批判了多重碎片化、不敢拿生命在任何一件事情上冒险、不知道如何将生命翻转为一的学者,在所有这些批判之后,以哲人为论述对象的两组五篇演讲的最后一章批判诗人,以此结束这个相互对照的系列。由于扎拉图斯特拉将诗人批判作为自我批判来讲述,所以这一讲也就同时开启了[对扎氏]学说的解构,即解构[83]扎氏作为诗人和先知所宣传的学说。"论诗人"包含了"论山上的树"以来与一个单独门徒的第一次相遇。和"论山上的树"章(I, 8)同青年(那青年需要一种高贵的言辞)的对谈一样,"论诗人"章(II, 17)与那位没有进一步规定、可能代表着所

---

⑧ II, 16, 8 – 12、15 – 17、19 – 20、22 – 25、33 – 39(156 – 159)。参看前言, 1, 2 – 11(11 – 12);II, 9, 4 – 10、19 – 25(136 – 138),参看本书,页 17 – 18 和 67 – 69。

有青年的青年的交谈,意味着一个剧情的转折。⁸⁶扎拉图斯特拉以一句有关精神的富有挑战性的话开始对话,在十章中的第五章,*精神是用以解说"最有智慧者"及其观念的关键概念:自从他更好地了解身体之后,精神对于他来说,"就只还仿佛是精神了",而且被称为"永不消逝之物"的东西也和精神一样,"也只不过是一个比喻"。门徒并未特别地纠结于精神。可他回忆起来,类似的话"已经"听扎拉图斯特拉说过"一次"。这无论如何说中了那句话的论证。事实上,"在幸福岛上"〔扎氏〕的演讲中有关"永不消逝之物"的那句话,他是记得如此清楚,以至于他几乎能够逐字逐句地复述:"当时你还加了一句:'但诗人们撒谎太多。'"门徒接下来所问的问题("为什么你竟说诗人们撒谎太多呢?")被扎氏生硬地驳回。他不属于那种"人们可以问其为什么的人"。扎拉图斯特拉的反应可能会带来一种猜测,以为他拒绝给出自己的理由,是因为他期待门徒毫无异议地接纳自己的布道,是因为他期待信仰或服从;这种猜测和扎拉图斯特拉在门徒面前的辩解同样站不住脚,他辩解说,要他记住自己的判断理由,特别因为他"体验到"这些理由是在"很久以前",这过高地要求他的记忆力了。让门徒铭记在心的序曲中的那句话,所关非小,而是有关上帝的猜想;没有哪位哲人会忘记他在与这个问题争辩时所"体验到"的理由,或与他对这个问题的回答有着至为紧密关联的理由,这个问题与他有着生存性关联。他毋宁会将其"护在身

---

⑧⁶ 参看本书页33-35。——青年最后一次被提及是在 II, 10, 1 (139),再之前被提及是在 II, 4, 1 (117),在第二卷,这是在"论诗人"(II, 17)之前,扎氏门徒仅有的两次被提及(参看本书,页53-54)。

* 〔译注〕这里的"十章"指的是第二和第三组五篇演讲,分别是第8-12章和第13-17章,迈尔将这十章的主题概括为"哲人"。

旁",日夜掂量。扎拉图斯特拉试图[84]让门徒感到足够不安,要他进入思想运动:"然则扎拉图斯特拉曾向你说过什么呢?是说诗人们撒谎太多吗?——但连扎拉图斯特拉也是一个诗人。/那么你相信他在此说出了真理吗?你为什么相信这一点呢?"对于扎拉图斯特拉的追问,门徒用信仰告白作答:"我信仰扎拉图斯特拉。"扎拉图斯特拉摇了摇头。他一直还在和信徒说话。他在第一卷末尾的告别演讲中所表达的希望一直都没实现,不但政治希望没能实现,教育上的希望也没能实现。他在原地踏步。⑧⑦"信仰不会让我幸福。"在对门徒的提醒("或许他欺骗了你们")未达到所期望的结果之后,他现在把语调变得更加尖锐了:"但假如有人十分严肃地说,诗人们撒谎太多,那么他是对的——我们撒谎太多。"不再有"或许"二字。扎拉图斯特拉决绝地推进了断奶过程。他用了两轮来证明他已经为自己的判断备好了理由,这两轮占了演讲的三分之二篇幅。第一轮诗人批判汇聚于一声呼喊:"一切神祇都是诗人的比方、诗人的诈骗!"扎拉图斯特拉以精炼而易懂的语言,重复了他在"彩牛城"中第一次出场时就已经教导过的东西,不同之处在于,超人教师那时并未将自己算在诗人之列。⑧⑧

---

⑧⑦ 在告别演讲最后一部分中心处,扎拉图斯特拉曾向门徒们呼喊:"你们说,你们信仰扎拉图斯特拉?然而扎拉图斯特拉有何要紧!你们是我的信徒——然而所有信徒有何要紧!/你们尚未曾寻找自己——你们就找到了我。所有信徒都是这样做的,因此一切信仰都是如此无关紧要。"I,22.3,7-8(101)。

⑧⑧ 在"论背后世界论者"章,扎氏曾报道说,他在遁入孤独之前,"曾经……和所有背后世界论者一样"将自己的"妄念"投向"人类的彼岸",自创了一位作为创造者的上帝,曾作为诗人有所捏造:"啊,兄弟们,我所创造的这个上帝,如同所有神祇一样,是人类的作品和人类的疯狂!"I,3,7(35),着重为引者所加。"在作诗和渴求上帝的人中间,总是有大量病态的民众;他们恼怒地仇恨认识者,以及德性中那最新的一种,那就是:诚实。"I,3,28(37),着重为引者所加。

这个重复为这一章中心节的戏剧高潮埋下了伏笔:"真的,我们总是被上引——被引向云的国度:我们把自己多彩的皮囊置于云上,[85]然后把它们叫作神祇和超人们。"为了让门徒们真的领会他对"诗人-欺骗"的揭露,扎拉图斯特拉立即补充说:"他们倒是恰好相当轻巧,适合于这种座椅!——所有这些神祇和超人们。"在自我批判的最后,他也没忘记展示一种断裂、厌倦和不满:"啊,我是多么厌倦于诗人们!"⑧⑨扎拉图斯特拉通过削弱他原来的学说而引起危机,讲述者用简洁的语言宣告了危机。门徒对扎拉图斯特拉感到恼怒,两人一同沉默。我们只在此前一处、此后再也没有遇到一位门徒或门徒们对扎氏感到恼怒。扎拉图斯特拉在那里所涉及的是门徒们对他的教导——他们的德性没有"奖赏者和会计师"——所作出的反应。这前一种情况有关预定之上帝,后一种情况则有关给予意义之超人。无论是在哪种情况下,扎拉图斯特拉都收获了门徒的愤怒,因为他夺取了他们赖以支撑自身的权威,或者质疑了他们将希望寄托其上的拯救,这种拯救当位于他们自身之外。⑨⑩——第二轮诗人批判首要的目的在于区分诗人和哲人。他不再向那停留于沉默的门徒说话,而是转向了未来之物和未来者们。他现在以回首的姿态看待诗人。他不再说"我们",而是说"他们"。即便第一轮的最后一句话,"我是多么厌倦

---

⑧⑨ II,17,23–24 和 25(164),着重为引者所加。"论诗人"章中心处对超人们的两次提及都以复数形式出现,这也是《扎拉图斯特拉如是说》中仅有的两处复数形式。——有关超人们,可参看扎拉图斯特拉福音之前的《快乐的科学》143(页490–491)。

⑨⑩ "当扎拉图斯特拉这样说话时,他的门徒愤愤然,但他沉默无语。而扎拉图斯特拉也默然了;他的眼睛向内返观,就仿佛在极目远望。"II,17,26(165)。"现在,因为我宣称没有奖赏者和会计师,他们就要对我发怒吗?"II,5,6(120);参看II,5,39(123)。

于诗人们",也属于过去之事:"我已经厌倦于诗人,老诗人和新诗人——在我看来,他们都是浅薄的,都是浅海。"困难在于理由和思考,而这也正是之前对门徒的考察中的着眼点。"他们未曾充分思入深处,因此他们的感情不曾深入根底。/一点淫乐和一点无聊:[86]这还是他们的最佳思索了。"诗人们并未真的思入深处,这对于扎氏的判断来说是规定性的。其他一切都从中得出,比如:他们"不够纯洁",他们沉湎于观众,他们被自己的虚荣所支配,还装扮天地,或者落入自我陶醉并且相信,当他们感到温柔的激动,"是自然本身爱上他们了"。他们的意志通往表面、假象和欺骗。由于他们的精神缺少让他们停留于自身的支点,扎拉图斯特拉看到"精神悔罪者"最终从他们当中产生。精神悔罪者只愿诚实,以为自己很崇高,因为他们把对自身的残忍提升为道德义务。扎拉图斯特拉以一种对"精神悔罪者"的展望结束了诗人批判,而在有关哲人的最后一组五篇演讲,他正以对"精神悔罪者"的批判开篇。[91]不能将哲人混淆于两者中的任何一者。这并不意味着他能缺少诚实。或者他不能运用诗艺。《理想国》中的苏格拉底将诗人逐出城邦,可在最后自己又作为诗人发言,和苏格拉底一样,扎拉图斯特拉最为关心的显然是等级的确定。二元而非一体。[92]

扎拉图斯特拉的危机是第二卷的第四组五篇演讲的核心论题。由

---

[91] II, 17, 28 – 30、32、45 (165 – 166) 和 II, 17, 18 – 22 (164)。II, 13, 3 和 13 (150 – 151);参看本书脚注 88。——通过标志性的提及和字面上的借用,扎氏在这一章所召唤的古代和现代诗人有以下,比如:荷马(12,假定尼采在《快乐的科学》84 节所言不虚)和阿里斯托芬(23)、马可和马太(11 和 35)、莎士比亚(21)和歌德(1、16、22、23 和 25;参看 II, 2, 18)。

[92] II, 17, 1 – 12、13 – 25、26、27 – 42、43 – 45 (163 – 166)。

于危机是在扎氏同门徒的关系中显现出来的,所以在"论诗人"一讲之后的几章中,剧情有着特别的意义,讲述者的插入语也有了前言之后没有过的分量。换言之,在尼采让扎拉图斯特拉对诗人类型施加了最深入的批判之后,他对诗艺手法作了最显眼的运用。在对"火犬对话"的奇幻讲述中,"论大事件"章(II,18)表达了[87]扎拉图斯特拉让门徒了解他对于革命的看法的努力。扎氏的讲述占了42节中的29节,在这之前,讲述者安排了一个同样奇幻的故事。这个故事发生在一个岛上,在这个岛上"总有一座火山在冒烟","民众"相信,这岛上有扇地下世界的大门或地狱的入口。一艘船在那儿抛锚,因为船员们想要去岛上抓兔子,船上的全体船员说,在"正午时分"听到了一个声音在清晰地说:"是时候了!是至高的时候了!"而且,他们还相信看到了扎拉图斯特拉"仿佛一个影子"朝火山飞去。关于这些水手的来路,我们一无所知,从他们的故事中,我们首先可以推断出,远在幸福岛之外,民众也知道并且爱扎拉图斯特拉,"像民众一样爱,即爱与畏等量并存"。此外,讲述者还让我们看到,爱与畏如何从扎拉图斯特拉在其演讲中所用的那些隐喻(从伟大的正午经过飞翔直到超人的阴影)获得一种奇迹叙事的实在性,这种奇迹叙事将来自东方的先知移入了超自然的领域。"是时候了!"这一声从高处发出的呼喊也连接着扎拉图斯特拉的一篇演讲,并且是他所有演讲中最著名的一篇,即"也被称之为'前言'的那一篇"。⑧讲述者继续仿讽:水手们惊奇地看到扎拉图斯特拉飞过"火岛",与此同时,幸福岛上流传令人不安的谣言,说扎拉图斯特拉在夜里消失了;"三天以后,

---

⑧ II,18,1-3(167);参看 I,7,26(50);I,22.3,11-14(102);II,2,34(112);前言,5,7(19)和26(20)。——II,18,1 提及幸福岛,称之为"扎拉图斯特拉的幸福岛",这还是自 II,2 的标题以来的第一次。

这种惶恐不安又辅以水手们讲的故事——而且现在所有人都说，魔鬼把扎拉图斯特拉抓走了。"门徒不相信地狱之行。他们嘲笑民众的闲言，但是，"在他们的灵魂深处，他们全体都满怀忧虑和渴望。所以当第五天扎拉图斯特拉在他们中间露面时，他们快乐极了"。扎拉图斯特拉告诉门徒，他越洋过海，是为了探究"火犬"的秘密，而且还真的［88］"看见了赤裸的真理"。扎氏通过奇幻故事想要告诉门徒的真理是：围绕着革命和国家（后者"全然想要成为地上最重要的动物"），尽管有"许多嘈杂和烟雾"，可无论从革命还是从国家都不会发生期待中的"伟大事件"。"最大的事件——不是我们最喧闹的时候，而是我们最寂静的时刻。/这个世界并不是绕着新嘈杂声的发明者而旋转的，而是绕着新价值的发明者而旋转的，世界无声地旋转。"当扎氏在寓言结尾处用气息中"吐出黄金"的"另一只火犬"来对照吞吐烟灰的火犬，他强调了为门徒而备的信息。扎氏的反－革命声称"真的从大地的心脏"说出话来。这种反－革命不但像荷尔德林的许佩里翁那样要从大地的心脏打捞神秘生长起来的黄金，而且还要打捞欢笑。⑭扎拉图斯特拉对于一种充满黄金和欢笑的反－革命的憧憬并未打动门徒，正如他关于最寂静时刻的话未能触及他们一样。他们几乎没有在听他说话。"他们想要跟他讲讲水手、兔子和飞行者"的愿望太过强烈了。他们完全被民众的小事件迷住了。扎拉图斯特拉再一次摇头。他自问，门徒向他讲述的那"幽灵"为何高喊"是时候了！"。"至高的时候——究竟有何用

---

⑭　II，18，4－6、7－35（168－170）。有关 II，18，17－18，请参看 I，12，16（66）。有关 II，18，31－34，请参看 I，22.1，2－9 和 25（97－99），还有 I，7，10－13 和 22－26（48－50），以及本书页 33、35 和 45－48。

呢?"他想不起自己曾在市场上向民众发出的呼喊了。这不再是他的呼喊。⑮

从超人应当是大地的意义这一革命性要求,到大地的心脏是金的这种反-革命确信,扎拉图斯特拉的学说已经走过一条漫长的道路。门徒并未跟上他的步伐。对他们来说,未来主义教条仍然完好无损。他们没有在理智中完成决定性的转折,或哪怕迈出值得一提的一步为转折作准备,而是簇拥在扎氏所种下的信仰周围,一成不变地执着于这种信仰。扎拉图斯特拉对诗人的不满足[89]和对伟大事件的藐视表现出他的变形,这顶多让门徒感到愤怒,却并没有让他们陷入可怕的不安境地。因此,"预言者"章(II, 19)启示录一般的预言给扎氏带来了震撼,门徒却没有为这种震撼作好准备,扎氏最终所完成的转变必定会将他们甩在后面,任其不知所措。预言起于乌有之乡。预言以"而且我看到"几个字开头,《约翰启示录》22 章中的 7 章都以这几个字开头:"而且我看到有一种巨大的悲哀袭击人类。最优秀的人们已经厌倦于自己的事业了。/流行着一种学说,随之而来有一种信仰:'一切皆空,一切皆同,一切皆往!'/而所有山丘都发出回响:'一切皆空,一切皆同,一切皆往!'"普遍衰竭、颠倒和徒劳之象不仅蔓延至人类,而且同样蔓延至果实、田野和所有的井泉,最终也蔓延至大海,扎拉图斯特拉曾将大海用作超人的第一个喻像:"'啊!哪里还有一片大海是人们可以溺死的呢?'我们发出这样的悲叹声——越过浅平的泥沼。/真的,我们已然厌倦

---

⑮ II, 18, 36 – 42 (170 – 171)。参看本书页 21。

于死亡了,现在我们依然醒着而且活下去——在墓室里!"⑯ 讲述者报道说:"扎拉图斯特拉听到一个预言家如是说。"这个预言仿佛一道闪电,有关预言的地点和时间、动机和关联,我们一无所知。不过,我们知道,预言"打动了他的心","改变了"他。他是如此被击中,以至于变得"和预言家所讲的人们一样了"。预言给他展现了什么他自己未曾看见的东西?他在其中遇到的历史主义难道不是他早就熟知的吗?更不用说平等主义了。并且,他提出自己的未来主义学说不正是要对治通常所谓的"虚无主义"吗?换言之,预言家所宣告的巨大的悲哀和厌倦为何能够击中他?他跟自己的门徒谈论正在逼近的"漫长黄昏"。"啊,我该怎样来挽救我的光明!"和第二卷的序曲(Prolog)一样[90],扎拉图斯特拉的忧虑看来关乎他的学说。在序言中,他看见自己的学说"处于险境",因为学说的"形象"遭敌人歪曲,而现在,逼迫着他的问题是,如果预言得到证实,那么他的学说如何能够经受住世界黑暗的降临。在"持镜的孩子"章(II, 1),扎拉图斯特拉为了支持他的学说,想要仿佛"一声呼喊和一阵欢呼"去找他的朋友们。他在 18 章之后看到,他的门徒持留于骆驼阶段。他没能成功地创造同伴。然而,要是为了让他的学说挺过干旱、得到保存和延续,骆驼难道还不够吗?笃信其学说、牢记其字句的门徒人数在增长,有鉴于此,他的学说之光完全能够得到拯救。除非与拯救他的学说之光相关的,不是学说的流传,而是学说本身:学说之恰切,学说是否能够满足所提出的使命,以

---

⑯ II, 19, 1-9 (172)。前言,3, 15-16 (15)。只有"预言家"一章以一个破折号、从一个句子当中开始。《约翰启示录》路德译本第 5、6、10、14、15、20、21 章以 Und ich sahe[而且我看到]开篇。除了这几处开篇之外,这句话在这卷的全部 22 章中也经常出现。参看本书页 15 以及脚注 7。

及学说的真理。[97]——扎拉图斯特拉在听到预言之后焦躁不安地走来走去，不吃不喝达三天之久，失了"言辞"，最终陷入一次深度睡眠。在前言结尾处，他带着"新真理"（即他以后不应该再向民众，而是要向同伴说话）从睡梦中醒来，那次睡眠只有几个小时，这次却是另一番情形。门徒围坐，"长夜相守"，忧心忡忡，直到"他醒来，重新讲话，从他的忧伤中恢复过来"。当他醒来，转向门徒，"仿佛来自远方"，讲述一场梦，并要求他们帮他"猜出"它的意思。在"持镜的孩子"中，他毫不费力地释梦，并且懂得用梦来服务于他重启教谕活动的欲望；而对于现在所做的这场梦，他说，这对于他自己来说还是一个谜语。一切皆空，一切皆同，一切皆往，预言家的这句话让扎拉图斯特拉陷入深刻的危机，这段令人费解的讲述事实上形象地展现了这场危机。扎拉图斯特拉梦见自己厌弃了全部生命，作为守夜者和守墓人在"荒凉的死神之山堡"上看守玻璃棺材，"被战胜的生命"透过玻璃盯着他。他懂得用"最为锈迹斑斑的钥匙"开启"所有大门中最嘎嘎作响的那一扇"。他唤起一只乌鸦，乌鸦"恶意的啼叫"[91]传遍长长的通道。当喊叫重归默然，而他独自坐在"险恶的沉默"里，就"更可怕和更揪人心扉了"。最终，门上敲了三下，"犹如雷声"。扎拉图斯特拉喊了三声"啊哈"和"谁把他的灰烬搬到山上来"。他用自己的钥匙并未打开门，直到"一阵怒吼的风"扯开了门扇，向他抛去一口黑棺材，棺材爆裂，吐出"千百种大笑"。它通过"千百具面孔"冲着扎氏大笑、讥讽和怒吼。"我因此害怕极了：惊恐把我推倒在地。而且我因恐惧而大叫起来，一如我从未这样大叫过。"扎拉图斯特拉被自己的

---

[97] II, 19, 10–12 (172–173)。II, 1, 4–10、14、22 (105–107)。

喊叫从梦中惊醒，他还不知道如何解梦的时候，"他最喜欢的门徒"立即提供了一个解释。他抓住扎拉图斯特拉的手，向他也向自己和其他门徒确保学说闪耀光芒的胜利。然而，为了在其学说的意义上释梦，门徒必须进行一番变换。生命为他提供了钥匙："你的生命本身已经为我们解说了这个梦，扎拉图斯特拉啊！"扎拉图斯特拉不是那厌弃生命的守夜者和守墓人，而是全然相反，是那阵撕开"死亡城堡"大门的风，是生命藉以冲进"所有墓室"的棺材。他的大笑胜过了死亡的恐惧。"而且，即便那漫长的黄昏和致死的疲倦到来，你也不会在我们的天空上没落，你这生命的代言人啊！"扎拉图斯特拉是光明护送者，强有力的拯救者，是他的门徒们的信心所在："现在，将总是有孩童的笑从棺材里汩汩流出；现在，将总是有一阵强风凯旋而来，战胜一切致死的疲倦。在我们看来，你本身就是它的担保者和预言者！"至于扎拉图斯特拉梦见了他"最沉重的梦"，门徒的解释则是，扎氏梦到了他敌人的梦，这些敌人一旦醒悟，就会向扎氏走来，加入他的门徒队伍。反耶稣看似达到了其影响力的巅峰。在门徒的信仰中，他的没落被克服了。对于他们来说，他是道路、真理和生命。[98]——学说使得门徒能够比老师更好地理解老师吗？因为，[门徒][92]对扎氏"最沉重的梦"的解释，和对预言家的预言所开启的危机的理解，这两者同时处于问题当中。难道扎拉图斯特拉没有辨认出，他是真正的反-预言家，预言也无法损害他的学说吗？或者，在他最喜爱的门徒所作的解释中，有"许多叮叮当当的游戏"掩盖了这个圈子的忧虑，从而鼓舞了包括老师和门

---

[98] II, 19, 13-14、15-32、33-43（173-175）。参看 II, 11, 38（145）。参看《约翰福音》13：23 和 20：2。

徒在内所有人的勇气？扎拉图斯特拉看着门徒们，审视他们的面庞。可他"还"没有认出他们。当他们把他扶起来"站着"，"他的眼睛一下子"发生转变，他明白了"发生的一切"，捋着胡须。扎拉图斯特拉理解了，危机意味着什么，梦该如何解释，那些围绕着他的人又是谁。危机已然过去。他吩咐门徒去准备一顿共同的美餐。预言家当坐在他身旁，因为他"还要向他指示一片他能在其中溺死的大海"。现在，他已经"认出"门徒，因而不再以"你们朋友们"，而是以"我的门徒"称呼他们。他称他们为"我的门徒"，这是第二卷中的第一次，也是全书中的第三次和最后一次。他久久地盯着那个释梦的门徒的脸，同时摇着头。在接连三章中，门徒们三次证明了自己是信徒。他们三次都回退到自己对扎拉图斯特拉的信仰。扎拉图斯特拉则三度摇头。就连他最喜爱的门徒也不能用理由来支撑他的学说、纠正之，让它可以度过黄昏时分。他非但远远没有能够辨别未来主义教条出生时就带有的错误，还表现出自己未能领会预言家的"一切皆过往"这一标志着未来主义教条之未来的判决。[99]

扎拉图斯特拉所有的道路都通向"论救赎"这篇演讲（II, 20）。对先知的所有期待都通向那里。有关哲人的所有问题都浓缩在其中。所有的戏剧线索都在这一篇演讲中联结而又解开，这篇演讲将这部著作分成了篇幅不等的两个部分。[93] 这一章的独特之处也

---

[99] II, 19, 44–47 (175–176)。扎拉图斯特拉三度摇头：II, 17, 10; II, 18, 40; II, 19, 47。在 II, 19 中他用了两种称呼：在第 15 节用了"你们朋友们"，在第 45 节用了"我的门徒们"。"我的门徒们"这个称呼之前只在第一卷的告别演讲中使用过：I, 22.1, 5 和 I, 22.3, 2。在《扎拉图斯特拉如是说》中门徒一共出现了二十七次。其中二十六次指扎拉图斯特拉的门徒，一次指耶稣的门徒。

包括，我们听见扎拉图斯特拉分别向民众、门徒和自己说话，如果我们之前没有注意到说话对象的区分，那么特别会在这里得到指引。⑩扎拉图斯特拉向民众说话，并不是因为他放弃了不再向民众演讲的决定，而是因为"一群残废者和乞丐"围着他，就像在古老的福音书中，他们认出耶稣和他的门徒就围住耶稣一样。当扎拉图斯特拉"有一天"走过"大桥"，一个"驼背者"走向他，对他说："看啊，扎拉图斯特拉！连民众也向你学习，获得对你的学说的信仰。然则要使民众完全信仰你，还需要有一样东西——你首先还必须说服我们这些残废者！"扎拉图斯特拉处处遇见信徒。不过，与门徒不同，民众并不满足于图像和比喻。为了理解信仰，他们需要听见行动。民众的爱与畏渴望奇迹：残废者要先知将他们身上令他们感到痛苦的缺陷移走，如果超人意味着所有人的救赎，那么这个学说就要更新世界，如此印证学说的真理性，只有这样，民众才会被"说服"。扎拉图斯特拉渡过"大桥"之后，能够拯救谁呢？是民众吗？是门徒吗？还是他自己？他了解这种欲望，即想要通过奇迹见证他的荣耀的欲望。"如果人们取走了驼背者的驼背，那就取走了驼背者的精神——民众这样说。"扎拉图斯特拉不会让圆者直、瘫者走、盲者看见。他并不是奇迹-拯救者、奇迹-施行者、奇迹-预告者。"当民众向扎拉图斯特拉学习时，扎拉图斯特拉为何不也向民

---

⑩ "论救赎"是第二卷篇幅最长的一章，也是最后一组五篇演讲的中间一章。它和之前的 II, 19 和之后的 II, 22 一样，是第二卷仅有的既不以"扎拉图斯特拉如是说"，又不以"扎拉图斯特拉如是歌唱"结尾的篇章。它是 I, 15（一次）和 II, 12（七次）之后，权力意志在全书的第三次也是最后一次出场（一次）；在 II, 13 之外，它也是卸下鞍羁的意志唯一被谈及的地方（每章各一次）；它还是复仇的精神唯一出现的章节（两次）。

众学习呢？"对民众所教诲之事的援引看来只不过是一种修辞性的逃避。[94] 扎拉图斯特拉的智慧知道如何揭示无智慧者的教诲中所包含的理性（一切皆有其善），他的智慧事实上由此得到了证明。不过，他首先选择了一条直接通往未来主义学说焰心的道路。残废者抱怨自己的缺陷，扎拉图斯特拉用"颠倒的残废者"来回应，这种残废的缺陷在于"除了拥有一件东西，并且太多，其他什么都缺"。扎拉图斯特拉承认，通常意义上的残废者对于他来说是"最无关紧要的"。真正激怒他并让他内心充满厌恶的是歧途、单向度和支离破碎，是碎裂而成的片段无法形成一个有意义的整全。民众理解通常意义上的残废者。他们不理解"颠倒的残废者"，因为一个人在最好的情况下能够是什么样的、应该是什么样的，他们对此毫无概念。[60] 扎拉图斯特拉"带着深深的恼怒"从民众转向门徒："真的，我的朋友们啊，我在人群里游走，犹如游走于人类的残片和断肢中间！"扎拉图斯特拉的愤怒不仅针对当下的人类，而且也针对过去的人类。无论他环顾四周，还是回顾过去，他的眼睛"所发现的始终相同：残片、断肢和可怕的偶然性——但没有人！"扎氏将此联系于他在第一卷告别演讲的中心处为人类所作的诊断，这一诊断也当为未来主义学说奠基："我们依然一步一步与偶然性这个巨人战斗，而直到现在，支配着整个人类的仍然是荒唐，是无意义。"不过，直到现在他才说出，对人类历史的裁决、将所有的意义都移诸未来会带来何种后果：迄今为止都没有人存在过，并且只要决定性的突转、有意识引入的伟大正午、曾经希望的事件没有发生，那么将来也不会有人

---

[60] II, 20, 1–6 (177–178)。参看《马太福音》11∶5 和 15∶30–31。有关桥参看前言, 4, 4, 11、19 (16–17); I, 4, 22 (41); I, 5, 18 (43); I, 11, 39 (64); II, 7, 7 (128)。

存在。扎拉图斯特拉还要再进一步。他承认了在之前四十一章中没有承认的一点（更不用说前言了）："世上的现在和从前——啊！我的朋友们——这是我最不能忍受的东西；而且，倘若我还不是一个先知，还不能预见将来必定到来的东西，那么我就不知道如何生活。"在向太阳所作的演讲中（全书以之开篇），[95] 智慧的溢流促使扎拉图斯特拉从孤独转回人群，他如是理解自身。他之成为先知，乃是出于对人类的爱，而这种爱必定要展现为一种对人类的要求，他想要将之理解为［自身之］充盈的表达。在"夜歌"中，他说服自己相信，即便一位神的爱也要从缺乏来得到理解。而现在（总结来说）他承认，位于先知之爱根底处的，是对于人类、对于如其所是的世界、对于他自身的一种深深的不满。如果不变为先知，扎拉图斯特拉就不知道如何生活了。在他看来，若没有重塑的希望，世界便无法承受。在他看来，一切都需要通过未来得到拯救，包括过去和现在。"一位先知，一个意愿者，一个创造者，一种未来本身以及一座通向未来的桥梁——啊，也还仿佛是这桥梁上的一位残废者。扎拉图斯特拉是这一切。"[102] 作为意欲拯救和创造意义的先知，扎拉图斯特拉已然属于未来，他为其他人架设了一座通往未来的桥梁。然而，其意愿、创造和存在所具有的未来张力（Zukunftsgespanntheit）

---

[102] II, 20, 7 – 12 (178 – 179); I, 22.2, 8 (100)。在第 13 节中扎氏继续说道："而且连你们也常常问自己：'对于我们，扎拉图斯特拉是谁呢？我们该如何称呼他？'与我自己一样，你们也给出种种问题来做答案。"接着，第 14 和 15 节提出了各自成双的七组问题。第一组成双的问题是："他是一个应许者吗？抑或一个执行者？"最后一组是："是一个善人吗？抑或一个恶人？"位于中心的一组是："一位医生吗？抑或一个已然痊愈者？"在一个草稿中，这个中心组最初被放在最后。于是这一组就将草稿中原本位于中心位置的那一组（"他是一个诗人吗？抑或一个真诚者？"）挤出了中心位置。参看《马太福音》16：13 – 20。

使他自己"仿佛"也还是一个残废者——演讲中的颠覆性突转从此开始。医生的诊断表明,医生本人并不是一位已然痊愈者。他的未来指向被证明是一种对于未来、对于被想象之物的依赖。扎拉图斯特拉所预言的救赎将地上的一切现在和过往都转变成了一个尚未救赎者的国度,包括扎拉图斯特拉自己在内。未来主义学说植根于对现实的不满。学说的神经已被揭示,于是有关教师的问题——于我们而言,谁是扎拉图斯特拉?——变得尖锐了,扎拉图斯特拉为停留于沉默的门徒提出了这个问题。从"论无赖"(II,6)和"论毒蛛"(II,7)这两篇演讲以来,他已经为这个问题作预备,在那里,他一方面声称自己已经克服了厌恶,另一方面[96]将复仇标识为严肃的诱惑,他提醒我们注意厌恶和复仇,也就是在为这个问题做了预备。那之后,他用了十篇演讲和歌曲来进行一种深入的自我拷问和自我启蒙,从中所得的收获才使他得以施行"论救赎"中大白于天下的转折。在这一系列演讲的最后一讲中,他把一位扎拉图斯特拉信徒的怒火引向了自身,因为他洞察了诗人的作坊,由此掘去了超人学说的地基,因为超人学说就来自诗人的作坊。"他是一个诗人吗?抑或一个真诚者?"扎拉图斯特拉把这个问题挂在门徒口中,此后,在回顾的最后部分,他用总结性的四节强调了诗人对未来主义学说的参与。在第16节,他重复了第8节之前向门徒所作演讲的开篇:"我游走于人群中,就是在未来的残片中:我所望见的那种未来。"他用"就是"(als)代替了第8节的"犹如"(wie),用第二卷第一篇教谕演讲中所引入的细微区分来纠正"嘲讽":在诗人和先知眼中,人类就是他所想象的那个未来的残片。未来主义学说将他们变成了整全的残片,而这个整全仍然有待创造。第17节重复了拯救行动的决定性意义,唤起对于"诗人欺骗"的回忆:"而且,我的全部创作和追求,就是把残片、谜团和可怕的偶然性诗意地编织起来,集为一体。"第 18 节强调了、进一步阐明了"最无可忍受之物"乃是其使命的真正动机:"还有,倘若人并非同时是诗人,是解谜者,是偶然性的救赎者,那么,我如何能忍受成为人呢!"最终,第 19 节标志着诗人-先知的裁决和预言家的裁决必定相合之点,此时未来主义学说的无力也将大白于天下:"救赎过去之物,并且把一切'它曾是'改造为一种'我曾如是意愿它!'——这在我看来才叫救赎!"通过一种后来的意义赋予来改造过去,通过一桩未来事件救赎一切过去之物,此类努力必将在一种启示录般的预言中觉察其必然的失败,因为那个担负了救赎的事件无法确保其在时间中相对于一切"曾是"的特出位置,这事件毋宁也落入预言家的"一切皆过往"中去了。[103]

[97] 当扎拉图斯特拉从他那"最沉重的梦"清醒过来,并且理解了"所发生的一切",他认识到,未来主义学说的无力和其非真理性是一回事。他自身的权力意志因面对"曾是"而感无力,因此而绕道,他对求真意志中起作用的权力意志所施加的批判,使他得以规定这种绕道运动:逃脱了意志的直接把握的东西,将被意志间接捕获,在知觉中歪曲,在评价中贬抑。在"论救赎"的下半部分,扎拉图斯特拉将鉴于权力意志的绕道运动而谈论复仇精神。对于哲人而言,这是最大的危险,因为这让他的

---

[103] II, 20, 13 - 19 (179);注意本书页 60 - 64。II, 3, 1 - 5 (113);参看本书页 57。有关第 11 - 12 节,参看 II, 6, 11 - 13 和 17,并参看本书页 61 - 62 以及脚注 69。有关第 17 节,参看 II, 17, 22 - 25 和《创世记》4:5 - 7。[译注]"一切皆过往"(Alles war)也可以译为"一切皆曾是",与"它曾是"(Es war)对应。可为了与全文其他处相应,统一译为"一切皆过往"。

求真意志无法达至其目标。当未来主义学说用荒唐或无意义来攻击"曾是",并为无需拯救之物预言拯救的时候,就是在向它所无能为力的"曾是"复仇。若不是扎拉图斯特拉的信徒,谁能相信,苏格拉底需要扎拉图斯特拉来救赎呢?扎氏明白,他不能建基于信徒之上,因此他有着充分理由去修改学说本身,以使得其学说能够挺过预言中的世界黑暗。门徒们第一次听扎氏说,[传授]大地意义的教师"也还仿佛"一位残废者,只有通过寄希望于对现在和过往的未来克服,才能同现在和过往一道生活。然而,他并没有以他之前向门徒宣讲的教义为例,让门徒直面复仇精神的意义。他从意志之为"解放者和带来快乐者"的狮子般智慧(他自孤独二度复返之后所教诲的狮子般的智慧)开始,继而补充说,意志本身也还是"曾是"的"一个囚徒",这个补充事实上改变了一切。"为已成之事而感无力",因为它不能"打破"时间,行创造之事的意志不愿看到自己陷入无所作为,于是成了"一个邪恶的旁观者"。意志证明自己并非带来快乐者,而是其反面。"时间不能倒流,这正是意志的愤怒:'曾是者'——就是意志推不动的石头。"狮子般的智慧造极于对意志之巨大颠转的洞见:"于是[98]意志就出于愤慨和恼怒推动石头,向那些不像它那样感到愤慨和恼怒的东西实施报复。"扎拉图斯特拉在其演讲的中心一节断定了这个致命的颠倒(Inversion)。在这一节,他所谈论的不只是一般意义上的意志,而且是在向自己谈论自己,有关于此的最主要证据在于他所谈论的是对他而言的"最无可忍受之物"。当讲述者让扎拉图斯特拉在对门徒演讲之前那一刻、第一次也是唯一的一次展现"深深的恼怒",他也由此附带地突出了向自我批判的转向。[104]恼怒、愤怒、血气（Thymos）令意志发生颠转。"意志这个解放者就这样成为一个令人痛苦者——而且对一切能受苦者，它都加以报复，因为它自己不能返回。/这个，的确，只有这个，才是复仇本身——意志对时间和它的'它曾是'的憎恶。"权力意志的憎恶指向先于意志、不在其权力范围内的东西，从它自身的本性直到它意愿之前的一切已然的必然性。复仇是缺乏权力的表现，是意图反抗必然性而徒然无果的意志的一个出口、一种转移。扎拉图斯特拉谈到，"我们的"意志中居住着"巨大的愚蠢"，这愚蠢一跃而成"复仇精神"，这"迄今为止人类的最佳沉思"。他以一种特别的形式解说这种沉思："哪里有苦难，哪里就总该有惩罚。"那感到自身之无力的意志实施报复，它的报复将世界道德化。它的不悦所激起的痛苦被解释为惩罚，被强塞入正义之下。求知者试图在 adaequatio rei［与事物相符合］的意义上达到对于世界、生命和自身的正义，取代这种正义的是道德的世界秩序的正义，这种世界秩序受制于一个意图、担保了一种意义。复仇精神构想了一种道德法则，它让生成的无辜臣服于这种法则，或是构想了一种更高的意志，通过这种更高的意志，它能够为一种秩序奠基，[99]而这种秩序是意志仅靠自身的力量所不能创造的。在扎拉图斯特拉向门徒们所展示的小路上，复仇精神达到了它的目标，它将意愿本身歪曲为惩罚，并将生命一道贬抑为惩罚。这种歪曲和贬抑的结果，

---

[104] 扎拉图斯特拉向门徒所作演讲共三十九节，他两度谈及恼怒并将"复仇"引入《论救赎》章的这一节，是三十九节中的第二十节，并且也是全章五十三节中第二十七节。讲述者在第七节归诸扎氏的"恼怒"，是该词在全书中的第一次出场。在第二十七节中扎氏的两次使用之后，还出现过两次，分别在 III, 2.1, 16 (198) 和 III, 12.19, 4 (261)。

他以蜡像陈列馆的方式展示给他的听众，里面所陈列的是"疯狂"最终所"宣扬"的那些判断。他首先改动了一句梅菲斯特的话，这句话他在"论教化之邦"（II，14）曾用来刻画"现时代"的现实："一切皆消逝，故一切皆值得消逝！"末了，他以有关意志的自我救赎（即从意愿向不意愿的转变）这一后来的学说作结，这个学说也让他重又回到当下。在这一系列的正当中，即五条判断的第三条，他在形象地展示复仇精神所要求的正义之时，联系了最古老的哲人话语之一："万物是按照正义和惩罚，以道德的方式安排好了的。啊，哪里有对万物之流和'此在'之惩罚的救赎呢？"[105] 如扎拉图斯特拉所说，当他以"意志乃是一个创造者"教授门徒的时候，他是想要让门徒远离此类"虚幻歌曲"。意志之为"解放者和带来快乐者"，这个学说在完成了的狮子般的智慧的光亮中，所必需的只是再进一步，只是迈出决定性的一步，将意志从对"曾是"的恼怒中解放出来。扎拉图斯特拉拾起了演讲上半部的线索，在那里他就未来主义教条说道："把过去者救赎出来，并且把一切'它曾是'改造为一种'我曾如是意愿它！'——这在我看来才叫救赎！"现在，使命得到了重新表述："一切'它曾是'都是一个残片，一个谜团，一种可怕的偶然性——直到创造性的意志补充说：'但我曾如是意愿它！'"未来主义学说曾声称能够通过一个创造意义的事件来改造"曾是"，现在他不再谈论对"曾是"的改造。过去者也不再必须得到救赎。有待救赎的是意志本身，是意志要从它对现实的怒气中、从它对必然性的反抗中、[100] 从对存在者的感知的扭曲、从对曾

---

[105] 青年尼采如是翻译这句阿那克西曼德（Anaximander）的箴言："万物生长于斯，亦必消逝于斯；因为万物必定要按照时间的秩序，为它们的非正义而受审判，而支付赎金。"《希腊悲剧时代的哲学》4（*KSA*1，页818）。

是者之评判的贬抑中解脱出来。* 在一个破折号之后，扎拉图斯特拉进行了自我纠正："——直到创造性的意志补充说：'但我如是意愿它！我将如是意愿它！'"当意志能够对全部生成说是，当它能够以现在时和将来时（因为意志意愿向前）把曾是者作为曾是者、当下者作为当下者来肯定，意志就成了自身的解放者。扎氏接下来说的一切都是他所面对的问题，他很难期待门徒能够回答这些问题，这八个有关意志的问题："但它已经如是说了吗？而这事是何时发生的呢？意志已然卸下了它自己的愚蠢的羁具吗？"三部曲（II, 11 – 13）中对意志的讨论所给出的第三个规定——卸下鞍羁的意志——又回来了。在"论崇高者"（II, 13）一讲中，对于自身的残忍在英雄意志中被提升为目的，因此而套上了鞍羁，如果要上升至超英雄的泰然，就必须卸下鞍羁，与此类似，求知者的权力意志也必得全然挣脱鞍羁，这鞍羁促他向前而又冲破、冲破而又向前，无论他在打破时间、制服必然性的努力中陷于何种道路、弯路和歧途。只有洞见到位于自身当中、将之引入歧途的愚蠢，意志才能卸下鞍羁。"意志已然成为它自己的救赎者和带来快乐者了吗？它已经荒废了复仇精神以及一切切齿仇恨吗？／还有，谁教过它与时间和解，以及比一切和解更高的东西？"意志需要通过洞见来获得校正和驾驭，洞见使它免于恼怒，并且通过教给它更好之物来帮它走出复仇之歧途。然而，扎拉图斯特拉所要求的并不止于通过洞见来获得教益。他要求一个预示"更高之物"的学说，高过与时间、与必然性达成和解。认识如其所是的世界，在他看来仍然不够，因为它与意志本身的方向不

---

* [译注] 意志的自我救赎事实上是解脱于自身的救赎需要，因而虽然在德文中都是 erlösen 或 Erlösung，可在翻译中，我们可区别对待之。通常都译为"救赎"，凡是意志解脱于自身的救赎需要，则都译为"解脱"。

合，因此无法杜绝重新生出恼怒的危险。要么得用爱来支撑认识，要么意志得转而相信，对如其所是的世界的承认（Anerkenntnis），根据乃在于意志自身，如此，这种承认才能与意志的意愿方向相合，如此才能应对厌恶。扎拉图斯特拉选择了第二条道路。"作为权力意志，意志必定要意愿比一切和解更高［101］的东西——；但这事是怎样发生的呢？谁也还能把那种回返意愿（Zurückwollen）教给它呢？"之前，扎拉图斯特拉眼里一直都有权力意志，在演讲的最后一节，权力意志才被明确点出。然而，门徒们对于能够让权力意志卸下鞍羁、免于愚蠢的教义却一无所知。与此相反，所有听众都清楚地看到，教诲意志意愿回返的教师能够与救赎者的行为相提并论，后者能将石头从坟墓移开。[106]——对于他的门徒们所说的话，扎拉图斯特拉曾三次摇头。现在，他用"可怕的目光"盯着他们，因为他显然说了自己不想说的话，或者能从中引申出他想要对之保持沉默的结论。门徒们可能会向他追问那能够教授权力意志意愿回返的教义。从对回返意愿的敦促中，有些人可能会得出结论，认为扎拉图斯特拉不仅想让他们意愿通往伟大正午的上升，而且还让他们意愿接踵而来的下降。最终，偶有那么一两个人或许会想到，意愿回返对于他来说，意味着将地上的曾经和过往从救赎需要中解脱出来。然而门徒们保持沉默。事实上，在扎拉图斯特拉三度摇头之后，我们就再也没有听到他们发言，我们也不会再听到他们发言。当扎拉图斯特拉用一个玩笑式评语渡过峡谷，用笑声掩盖了他突然的停顿所造成的裂隙，"残废者"又报告了自己的归来，他掩面偷听了扎拉

---

[106] II, 20, 20 – 46（179 – 181）。II, 2, 26（111）。II, 13, 20、27、35（151 – 152）。II, 14, 23（154）。参看本书页68、74、77、78 – 80。有关 II, 20, 26，参看《路加福音》24：2。

图斯特拉向门徒所作的演讲,并且显然注意到了扎氏声音中的每一个语调变化。他问道:"不过,为什么扎拉图斯特拉对我们讲话,不同于对自己的门徒们讲话呢?"耶稣曾回答门徒而非民众的一个类似问题,扎拉图斯特拉对耶稣的回答进行了仿讽。"与驼背者当能说驼背的话喽!"反之,他不再回答下一个问题,这样,与民众精神相应的"驼背者"就说了最后的话,这也使得"论救赎"成了唯一以问号结尾的一章:"但为什么扎拉图斯特拉对自己的学生讲话——不同于对他自己讲话呢?"[102] 救赎者的共同点也到此为止。[107] —— 在听了扎拉图斯特拉对民众、对门徒、尤其对他自己所说的话之后,我们现在可以猜测,当他明白了"一切"之后,他是怎么解释自己那个"最沉重的梦"的。死亡山堡或许将他指向了山中的孤独。他在那里看护着玻璃棺材,被克服的生命透过玻璃望着他,因为他想要救赎过往者和一切"曾是"。他用最为锈迹斑斑的钥匙打开了城堡里面的大门,他在这钥匙当中看到了复仇精神,复仇精神试图成为过去的主人。他用他那设定在将来的意义给予推开大门,惊起一只鸟,这只鸟向他呱呱叫到:"一切皆空,一切皆同,一切皆往。"此后的沉默令他更感恐惧,让他对于那些因他的教义而有了救赎需要的人感同身受。向外的那扇门通向生命,通向如其所是的世界,他却不能打开,因为他的权力意志那时尚未卸下鞍辔。三度敲门者并非从自我超越的灰烬中复活的未来凤凰。怒吼的风抛向他跟前的,是侵入"曾是"的未来主义。风向死亡城堡为他带来了又一口棺材。那阵笑声令扎拉图斯特拉大叫,他还从未这样大叫过,这笑声中向

---

[107] II, 20, 47 – 53(181 – 182);参看 II, 12, 43 – 44(149),并参看本书页 78。《马太福音》13:10 – 17。

他逼迫而来的是其学说的果实,这果实嘲笑他的期待和希望。但是,扎拉图斯特拉在第一卷中难道不是已经声称自己会飞,已经越过一切悲情之游戏和悲情之严肃了吗?他在开讲之初不是预先提出了一个孩子的愿景,这孩子以游戏的态度对待价值评价和教谕内容?也就是说,扎拉图斯特拉何以竟然信了未来主义学说?或许在这个意义上:先知-哲人发展了一种构想,他为了他那赠予而且只是赠予的智慧的发生持有这一构想;在教谕的过程中,当他向人们揭示自己,他意识到,其实自己远没有飞翔,而是在事实上系缚于他所爱之人,因为他想要改变他们,或者就他想要改变他们而言;他最终意识到,从一开始他就被一种难以忍受的东西所推动,这难以忍受之物激怒了他,令他心怀报复。在第二卷第15章,扎氏不再从一种泛滥的充盈,[103] 而是从"饥渴"来理解太阳之爱,与之类似,在第二卷第20章,他把自己理解为"残废者","残废者"不在严肃的意义上游戏,而是出于一种之前没有得到承认的需要,意欲创造。学说的危机提升了他的自我认识。未能卸下鞍羁的权力意志对于先知们而言并不构成问题,对于哲人们而言却是一个问题。二元而非一体。[108]

这种无法形成一体的二元,在转折之后仍然继续存在。在面向门徒的最后两篇演讲中,扎拉图斯特拉以他的方式表达了这种二元性。"论人类的明智"(II, 21)突出了蕴含在扎拉图斯特拉内心的"双重意志","最寂静的时刻"(II, 22)展现了一种内心的纠结,让先知的使命和哲人的道路之间的张力显豁登场。*扎拉图斯特拉的

---

[108] II, 19, 17-32,参看本书页90-91。参看本书页82和94-96。

*[译注] Menschen-Klugheit 也可译为"人类的明智"或"人类的审慎"。

目光"投向高处",他的手却想持留"在深处",扎氏着眼于这种"危险"来解说双重的意志:"我的意志执着于人类,我用锁链把自己系缚于人类,因为我被拉向超人——因为我的另一种意志想要去往那里。"超人在这篇演讲中代表扎拉图斯特拉的"斜坡",它以矛盾的方式描绘了扎氏的自然倾向,在此,超人显然已经不再是人类要在其中超越自身的那一个人类目标了。它毋宁显现为扎拉图斯特拉的一个选项,这个选项适于让他远离他的人类之爱,放下他对人类的要求,超过他为人类而备的学说。开场释放了突然的目光,此后,扎拉图斯特拉在后面的演讲中将门徒的注意力转向"人类的明智",正是这些明智使他得以持留于人群:从第一种明智(让自己被人类所欺骗)开始,到第四种明智(在他们面前伪装自己,使得他们错认了他,他也错认了自己)为止。这样,超人重又回到了纲领性的要求中来。超人在第二卷第21章的突出和频繁出现,为前言之后任何其他章节所没有,[109]然而,这并不意味着未来主义学说的无缝重返。[104]扎拉图斯特拉并没有再一次将超人提升为"大地的意义"。在第二卷第20章之后,他也不再将未来之救赎嫁接在超人身上,这种未来之救赎通过事后的历史重塑来救赎一切现在与过往。他不再让超人担负着将过往之物从偶然、荒唐和无意义的支配中解放出来的任务。扎拉图斯特拉可以持守于超人要求,因为这样可以

---

[109] 在第二卷第21章中,"超人"出现了六次,在削弱[扎氏]教义的"论诗人"章之前,"超人"在全部第二卷也一共出现了六次,在"论诗人"章中以复数形式出现了两次。在第二卷第21章之前,"超人"最后一次以单数形式出现是在第二卷第7章"论毒蛛"(1次)。之前共出现五次,分别在第二卷第4章"论教士们"(1次)和第二卷第2章"在幸福岛上"(4次)。也就是说,第二卷在危机前后各有六次提及单数形式的超人,以及两次复数形式的超人,而这也是全书四卷中仅有的两次。

促动人类的意志，令之意欲超越自身、超出自身去创造，达至自我超越之境，而无需为其学说加载各种历史－末世期待，在危机中此类期待已被证明是误导人的、在哲学上不可靠的。他在第二卷第21章让超人展望一条龙、一条"配得上超人的"超龙，这表明他试图没有此类加载地将超人摆渡到自然中去。超人所需要的只是全力担负使命的人，使命使他成为他能够成为的人。不过，无论在"论救赎"章之后，超人还能够在何种意义上保持为人类的目标，对于哲人而言，超人在第二卷第21章的回返，指向了那个突出决定性洞见的平行事件：只有当英雄能够为自己的意志卸下鞍辔，他才能成为超－英雄，这同样适用于最重要的事件，从人到超人的过渡要求卸下意志的鞍辔：克服意志的愚蠢，意志的愚蠢在于它想要强制自己所不能强制之物。[110]—— 在［105］第二卷的告别演讲中，扎拉图斯特拉谈论的不是他的双重意志。他也不再提及超人。现在，他在门徒们面前描绘自己，他要离开门徒，因为有一条他无法逃避的命令使他"错乱了，被放逐了，不愿服从，准备走人"："啊，是我愤怒的女主人意愿如此，她对我发话了。"他也没忘了与第一卷的告别演讲建立联系，在那次告别演讲中未来主义学说达到了巅峰："是的，扎拉图斯特拉必须再次回到他的孤独里。然而这一次，这头熊不乐意回到它的洞里！"他告诉门徒，那命令他前行的"可怕的女主人"

---

[110] II, 21, 1–5、10–11和40–41、31（183–186）。如前所述，"卸下鞍辔的意志"只在第二卷第13章和第20章被提及；"超英雄"是第二卷第13章的最后一个词；"超人"第一次重新登场是在第二卷第21章开篇处。参看本书页78–80和97–101。——有些解释者认为，"论救赎"章所突出强调的问题，只有通过永恒轮回学说才能得到解决，这些解释者认为，永恒轮回学说需要超人。可永恒轮回教义所需要的并非超人。它需要信徒。

名为我最寂静的时刻。用这个名字来称呼一位女主人是极不寻常的；通过这个称呼，他在最后一组五篇演讲的第五篇，不仅回指向了五篇中的第一篇（II，18），在那里他试图告诉门徒，最伟大的事件是"我们最寂静的时刻"，而且他在第二卷结尾处尤为突出地表明，于他而言，思想是最伟大的事件。因为扎拉图斯特拉的"最寂静的时刻"实为他的思想，我们在另一方面也把无声进行的、灵魂与自身的内在对话称为思想。[111]女主人为扎拉图斯特拉所做的事情，使人想起精灵（das Daimonion）为苏格拉底所做之事。对于相关者而言，一位权威的诫命使得回绝、否定和驳斥变得更堪忍受。通过诉诸"可怕的女主人"，扎拉图斯特拉减去了自己的负担，他不想让门徒的心灵"对突然离别者变得冷酷无情"。当扎拉图斯特拉第一次谈及"最寂静的时刻"，门徒并没有表现出多少兴趣，因为那时他们太过忙于讲述奇迹和其他信仰事物。现在，他把促他返回孤独的"最寂静的时刻"进行了这样一番包装，使得在门徒看来，这也是一桩大事。尽管全然是一位"它"与一位"我"在"无声地"交谈，扎拉图斯特拉对其灵魂与自己的对话所作的描绘，[106] 却可以在听者中唤起一种印象，仿佛扎拉图斯特拉是在与他的女主人交谈——她事实上有着两种"声音"——这种描绘所效仿的是一位先知和他的上帝之间的交谈。对圣经语词的高密度借用和影射更强化了这一印象。那个无声的"它"在对话中的角色，是敦促完成使命，而"我"却努力坚持不去实现使

---

[111] II，18，17（169）；II，22，1-4（187）。柏拉图，《智术师》263e3-5。在其灵魂的内在对话中，扎氏共十次谈了另一方面："因为它无声地跟我说话"，"于是它又无声地对我说"（八次），"于是那声音又如耳语一般对我说"：II，22，10、12、14、16、18、20、22、25、30、33（187-189）。

命。扎拉图斯特拉的一个方面要求牺牲，敦促他的人类之爱："你有什么要紧，扎拉图斯特拉！说出你的话，粉身碎骨算了！"他的另一方面却没有因逃避而尴尬，这种逃避也是先知、预言家或上帝的使者在类似的境况中所努力做的："啊，那是我的话么？我是谁呀？我等着更有价值者；哪怕只是因他而粉身碎骨，我还不值呢。"在对话的高潮处，先知和立法者进一步强调了统治性任务："完成大事业是艰难的；但更艰难的是命令大事业。/这是你最不可宽恕的地方：你拥有权力，而你却不愿统治。"对此，扎拉图斯特拉的自我仿讽摩西，如是回答它的另一个自我："我没有狮子的声音去发布全部命令。"哲人的形象在第二卷获得了越来越清晰的轮廓，他直到最后都坚持了他的拒绝："我不愿意。"据他自己说，他在这场大搏斗中，"像个孩子一样哭泣和颤抖"；他用一个确保结束了对于这场大搏斗的戏剧性讲述，即确保他的拒绝为他带来了一阵笑声，这笑声"撕裂他的内脏、剖开他的心灵"，而后向他传来一声呼唤："啊，扎拉图斯特拉，你的果实成熟了，但对于你的果实，你还没有成熟！/所以你必须重又回到孤独里去——因为你还要软化。"⑫与第一卷结尾不同，扎拉图斯特拉不需要为了帮助门徒自行吸收他的学说而返回孤独。再一次告别和拖延的理由不再是门徒的发展，而是扎拉图斯特拉的发展。先知宣布他的学说已然"成熟"，[107]可他自己显然尚未"成熟"，还不能作为真理的见证者为他的学说作担

---

⑫ II, 22, 15、16–17、27–29、35、36–38。参看《出埃及记》4：10及其语境。对于"我没有狮子的声音去发布全部命令"，另一个自我如是回答："最寂静的言语最能激起风暴，以鸽足轻轻到来的思想驾驭着世界。"II, 22, 30 (189)。没有声音的它共在十七节中发言，自我的回答则共十节。

保。或者他还没有到那般年纪，让他可以甘愿牺牲自己以确证使命。[113]扎拉图斯特拉对内心商讨所作的描绘是用来爱护门徒的，并用使命为标准来证成［自己的］先知［身份］。它是说给信仰者的耳朵听的。我们没有理由假定，他在分别的时刻向门徒所说的话与他向自己所说的话别无二致。[114]换言之，我们并不知道，扎拉图斯特拉重返孤独，是因为他为了实现统治任务而应当"软化"，还是因为他考虑自身之善好而优先选择了孤独。可以肯定的是，扎拉图斯特拉没有再次召唤规定了第一卷告别演讲的各种希望中的任何一种。既没有谈到将来要从门徒们当中生长出一个被拣选的民族，也没有期望门徒们或者他们当中的某些人能够通过认识，对扎氏的学说获得一种有根据的立场。哲人在第二卷所见所闻的一切，都让他在政治上对学生们几乎不抱希望，在哲学上更是不抱任何希望。"我"在与"它"的对话中一直坚持拒绝的姿态，这难道不足以让他下决心离开幸福岛、重返山林吗？讲述者这次没有报道门徒的礼物。他也没有再提到，扎拉图斯特拉是"独行之友"。他用一个断言结尾，他说"痛苦的强力和离别的临近"令扎拉图斯特拉"放声大哭起来；也没人知道如何安慰他"。扎拉图斯特拉在第二卷结尾的撕裂并不比第二卷开头更少。不过，他的撕裂指向了另一个方向。

---

[113] 有关 II, 22, 37 (189) 可参看［第二卷之］序言"在幸福岛上"，II, 2, 1-2 (109)。参看 I, 21, 34-36 (95-96) 和本书页 44，进一步可参看 IV, 1, 1 (295)。

[114] 参看 II, 20, 53 (182)；II, 21, 41 (186) 和 IV, 1, 4-5 (296)。

> 不是一味忍受必然性，更不是隐瞒之，而是热爱之……
>
> 尼采，《瞧这人》*

第三卷

[109] 尼采让巅峰紧随着深渊而来。如果说第二卷围绕着哲人的自我认识，那么哲人的返乡就构成了第三卷的中心。第三卷会达到何种高度，可以从尼采置于第三卷前面的格言看出来。这句格言引自"论读和写"章（I，7），这篇演讲挑起了扎拉图斯特拉与其高贵听众之间的第一次危机，并在这一节中达至顶峰："谁若攀上最高的山峰，他就能嘲笑一切悲情之游戏和悲情之严肃。"如果扎拉图斯特拉已然达到他早先所自谓的程度，如果他克服了自己的厌恶，如果他驯服了复仇精神，如果他事实上达到了一种超越悲剧的高度——那何以还有人类之爱的吁求、先知的使命和他两度宣告的下山？——第三卷一方面与第一和第二卷不同，并不以下山开头；另一方面又与第二和第四卷不同，并不与之前的部分隔着"经年累月"。戏剧的第三幕与第二幕无缝连接。第二卷的结尾和第三卷的开头无论从时间还是从地点来看，都是一致的。全书的中心有着精确的规定：午夜时分，扎拉图斯特拉从幸福岛启程，返回自身。在幸福岛上，他与门徒告别后，翻过岛上的山脊，来到一块锚地，准备

---

* [译注] 此句原文为："不是一味忍受必然性，更不是隐瞒之——一切理想主义都是必然性跟前的谎言——，而是要热爱之……"参 KSA6，页297。

航行。他在海上航行了几日,在陆地上又走了几天,来到"彩牛城",来到这个他曾经开始教谕活动的地方,最终登山回到了他的洞穴,不仅在第三卷的下半部分,[110]而且直到全书最后,他都一直待在那里。⑬扎氏通往大海的孤独旅程要翻过一座山,他把向山巅的攀登已然感受为向自身本性(即"一位漫游者和登山者")的回归,感受为自己已然开始聚拢自身的表现:"它只是返回来了,它终于回到我这里了——我自己的自身,以及它身上久已在异乡、散落于万物和偶然中的东西。"作为切己之事的先知,他向自己预言他的"最后的巅峰",预言那为他"最长久地贮存下来"的东西,并且"巅峰与深渊"将在那里结为一体。为了让他的"最佳的勇气"不至于离开他那"最孤独的漫游",他列举了种种英雄主义的自我鼓舞和自我确证。在前后相连的四节,他四度谈到他的"伟大之路"。而在这路上写着"不可能",这又鼓舞了他的决心。与那些可能同他竞赛的人相比较的目光,进一步强化了他的骄傲:"在这里当无人尾随你!"他呼吁自己越过自身的头脑和心灵。他要排除自己身上所有的柔情、任何一点对自身的顾惜:"赞美那使人坚强的东西吧!"讲述者一面解释一面又评判道,扎氏"以严厉的格言"慰藉自己的心灵,

---

⑬ 第二卷如此结尾:"而在夜里,他便独自离去了,离开了他的朋友们。"第三卷如此开篇:"午夜时分,扎拉图斯特拉取道岛上山脊。"——为了廓清第三卷的结构,尼采既结合又变换了头两卷的结构要素:通过故事的发生地和演讲对象,也通过内容的特征和形式的独特性,来规定序曲和各章分组。III, 1: 序曲"漫游者",发生在幸福岛上。III, 2 - 4: 第一组三篇演讲,发生在海上。III, 5 - 8: 第一组四篇演讲,发生在陆地上。III, 9: 中心演讲和第二篇序曲"返乡",发生在山上。III, 10 - 13: 第二组四篇演讲,发生在山上,面向自己的演讲,以及同想象中的说话对象的对话。III, 14 - 16: 第二组三篇演讲,发生在山上,向自己的灵魂所做的演讲,以及为自己所唱的歌。

"因为他心灵的创痛是前所未有的"。扎拉图斯特拉敦促自己:你必须越过自己攀登,一直向前、向上,直到连你的星辰都位于你的下方;第三卷的第一篇演讲在这个敦促中达到高潮;只不过,这个敦促并不归属于振奋人心的准则库,也不属于慰藉人心的格言集,这两者都是英雄主义所备之物。这个敦促毋宁是 [111] 扎拉图斯特拉从第二卷的危机所得到的一个结果。"是啊!俯视我自己,甚至更要俯视我的星辰:唯有这个才是我的巅峰,它依然为我保留下来,作为我最后的巅峰!"扎拉图斯特拉接下来必须表明,他知道如何满足哲学的要求。[116]第三卷的序曲包含了扎氏鉴于之前两卷而作出的另一个自我批判,这个批判对哲人具有重要意义。当漫游者抵达巉岩,臆想大海睡着了,他向大海保证,要把它"从邪恶的梦中拯救出来";这时,他意识到自己的愚蠢,用一次释然的大笑回应了自己的愚蠢;有鉴于这种愚蠢,区分的缺乏猛然跃入他的眼帘,他的爱与救赎的愿望从一开始就缺乏区分:"这种爱是最孤独者的危险,这种对一切只要是活着的东西的爱!我在爱中的愚蠢和谦卑真的是可笑的!"扎拉图斯特拉简练地确证了他的爱所包含的缺陷,这种缺陷将先知区别于哲人,这一章的最后一节强调并再次显明了这种缺陷,这一节让我们亲眼看到了一位非哲人在道德上的撕裂状态:"扎拉图斯特拉如是说,同时又一次笑了。而这时,他想起了他那些已离弃的朋友们——,而且仿佛他以自己的想念触犯了他们似的,就对自己的想念生气了。随即这笑者又哭了起来——因为愤怒和渴望,扎拉图斯特拉痛哭了。"讲述者对扎拉图斯特拉的叙述,一如福音书作

---

[116] III, 1, 2–17 和 18 (193–195)。"漫游者"章包含了扎氏向自己所作的四段演讲,其中第一段要远远长于另三段。"扎拉图斯特拉如是说"相应地出现了四次(有一次略有不同):III, 1, 18、25、31、35 (194–196)。

者马太对彼得的叙述；不同只在于，彼得的爱与良心不安所关系到的是老师，这位门徒三度不认自己的老师，而扎拉图斯特拉所关系到的是门徒，这些门徒让他有理由三度摇头。在第二卷最后一章末尾和第三卷第一章末尾，并且只在这两处，讲述者提到，扎拉图斯特拉放声大哭、痛哭起来。在《扎拉图斯特拉如是说》的中心，尼采向我们展示了一位被自己的人类之爱所击溃的先知。[117]

[112] 最重要的事情发生在波澜壮阔的海上。海水的涌动映照着最重要之事的发生。最重要之事置身无限之物当中。扎拉图斯特拉内在的解放、变化和省思被置于前后相续的三篇演讲中，他在大海的开放视域中向自己和其他求知者说话，这些求知者远离了陆地的安稳。在一度还"悲哀地冷酷而麻木"、在船上缄默不语两日之后，他从水手那儿听到的"稀奇"和"危险"的事儿解开了他的舌头，他给"勇敢的探求者和冒险者"讲了一个谜语，他将这个谜语称为"最孤独者的幻觉"。如果说在"漫游者"中，扎拉图斯特拉将缺少区分的爱确认为最孤独者的危险，那么在"论幻觉与谜团"中，他就注意了对于他的爱与智慧因缺少区分而徒劳无功的异议。幻觉的第一个场景色彩阴暗、情绪压抑，令人想起第二卷第19章中"孤独的死亡山堡"之梦："新近我阴郁地穿过带有死尸色彩的黄

---

[117] II, 22, 43 (190); III, 1, 25-35 (195-196)。《马太福音》26: 75。注意我们被提醒要注意的另外仅有的一处"痛"哭：I, 8, 19 (52)，并参看本书页33-35。——从全书的四卷结构来看，第二卷第22章和第三卷第1章构成了全书的中心，可如果我们考虑到，第二卷和第三卷之间无论时间还是地点都相互勾连、无缝接续，从而构成一个戏剧整体，那么就会得出另一个中心。从这个角度来看，包含了戏剧转折点的第二卷第19章和20章，正构成了第二和第三卷全部三十八章的算数中心。而"预言家"和"论救赎"这两章，出于不只一个理由，也确实是全书的哲学中心。

昏，——阴郁而冷酷，紧抿着嘴唇。在我，不止一个太阳没落了。"扎拉图斯特拉费力向上攀爬一条"山路"，一场梦魇，"一半侏儒一半鼹鼠"，骑在他身上，不断把他"向下"拉，"拉向深渊"，使得漫游者"麻木""麻痹"，并把"铅点般的思想"滴入他的脑中。扎拉图斯特拉把这场梦魇等同于"重力的精神"。在"论读和写"（I，7）中，扎拉图斯特拉第一次称呼了他的"魔鬼"和"死敌"，"万物"因之"坠落"，在第二卷第10章，扎氏又向之唱了一支"舞蹈和讽刺之歌"。不过直到现在，并且只在第三卷第2节，他才让对手自己发言，这位对手是一切神性舞蹈、欢笑和飞翔的敌人。当扎拉图斯特拉向上攀登之时，［113］重力的精神向他耳中灌输的句句都是徒劳、放弃的念头："噢，扎拉图斯特拉，你这智慧的石头啊！你把自己高高抛出，但每一块被抛的石头都必将——掉落下来！"梦魇的怂恿有着口头禅的形式：扎拉图斯特拉过去、现在和未来所开启的一切，都必定坠落，向他回落。他注定要"被自己的投石击毙"。重力的精神展望扎拉图斯特拉的死亡，强化永恒的徒劳，用以反击扎氏关于上帝之死的言说。徒劳的梦魇压抑着他，他不愿再承受之，为了一劳永逸地从中解放出来，扎拉图斯特拉最终向重力的精神发出了事关生死的挑战："侏儒！你！还是我！"他选择了进攻，选择站在了勇气一边，如他自己所言，对他来说，勇气迄今为止杀死了"所有的恼怒"。他对生命整体作无所保留的肯定，以此来回应一律徒劳无功的异议："攻击的勇气，它还杀死死亡，因为它说：'这就是生命吗？好吧！那就再来一次！'"讲述者在对扎氏的意志宣告所作的评论中，再次强调了英雄主义的自我鼓舞，他还指出了在这种自我鼓舞中所包含的信仰："但这样一种说法却伴着大量军乐声。长耳朵的来听吧。"⑱梦－幻之中的扎拉图斯特拉确实并没有尝试用大笑，而是努力用意志的较量来驯服重力的精神，在这当中具有决定性的是强力（Stärke）。当扎拉图斯特拉重复这种事关生死的挑战——这一次他颠倒了"你！还是我！"——他也就清楚地表明，他想要在严肃的领域战胜重力的精神："站住！侏儒！我说道。我！还是你！不过我是我们当中的强者——你并不知道我那深渊般的思想！这［思想］——是你不能承受的！"扎拉图斯特拉想要用一种"深渊般"的思想来战胜那将他拉向"深渊"的梦魇之思，[114] 在一场担负和承受能力的竞赛中，根据最大重量级来取胜。⑲这个思想后来体现在永恒轮回学说当中，可扎拉图斯特拉并没有将这个思想作为"理想"引入。他并没有将之陈述为希冀、渴求或愿望的对象，而是相反地陈述为某种适合于引起恐惧、激起厌恶的东西。正因为如此，"深渊般的思想"逃过了对于自身的残忍这一道检验，免于诚实的异议，也让人不至于怀疑它生自复仇的精神。端出最重的东西来胜过对手，这种英雄主义企图不仅表现在竞赛开始的时候，而且也闪现在扎氏的愤怒之中。扎氏的愤怒针对的是被挑战者面对攻击时的屈尊态度，被挑战者一开始并未认识到攻击的影响范围。扎拉图斯特拉在出入口与侏儒进行了一番对话，他在对

---

⑱ III, 2.1, 1－5、6－22（197－199）。有关重力的精神，参看 I, 7, 23－24（49）；II, 10, 3、9－10（139－140），并参看本书页33和70。有关愠怒和军乐声，参看本书页98和脚注104，以及页110。——在重力的精神向扎拉图斯特拉说话的三节（III, 2.1, 11－13）中，尼采在手稿的誊写稿中，曾两度用了"你这个上帝的谋杀者"这样的称呼，并且考虑过这样一节："你这个投掷手，星辰－捣毁者，用星辰碎片缓慢捣碎，用上帝的碎片劈开并砸碎！——你还得坠落！" *KGW* VI 4，页339；参看页336和337。

⑲ 注意 II, 20, 11 和 18（179）以及本书页94－96, 99－101。

话中指向了一条往回走和另一条往后走的长路,这两条路都有着一种永恒的延续,并在一个名为"瞬间"的出入口交汇;当侏儒被问到,他是否相信这两条路会永远背道而驰的时候,他"轻蔑地"回答:"一切笔直的东西都是骗人的。"他并且补充说:"所有真理都是弯曲的,时间本身就是一个圆圈。"扎拉图斯特拉的问题,在重力的精神看来,恰恰印证了他的优势地位,因为总是徒劳的异议与圆环型的时间理解不仅不冲突,而且,正如重力的精神发言中的第四节即最后一节所表明的那样,而且这异议本身还提出要求、反对生命:一切生者都将消逝,生命归向死亡,上升终结于下降,一切居高者都必定坠落,徒劳的圆环永恒转动。扎拉图斯特拉则"愤怒地"回应到,重力的精神不能把这个问题弄得"太轻巧"了。因为,当扎拉图斯特拉指向这两条永恒奔"出"、永恒奔"回"而又交汇于当下瞬间的道路,他心里所想的是比侏儒所能想象的远为沉重的东西。他的深渊般的思想试图把这两条长路理解为一条,在这条路上,每一个瞬间都是扎拉图斯特拉和侏儒一起 [115] 在过去已经经历、在未来还将不断经历的道路,所有事件在每一个瞬间必定按照其整体的出场次序永恒复返。㉓扎拉图斯特拉心里所想的东西无比沉重,因为他用一次无目的的死亡来应对一般意义上的死亡,用一次特别的、必定总是重新带来伤害的没落来应对一般意义上的没落。他加

㉓ "万物中可能跑动者,难道不是已经跑过这条路吗?万物中可能发生者,难道不是已经发生过了、做过了、跑过去了吗?""而且,这个在月光下爬行缓慢的蜘蛛,以及这月光本身,还有在出入口的我与你,一起低语,低声诉说着永恒的事物——难道我们全体不是一定已经在此存在过了吗?/——而且难道我们不是一定要返回来,在那另一条路上跑,跑出去,跑到我们前面,在这条可怕的长路上——难道我们不是一定要永恒地返回吗?——"III, 2.2, 10、14 - 15(200)。

在侏儒身上的重负，不是坠落和消逝的无尽重复，而是那一种坠落和这一种消逝的无尽重复。换言之：在关乎最沉重之物的竞赛中，扎拉图斯特拉想要用同一者的永恒轮回（der ewigen Wiederkunft des Selben）构想来战胜相同者的永恒复返（einer ewigen Wiederkehr des Gleichen）［这个］判决。——扎拉图斯特拉在勾勒这个构想的时候，以摸索的姿态言说，并且说得"越来越低声"，因为正如他自己所承认的，他对自己的"思想和隐秘之念"感到害怕，构想勾勒完成之时，梦魇全然消失于视野了。一个新的梦境盖过了旧梦。扎拉图斯特拉听见一只狗吠叫，并回忆起来，他"在最遥远的童年"曾听见一只狗也这样吠叫——与此相反，他并没有想到说自己回忆起来，他和侏儒在出入口的谈话曾经发生过。狗的吠叫将扎拉图斯特拉置于巉岩危石间的一处荒凉之地，他在那里看见一个青年，"嘴上挂着一条又黑又粗的蛇"，蜷缩着，哽咽着，抽搐着。"我曾见过在一张面孔上有如此之多的厌恶和苍白的恐怖吗？""最孤独者的幻觉/面孔"*在厌恶中达至顶峰。最沉重之物唤起了厌恶，要克服厌恶又是最困难之事。**扎拉图斯特拉的厌恶回应着牧人的厌恶，蛇紧紧咬住了牧人的喉咙，而扎拉图斯特拉不知道如何将牧人解救出来："咬啊！咬啊！/把头咬下来！咬啊！"扎拉图斯特拉鼓励"在未经探索的大海上"航行的"欣喜于谜团者"猜度这个比喻的谜团。［116］"谁是那喉咙里爬进了一条蛇的牧人呢？谁是那喉咙里将要爬进一切

---

* ［译注］das Gesicht 的通常含义为"面孔"（复数形式为 Gesichter），另有一层含义为"幻觉"（复数形式为 Gesichte）。尼采在原文中兼用这两层含义。前文只译为"最孤独者的幻觉"，因为"面孔"义在此才真正凸显出来。

** ［译注］最沉重和最困难，在原文是同一个词，都是 das Schwerste。翻译时根据不同的含义指向而区别对待。

最艰难、最黑暗的东西的人呢？"与第二卷第19章扎拉图斯特拉的梦不同，这一次没有听众提出一种解释。不过，扎拉图斯特拉也不是在向门徒说话，而是面向一些他不认识的"探求者和冒险者"。他同样也没有说自己还不知道怎么解谜。事实上，这个幻觉并没有给未知的说话对象提出特别困难的解释任务。令人充满惊恐和厌恶的最沉重和最黑暗之物，根据第一个梦的情境来看，无疑是同一者的永恒轮回；从扎拉图斯特拉的呼喊"咬啊！"当中，不难辨认出通过一种意志行为克服厌恶的勉励。那条狗在扎拉图斯特拉的童年和年轻牧者之间建立了联系，此外还透露出，被扎拉图斯特拉勉励去进行救赎行动的，并非别人，而就是扎氏自己。前言中的扎拉图斯特拉还寄希望于同伴们，指引他们成为"某个牧群的牧人和牧犬"，[有心的] 读者如果想起这一点，就会自问，牧人和牧犬在"最孤独者的幻觉/面孔"当中的复返，是否意味着永恒轮回学说有朝一日应当播及"牧群"。扎拉图斯特拉会认为，自己理当成为福音的牧者吗？他的使命就在于进行一种关乎所有人的布道吗？反－耶稣者必定要背负一种新宗教创立者的牺牲吗？[120]幻觉中的牧者咬了下去。他把蛇头远远吐出，跳了起来，[117] 像一位变形者一样大笑。第三

---

[120] 尼采在《善恶的彼岸》中只在一条格言中（以不具名的方式）谈论了永恒轮回，并将这一条格言安放在题为"宗教事物"（Das religöse Wesen）的第三部分。"最得意、最有生命力、最为肯定世界的人"，"照其已有和现有的那样去重新拥有"一切，"永久地、不知足地、周而复始地呼唤着"。那里对这种人的姿态所作的刻画与扎拉图斯特拉的话相关，这句话就位于对"深渊般的思想"的第一次召唤之前："这就是生命吗？好吧！那就再来一次！"尼采关于《善恶的彼岸》向一位朋友所说的话至少适用于56节，或者说是有教益的，即这本书是对《扎拉图斯特拉如是说》的"一种评注"。（1886年10月26日致Reinhart von Seydlitz的信，KGW III 3，页270）同时可参看本书脚注6，本书页36和脚注71。

卷第 2 章的幻觉中的牧人大笑,回应了第二卷第 19 章扎拉图斯特拉的梦中喊叫:"而且我因恐惧而大叫起来,一如我从未这样大叫过。"扎拉图斯特拉承认,对于这种大笑的渴望"吞噬"着他,这是人群中史无前例的大笑,一位制服了厌恶、"周身发光者"的大笑;正如他之前承认过,倘若他"还不是一个先知,还不能预见将来必定到来的东西",那么他就不知道如何生活。事关最难承受之物的竞赛终结于最有解放效力的大笑。对重力的精神所报以的大笑要当之无愧,为此而要寻求最沉重的负担,这种负担要求最大的勇气、最大的决心和最大限度的自我超越。"最孤独者的幻觉/面孔"指向了英雄的道路。他的大笑是一种渴望的对象。一种未来的应许。[22]

在归属于大海之自由的三篇演讲的中间一篇,扎拉图斯特拉试图结合先知的使命和哲人的省思,或者,试图在他的人类之爱和对自身之善的指向中建立一种平衡。在誊写稿中,这一章的标题还是"在波澜壮阔的海上";在这一章的开头,讲述者证明,扎拉图斯特拉离开幸福岛四天后,已经"克服了他所有的痛苦"。他"以坚实的脚步重又站立在他的命运之上",并对一颗"欢欣的良心"说话。扎拉图斯特拉通过海上航行所收获的,首先是领悟了他对爱的渴望所包含的依赖性。这种领悟可以回溯至"夜歌"中的自我理解,并且在"违愿的圣福"(III,3)一讲的中间一节被说了出来:"但我被紧紧拴在对我的孩子们的爱上了——渴望,对于爱的渴望,已经为我设下了这个圈套,使我成了我的孩子们的猎物,因他们而失去了自己。"扎拉图斯特拉为了他那关系到全人类的使命,要创造同伴

---

[22] III, 2.2, 1-34(199-202)。(誊写稿中,第三卷第 2 章的标题是"最孤独者的幻觉/面孔")前言,9,3 和 15(25-26)。II,19,31(174)。II,20,11(179)。注意本书页 33。

们,也正因为这些同伴而丧失了自我。对自身造物的爱让他外在于自身而存在。[118] 学说将他系于门徒,这种系缚阻碍了他的回转,尽管"一切都以象征"来劝说他:"是时候了!"让他的良心感到"欢欣"的办法是在二者之间搞平衡;正是他的使命,他的"功业",他对门徒(他从此开始称呼为他的"孩子们")的爱要求他走上回归自我的道路:"为自己的孩子们之故,扎拉图斯特拉必须完成自己。"两种立场终归于一,或者看起来终归于一,他在告别幸福岛时所看到的争执要以这种方式得到和解。无论扎拉图斯特拉下山,还是重新上山,他总是想要"处身"自己的"功业"之中。他打算用一段有关伟大和孕育的演讲化解献身与自爱之间的张力:"凡有伟大的对自身的爱之处,爱就是孕育的标志——这是我发现了的。"因为"人们根本上只爱自己的孩子和功业",他向良心如是保证。[123]然而,如果他的功业要求扎拉图斯特拉的完成和灭亡,那么哲人的完成是否要求先知的灭亡?或者,先知的完成要求哲人的灭亡?我们已经赶在[剧情]前面了。有关扎拉图斯特拉的"孩子们",我们听说,他们是他的"院子"中、"最佳土壤"上的"树木",已然种植,尚且"在他们第一个春季里抽芽发绿"。他所展望的孩子们,不同于他已然离弃的门徒们。他们既不被归于相同的地点,也不被归于相同的时间。"这种树木并肩矗立的地方,就是幸福岛!"他也没有期待,能够从中生长出一个民族。他毋宁想要有朝一日把"树木""连根挖出","把每一棵树都单独栽种——使之学会孤独"。现在要辨别和检测的是,他是否与扎拉图斯特拉"同类同源"。只有当他在

---

[123] 在《瞧这人》中,尼采十分明确地将哲学生活区别于功业、孩子和孕育,哲学生活构成了他的最后一本书的主题,而这本书也是他的全部著作的拱顶石。

最紧要的方面与扎拉图斯特拉相合,在最紧要之事上与他相同,扎拉图斯特拉才能希望,在他身上找到一位"共同创造者"和"共同庆祝者",才能希望他能够继承自己的功业,能真的让扎拉图斯特拉说,他是"一位能把我的意志写在我的版上的人——为了万物更完满的完成"。[119] 扎拉图斯特拉对于同伴的热望带有高得简直不能再高的要求,与此相连的是扎氏对自身的呼吁,即呼吁自己走完英雄主义的道路,之前两章已经指示并预告了这条道路,通往他的"最后的检测和辨别"。[124] 在这样一条路上,幸福被怀疑会造成对目标的偏移,而不幸的准备能够确保路线的遵循,扎拉图斯特拉为此提出他的"深渊般的思想"作为规定性的力量。只有当他的"深渊搅动",他的思想"叮咬",我们才看到,他决心回转。然而,他还"从来没有"敢于"唤起"深渊般的思想,而是艰难地随身携带,自身背负这深渊般的思想。在前一篇演讲中,他引入了深渊般的思想,却没有将之唤起,这是因为深渊般的思想在一个梦中幻境向他袭来吗?或者因为他没有点名称呼它?因为他没有自愿地与之相遭遇?或者因为他不是有意识地用它来为自己服务?如果扎拉图斯特拉鼓起勇气,忍受他的思想中的"可怕之物",并且找到他在第二卷结尾处尚且缺乏的"狮子的声音"所具有的强度,最终唤起深渊般的思想,那么这就标识了他的"伟大之路"上的倒数第二站:"如果我已经在这方面超越了自己,那么我也要在更伟大的事情上超越自己;而且一场胜利当成为我的完成之封印!"扎拉图斯特拉向他的良知所说的"更伟大的事情",是永恒轮回的宣告吗?并且,"胜

---

[124] 对同伴的"检测和辨别"与扎拉图斯特拉的自我"检测和辨别"(扎氏在其中既是主体又是客体)相应,是后者的一部分:III, 3, 14 - 15 和 17 (204)。

利"指向未来的成了吗？宗教创始人的牺牲以"成了"作结。或者，扎拉图斯特拉预期到自己的厌恶被克服？他看到自己的完成被最高的大笑打上封印？这大笑之所以最高，乃是因为它植根于最深的严肃。更伟大的事情是什么，胜利意味着什么，这都和另一个问题相关，即扎拉图斯特拉如何规定功业与完成之间的关系。是功业服务于完成，还是完成服务于功业？"违愿的圣福"突出了功业，并且宣称，扎拉图斯特拉的完成乃是为了"孩子们"。这些孩子中的每一个都应当和扎拉图斯特拉相像，乃至于可以混淆，或者，与之前的门徒们不同，[120]他们与扎氏"同类同源"。因为有了幸福岛上的经验教训，扎拉图斯特拉不会再次因爱的渴望而陷入依赖。"渴望——对我来说就是：失去了自己。""我拥有你们，我的孩子们啊！这种拥有中，当有全部安全而全无渴望。"当他这样对自己呼喊，这种拥有就意味着一种自身关系的确定。孩子成为自我对话和自我理解的想象中的另一个自我。在[现实的]时空世界中，扎拉图斯特拉还远远没有拥有孩子。他们是他希望中的一个目标。只有这部书才能架起通往他们的桥梁，这部书展现了扎拉图斯特拉的演讲与行动、灭亡与完成、确定与渴望，让读者去思考。⑫

漫游者在第三卷开头所望见的巅峰，并不是在返回到山上之后才达到，而是在波澜壮阔的大海上的第三篇也是最后一篇演讲中。与之前的两篇演讲不同，这一讲并没有被恐惧和渴念所规定。它既不指向献身和伟大之要求，也不因为寄希望于孩子和功业而朝向未来。它生息于哲人的幸福，哲人懂得如何与整全和谐共处。在当中

---

⑫ III，3，1、6-17、18、20-21、25-30（203-206）；参看前言，9，2-5、9、16（25-26），并参看本书页26-27；进一步参看 II，22，28-30（189）和本书页107。

一讲，扎拉图斯特拉对幸福退避三舍。对于引他偏离自身功业的"阴险狡诈的美"，他抱着怀疑态度。他担心"违背意愿的圣福"来得不是时候。他完全在英雄主义的意义上意愿"最深的痛苦"，自从前言以来，英雄主义就是他的指路明星。正如讲述者所说的那样，他"通宵等着他的不幸——但他徒然地等着"。他勇敢地将幸福"从自身"推开，可"幸福离他越来越近了"。"在黎明时分"，第三章戛然而止，第四章继续，英雄主义让位于沉思冥想。"日出之前"以一句赞美开篇："噢，我头上的天空，你这纯洁者！深邃者！你这光之深渊啊！望着你，我因神性的欲望，不寒而栗。"除了"日出之前"（III, 4），还有而且也只有另外两章以"噢"开篇，此即"返乡"（III, 9）和"论大渴望"（III, 14）两章，"噢"将"日出之前"与这两章联系了起来。[121] 如果说第三卷第 4 章的呼喊所面向的是扎拉图斯特拉头顶的天空，那么在第三卷第 9 章中所面向的就是孤独之为扎拉图斯特拉的家乡，而在第三卷第 14 章中，扎拉图斯特拉用呼喊所面向的则是他的灵魂。可事实上，在全书最美的一章，这个三部曲将要展开的论证的核心环节已经结合在一起：在"日出之前"的天空，扎拉图斯特拉已然重新辨识了自身的灵魂，在灵魂与天空的交错运动中，在他的灵魂与天空所做的对话中，扎拉图斯特拉全然自在自足（bei sich selbst）。[129]演讲中的"天空"所关系

---

[129] 尼采在《瞧这人》中确证，"日出之前"这篇演讲有着一种"宝石绿般的幸福"和"神性的温柔"，在他之前还"没有哪根舌头"有过这些（第三部分，扎拉图斯特拉如是说 7，页 345）。——通过以"噢"开头的三章，我们可以更准确地把握第三卷严格对称的结构：第 1 章，序曲；第 2－4 章，第一组三篇演讲，终止于第一篇以"噢"开始的演讲；第 5－8 章，第一组四篇演讲；

到的既非诸神的居所,亦非我们头上的星空。*它并不是天地二分中的天,在这个二分中,地意味着人的世界。扎拉图斯特拉三度称之为"你这光之深渊"的"天空",是日出之前全然一致、毫无差别的透明的晦暗,没有月亮和星辰,没有发光或闪烁的天体。扎拉图斯特拉所赞颂的,是吸纳所有光芒而又释放所有光芒的深渊。为了升入天空中最高的高度和灵魂中最深的深度,为了超出自身和太阳,为了登上巅峰,从而从巅峰"俯视"自身和自己的星辰,扎拉图斯特拉返回到了先于任何一种规定性的领域。他寻求未区分、无界限之物,寻求无定限(Apeiron),从这当中,通过区分和界限,有规定性的整体得以从"天空"和"灵魂"中产生出来。扎拉图斯特拉把天空称为他的洞见的"姊妹灵魂",他知道怎么展示,"光之深渊"如何获得美和智慧的属性,又如何生长出爱和羞愧。《扎拉图斯特拉如是说》对启示的唯一的一次提及就被留给了这种起源考察和世界认识。[122]不过,比扎拉图斯特拉在演讲中照着自己的样子创造的天空更重要

第9章,中心和第二篇序曲,第二篇以"噢"开始的演讲;第10-13章,第二组四篇演讲;第14-16章,第二组三篇演讲,第三篇以"噢"开始的演讲。参看本书脚注116。[译注] bei sich selbst sein 是迈尔用来描绘哲学生活及其幸福的关键词,甚难传达。字面义是"在自身当中",颇有"无待""逍遥"的意味,权译为"自在自足"。

* [译注] 暗指康德的名言"头上的星空和心中的道德法则"。

⑫ "上帝为自己的美所掩饰——你也如此把你的星辰遮蔽起来。你不说话:你就这样向我昭示你的智慧。/今天你默然无声地为我升起在汹涌的大海上,你的爱和你的羞愧讲出了对我汹涌的灵魂的启示。/你曼妙地向我走来,掩蔽于你的美中,你默然无声地对我说话,敞然显明你的智慧:/噢,何以我没有猜到你的灵魂的全部羞愧!在太阳之前,你已经向我走来了,我这个最孤独者。/我们从一开始就是朋友:我们有着共同的忧伤、恐惧和根基;即便太阳也是我们所共有的。/我们彼此不说话,因为我们知道得太多了——我们默然相对,我们笑对我们的知识。" III,4,3-8(206)。

的，还是未区分之物的"天空"，他在后者当中找到了灵魂的共同根基和自身灵魂的姊妹灵魂。扎拉图斯特拉将这个"天空"所是的肯定和阿门，作为他的肯定和阿门说了出来。在"日出之前"一章，对如其所是的存在者的认识，无条件地优先于对世界的一切改造。扎拉图斯特拉坦言自己变成了祝福者和肯定者，"而且为此我长久地奋斗，我曾是一个奋斗者"。在此，祝福就相当于通过认识来保护或庇护。扎拉图斯特拉看到自己"高居于万物之上，成为万物自己的天空，成为万物的圆形屋顶，万物天蓝色的钟和永恒的安全"。这样一种祝福所内涵的幸福产生于求知者与其世界认识的合一："因为万物都在永恒之源泉中受了洗礼，而且在善与恶的彼岸。"[123]在第一卷的告别演讲中，在未来主义学说达至顶点的时候，扎拉图斯特拉曾向门徒呼吁："我们依然一步步地与偶然性这个巨人战斗，而直到现在，支配着整个人类的仍然是荒谬，是无意义。"现在，他在面向"天空"所作的演讲中宣布："真的，那是一种祝福而不是一种亵渎，如果我说：'万物之上有偶然之天、无邪之天、或然之天、放肆之天。'"不仅对于旧信仰的"复仇的精神"来说，这个学说显现为一种亵渎；而且幸福岛上的居民［123］大概也会反对它。事物被解放于意图和目标，这种解放取代了改变一切、预告意义的目标设定："'或然'——这是世上最古老的贵族，我把它还给了万物，我把万物从目的的奴役中解救出来了。"求知者的祝福所提供的保护，是使世界免于一个"永恒意志"的支配和一个"永恒理性"的统治。新学说所展望的救赎

---

[123] "善恶的彼岸"后被尼采提升为《扎拉图斯特拉如是说》之后的第一部书的书名，这个规定是扎拉图斯特拉在"日出之前"一章中引入的，这也印证了这篇演讲的突出意义。

是从对救赎的急需（Not）中解脱出来。*在"日出之前"章，扎拉图斯特拉被海水千篇一律的运动所承载，被天空发亮的黑暗所包围，他懂得将"论救赎"中被称为他的"最无可忍受之物"的东西纳入肯定和阿门，这种肯定是他的灵魂在知晓了世界的高度和深度之后对整全所说的。[129]

接着对于整全的肯定和阿门之后的，是在人群当中的肯定和否定。天空和大地要求联系和区分。白昼的现实要求正当与不正当、善与恶、支持与反对的区分。第三卷第5-8章所展现的是扎拉图斯特拉在陆地上的城市之间穿行，他越过了海洋，但还没有返回山林。这几章最后一次让先知与民众接触，先知也让自己的形象比之前都更为突出。这四章明显地充斥着对于圣经演讲、形象和地点的影射。其中的两章，"在橄榄山上"（III，6）和"论路过"（III，7），标题本身已经与耶稣、与摩西的上帝形成了鲜明的对照。[130]先知采用了他最后在第二卷第一组五篇演讲（II，3-7）、最先在全书前言中所用的说话方式。不过，他并非意在寻找人选，为宣告福音而开始一次新的助跑。他"并没有径直回到他的山林和他的洞穴"[124]，而

---

* [译注] 此处"解脱"与"救赎"在德语中都是 Erlösung，如中文版页104"译注"所言，当含义明确地指向从救赎需要中得到解脱时，才译为"解脱"。

[129] III，3，31-39（206）。III，4，1、19、22-28、36-37（207-210）。I，22.2，8（100）。II，20，10-11、16-19（178-179）。参看本书页46-48和94-101。——"世界是深邃的——而且比白昼所设想的更深邃。"第三卷第4章第36节的这第一句话，在"噢，人啊！留神！"中成了数字意义上的中心陈述，"噢，人啊！留神！"为"另一支舞曲"（III，15）画上句号，并在"梦游者之歌"（IV，19）中被重复吟唱。参看脚注126和128。

[130] 参看《马太福音》24-25章；参看《路加福音》19：29 和 19：37；21：37；22：39。参看《出埃及记》33：22；《列王纪上》19：11；参看《马太福音》20：30；《路加福音》18：37；《约翰福音》9：1。

是，如讲述者所报道的那样，有理由想要了解，"在此期间，人类身上发生了什么事：人是变得更伟大了呢，还是更渺小了。"对于这种了解来说，幸福岛显然是不合适的，因为上面只住着门徒，或者被门徒决定性地打上烙印的人。在第一卷结束之后的这几年，人类命运的演变，与门徒的命运是相分离的。[131]扎拉图斯特拉的结论不容置疑。自他在离自己的洞穴最近的城市发言、然后在"彩牛城"教诲以来，发生了一种值得注意的衰退。"一切都变渺小了。"扎拉图斯特拉的学说能够阻止幸福岛上的萎缩。在门徒的圈子之外，学说并不能遏制住衰退，或者哪怕只是放慢衰退的步伐。不过，从所有表征来看，无论过去还是现在，人们都知道扎拉图斯特拉的存在。在讲述者向我们叙述先知穿行于民众中的足迹的第一篇演讲中，我们得知，"所有人"都在谈论扎拉图斯特拉。不过，扎氏补充说："他们在谈论我，但没有人——想着我！"想着反耶稣、听从他、跟随他，成为 unum necessarium［那唯一必需之物］，一个缺少必需之物的时代得到了审判："'我们还没有时间给扎拉图斯特拉呢'——他们这样反驳；但一个'没有时间'给扎拉图斯特拉的时代，又有什么要紧呢？"[132]先知发现，普遍萎缩的原因是民众还一直追随着错误的学说，一种以惬意为目标的"幸福和德性学说"。他由此把线索拉回到他曾经在市场上向民众所做的演讲。当他谴责"苍蝇的幸福"、反对把德性混淆于那把人变成"人类最好的家畜"的东西，他用不同的话重复了早先对于自我满足和平庸的批判。不过，这一次矛头

---

[131] "论萎缩的德性"（III, 5）突出了对第二卷而言值得重视的特殊处境，即海岛式状况：门徒的情况，以及与之相关的扎拉图斯特拉学说的成功与失败，构成了全部行动的框架。参看本书页 53-54。

[132] III, 5.2, 5 和 10（212-213）。《路加福音》10：42。

直指"顺从的教师"［125］，他在指导那些教师的上帝观念中看到了恶的根源，对此他毫不掩饰。因此，在一场他称之为"为他们的耳朵"而作的"布道"中，他四度植入信仰自白，这种自白适于尖锐地突出根本的对立，将根本的对立清楚地摆在读者面前："我是扎拉图斯特拉，无神者。"事实上，"在无人有我的耳朵之际"，扎拉图斯特拉并没有期待他的布道（在这场布道中，他重又呼吁大爱和大藐视）能够觅得知音。"论萎缩的德性"（III，5）这篇演讲直到宣布迫在眉睫的决断、宣布最终的肯定和否定之时，才到达它的目标："他们的时辰到了！而且我的时辰也到了！"先知谈及"干枯的草"渴望"火焰"，也谈及应当预言的"火舌"："它来了，它临近了，那伟大的正午！"在"论赠予的德性"一讲中，伟大的正午曾被规定，用于捆束和激发未来主义希望，而在重返时，它又代表着对审判的预言。[13]——这组四篇演讲是先知声音的回响，这组演讲中的其他几篇也都汇聚于一种对"伟大的正午"的激发。"论路过"（III，7）以一位狂热者的激烈言辞开篇，讲述者称之为一个"满嘴唾沫的傻子"，而"民众"称之为"扎拉图斯特拉的猴子"＊（这也进一步印证了扎拉图斯特拉的知名度）。傻子在"那大城市"的城门口，向扎拉图斯特拉走去，对城市的堕落进行了一番毫无节制的描绘，想要以此阻止扎拉图斯特拉踏入他的领域，也就是进城。扎拉图斯特拉不该去"跋涉""泥潭"，而是应当折回。他四度敦促扎拉图斯特拉"唾弃"大城市及其大门，直到扎氏充满了厌恶，请他闭嘴。与

---

[13] III, 5.1, 1-8; 5.2, 1、15-16、25-35; 5.3, 4-9、12、21-23、25-28（211-217）。前言，3，17-20（15-16）；4，6、10-12（17）；5，11-15 和 25（19-20）。I, 22.3, 11-14（102）。

＊［译注］"猴子"意为模仿者。

"满嘴唾沫的傻子"的相遇显示了两种藐视的区别,一种出于恨而藐视,一种出于爱而藐视,或者一种是为了排斥他人,一种是为了自我超越。与狂热者的对照此外也强化了之前的一个结论,即先知最强烈的动力在于爱和厌恶,对应当那般的人类的爱,对如其所是的世界的愤怒。[126] 扎拉图斯特拉和他的"猴子"的重叠("猴子"所说的有些是扎拉图斯特拉之前说过的,另外有些是扎拉图斯特拉可能会说的),最终以漫画的、夸张的笔法向读者指出,谁说的、出于何种缘由而说的,这有多么重要——或者,作者的话和他的造物的话是多么不能被等同。扎拉图斯特拉用这个教诲区别于狂热者:"再也无法去爱的地方,就应当——路过!"他既转身离开了"大城市",也离开了傻子,"大城市"不是让他感到悲痛,而是让他感到厌恶。他同时路过了两者。不过,直到他向自己说出了先知约拿受上帝之指派向"大城市尼尼微"说出的"悲哀"之后,他才同时路过两者:"哀哉,这大城市啊!"扎拉图斯特拉继续以旧约的姿态说道:"而且我希望,我已经看到这大城市在其中焚烧的火柱!/因为这样的火柱必定先行于那伟大的正午。"⑬——扎拉图斯特拉在"慢悠悠地穿过许多民众和各式城市"之际发表了两篇先知性质的演讲,位于这两篇演讲之间的,是第三卷中唯一以"扎拉图斯特拉如是歌唱"结尾的一章。"在橄榄山上"(III,6)打断了决断与审判的狂怒。耶稣在橄榄山上发表末世论演讲,讲基督的再临和世界的终结,

---

⑬ III, 7, 1、3、19、21、24、26、30-31、37-40(222-225);有关傻子在 III, 7, 16 中所说的东西,可比较扎氏在 III, 5.2, 24(214)所说的话。第 37 节:"这座大城市也使我厌恶,而不光是这个傻子。"这一节原先的版本是:"这座大城市让我感到悲痛:我愿作柴堆,执他们的火刑。你也让我感到悲痛!"*KGW* IV 4,页 407。《约拿书》1:2、3:2、3:4、4:11。

与耶稣不同的是，橄榄山对于扎拉图斯特拉而言，并非他的使命之地，而是他的幸福的"阳光一隅"。"在橄榄山上"原先的标题为"冬之歌"，尼采让读者在这一章得以瞥见扎拉图斯特拉为自己所歌唱的幸福；同时，他又在一篇关于严寒、冰雪和困迫的演讲中，试图通过充满技艺的沉默，尽力向嫉妒者掩藏这种幸福。[133] [127] "如若我没有以灾祸、冬天的困厄、熊皮帽和雪天的外套来包裹我的幸福，他们怎能忍受我的幸福啊！"他不得不保护自己免于那种骤然向求知者袭来的嫉妒，这是和青年的对话（第一卷第一组七篇演讲的最后一篇，即第一卷第8章）所得到的一个持久有效的教益。"所以我只向他们指示我的顶峰上的冰雪和冬天——而且并不指示，我的山依然为一切阳光地带所围绕！"扎拉图斯特拉在他的灵魂歌唱中所赞美的幸福，并不维系于先知功业的完成。二元，而非一体。[134]

扎拉图斯特拉在人群中所作的最后一次演讲，发生在"彩牛城"。"扎拉图斯特拉的演讲"在曾经开始的地方结束。我们并不知道，当他"在他曾爱过的城市"回顾自己的教谕活动的时候，他的

---

[133] 在这一章的中心，扎氏确证了显白－隐微区分的深度："我的沉默学会了不通过沉默来泄露自己，这就是我最喜爱的恶意和技艺。／用言语和骰子的啪啪之声，我施计骗过这庄严的等候者：我的意志和目的当逃脱这些严格的监视者。／要使得没有人能窥见我的根底和最后的意志——为此我为自己发明了这长久的明亮的沉默。／我找到了这许多明智的人：他们蒙着自己的脸，搅浑自己的水，使得没有人能看到他们里面和深处。／但更明智的怀疑者和破壳者正好向他们走来——人们正好把他们最隐蔽的鱼儿钓了出来！／相反，那些光明者、诚实者、透明者——在我看来就是最明智的沉默者：他们的根底是那么深邃，以至于连最清澈的水也不能把它——透露出来。" III, 6, 21－26（220）；参看 II, 12, 43－44（149）。显白－隐微区分并不局限于学说的展示。

[134] III, 7, 1（222）。III, 6, 3、17－26、30－34、40－41（214－217）；参看 II, 6, 31（126）。参看本书页 33－35、72、78。

听众是谁。不过，他为自己也为读者所得出的教训是令人醒悟的。"论背叛者"（III，8）是全书唯一以"啊"（Ach）开头的一章。[132]扎拉图斯特拉对"年轻的心灵"报以怨言，他曾将希望寄托于他们。在他眼里，他们"全都"显得苍老、平庸和懒散，"他们的求知之足"疲惫了，"他们把这个叫作'我们又变得虔诚了'"。扎氏对背叛者的沮丧感到失望，失望之情开启出强烈的形象："真的，他们中许多人曾经像一位跳舞者抬起脚来，[128]我智慧中的笑声向他暗示——他于是思索自己。刚才我看见他弯腰——向十字架爬去。"不过，扎拉图斯特拉［仍然］自问，"年轻的心灵"之所以沮丧，是不是因为"孤独犹如一条鲸鱼"把他给"吞没"了。"兴许是他们的耳朵长久地渴求而徒然倾听于我，以及我的号角声和先驱的呼声？"返回山林是个错误吗？老师失灵了吗？无论扎氏如何一直想为之辩护，他是否在事实上背叛了自己的使命？正如先知约拿，当他重新发现自己在鲸鱼肚中，他就躲避了上帝委派的任务？扎拉图斯特拉的看法却是，永远"只有少数人""其心灵具有一种长久的勇气和傲慢"。"剩余者""绝大多数人""太多人"，这些第一卷的演讲所尖锐攻击的对象，是"怯懦的"。重新变得虔诚，这是一种虚弱的表现，信仰则是勇气和诚实的缺乏，力量和坚强的缺乏。可少数人在哪儿呢？扎拉图斯特拉在所有这些年也只赢得了一位同伴吗？幸福岛上的关系，与门徒迁出之前的"彩牛城"，岂不是极为相似？

---

[132] "啊，新近在这草地上依然嫩绿而绚丽的一切，已然干枯而灰白了吗？而且，我从这里把多少希望之蜜带入我的蜂房里了！"III，8.1，1（226）。这一章表现的是扎拉图斯特拉在公共场合的最后一次演讲，也是唯一不以"扎拉图斯特拉如是说"或"扎拉图斯特拉如是歌唱"结尾的一章，位于结尾的是"扎拉图斯特拉如是演讲"：III，8.2，33（230）。参看 I，1，27（31）。

扎拉图斯特拉"最喜爱的"门徒不正是在那个他该当抹去门徒身份、超越信仰,从而确证自身具备独立思想及无畏求知的能力的瞬间失败了?在回顾中,扎拉图斯特拉看到了自身经验、自己的失败和失望中的典型要素:"谁若是我一类的,他也将遭遇我一类的体验,以至于他首要的同伴必定是死尸和丑角。/然则他次要的同伴——他们将把自己称为他的信徒,那是活生生的一群,有许多爱,许多愚蠢,许多少壮的敬仰。"对于根底中的必然性的洞见促使扎拉图斯特拉事后呼吁纪律性:"人类当中我一类的人,不应当把心系于这些信徒们。"这一次并没有停留为一种权衡。自我批判要求与过去决裂:"扎拉图斯特拉啊,让他们去吧,让他们凋落吧,而不要哀怨!"可是,如果扎氏听任"同伴"和门徒离去、凋落(自从最被喜爱的门徒解释"死亡山堡"之梦失败以后,我们再也没有从他们的口中听说任何只言片语了),那么谁又当去骤然实现伟大的正午呢?[133]

[129]——在扎拉图斯特拉逗留于人群的最后阶段所发现的情形中,比背叛者的沮丧更令人吃惊的是向基督教上帝的回归。扎拉图斯特拉处处遇到信徒。他自己也提供了一些东西,支持把超人作为大地的意义和时代的转折来信仰。后来,他在幸福岛上反对[把他的学说]与基督教学说相混淆。混淆对于他的学说所意味的危险,给他提供了离开孤独的理由;他曾为了帮助门徒超出"骆驼"阶段而非止步于做他的教义的信徒而返回孤独。第二卷告诉我们,他在告别演讲(I,22)中所说的希望是虚幻的。背叛者回返到基督教上帝,而不再谈论什么超人,却又是另一个层面的问题了。因为"上帝死

---

[133] III, 8.1, 2–14(226–227)。I, 22.3, 2–8(191)。II, 17, 10(163)。II, 19, 33–43 和 47。II, 22, 43(190)。III, 1, 35(196)。参看本书页118–119。

了"乃是扎氏学说的前提。当扎氏在全书的第52章诊断出向上帝的回转,上帝是否真的死了的问题就提了出来,即是否只是对于那些认识到同情或某个别的原因才是导致上帝之死的致命的疾病的人,上帝才真的死了?如果还得继续考虑基督教的上帝,那么诸神(有关诸神,扎拉图斯特拉说,与圣经上帝不同的是,他们是把自己笑死的)的回归是否不再可能?⑬并且,如果甚至于连一度信仰超人的变节者也踏上了唯一真神的道路,那么扎拉图斯特拉是否需要一种更强有力的学说,来给予信仰之域以信仰?⑭

[130] 在第三卷的中心,扎拉图斯特拉把向孤独的回归作为向自身的返乡来赞美。以"啊"的感叹开篇的只有一章,紧接着这一章的是以"噢"开篇的三章中的第二章。⑭"返乡"(III,9)将孤独规定为扎拉图斯特拉真正的自在自足之地,并让孤独开讲,向扎氏历数他在人群中的时光是多么偏离自我、多么落寞,并且必定是一种伪装。"但在这里,你就在自己的家里了;在这里,你可以说出一切,倾吐一切理由,在这里,隐藏的、执拗的情感都用不着害羞。"

---

⑬ "他们不是'暮气'日重而死的——这完全是人们撒谎!相反:他们是自己一度大笑——而死的!此事发生时,有一句最不信神的话来自某个上帝本身,——这话就是:'只有一个上帝!除了我,你不该信别的上帝!'——/——一个怒气冲冲的老胡子上帝,一个嫉妒的上帝,就这样忘掉了自己——/而且当时诸神全体大笑起来,在自己的宝座上摇晃着,并且叫道:'有诸神而没有一个上帝,这不就是神性吗?'/谁有耳朵,那就听吧。"III,8.2,28-32(230)。参看《出埃及记》20:3;参看《马太福音》11:15;《马可福音》4:9、4:23。

⑭ III,8.2,1-26(227-230)。前言,2,21(14);3,11(15)。II,3,37(115)。参看本书页58-59和脚注66。

⑭ "噢,孤独啊!孤独!你是我的故乡!我在荒野的异乡野蛮地生活得太久了,使得我未能泪流满面地返回你身旁!"III,9,1(231)。

孤独能够容忍坦率,且利于透明。收敛心思,带着卸下鞍辔的意志,如此,他能够如自己所是的样子展示自身,能够如其所是地看待事物。"在这里,你可以正直而坦率地对万物说话:而且真的,人们与万物——径直说话,在它们的耳朵听起来就像称赞了!"如此他才能公正地对待万物。真理属于孤独的视域,属于扎拉图斯特拉自在自足(Beisichselbstsein)的范围与运动。⑫外在于自身的落寞与此处于尖锐的对立之中。孤独让扎拉图斯特拉回忆起他从山林下降到人群之后所经历过的落寞,并且所有这些落寞的阶段都与他的功业相关联。孤独的演讲在对于扎氏的另一个自我的准确批判中达到高潮,在第二卷结尾处,他的另一个自我曾在他的灵魂与自身的对话中敦促他鼓起统治的意志,从而配得上他的使命:"扎拉图斯特拉啊,你还记得吗?当时你最寂寞的时刻到来,而且把你从你自己那里赶走,当时它恶意地耳语说:'说吧,而且打碎吧!'——/——当时它使你厌烦于你所有的期待和沉默,使你屈从的勇气沮丧:这就是落寞!——"孤独用了几乎同样多的话语来向扎氏展示他的使命和他的外在于自身。扎拉图斯特拉则不仅强化了开篇的呼喊以为回应:"噢,孤独啊!孤独!你是我的故乡!"他还以此前未曾有过的方式赞颂他在孤独中为自己找到的优选之地:"在这里,一切存在的言语和言语之圣龛都为我豁然洞开:[131] 在这里,一切存在都要成为言语,在这里,一切生成都要向我学习说话。"对孤独的赞颂和对人群世界的弃绝,这两者结伴而行。"但在那底下——那儿一切话语皆徒然!那儿遗忘和路过就是最佳的智慧:这个——我现在已经学会!"扎拉

---

⑫ III, 9, 7-9 (231-232)。注意本书页 74-76、78-80、97-101。

图斯特拉看起来已然回到自身。一体而非二元。⑬——不过，扎拉图斯特拉的自我认识又是何种情形呢？他的赞颂意味着、他的弃绝作用于一种对于自足的最终朝向？他将自己的外在于自身理解为他的自在自足的运动（Bewegung seines Beisichselbstseins）的一部分吗？他为自身确立了第三卷的题词所展望的等级秩序吗？现在，"人类""重又"落在他身后，在第三卷的第二篇序曲中，扎拉图斯特拉用这个想法来得慰藉："我最大的危险在我身后了！"因为，他继续说道："在爱护和同情中总是有着我最大的危险，而且一切人类都意愿受到爱护和同情。"进一步来看，他所谓的爱护和同情，是偏离于真理，是在人群中误识自身。这种危险关系到他想要为自己赢得、责成自己追求的真理，只要他待在孤独里，这种危险也就落在身后了。然而，这是他最大的危险吗？是和他的自我理解、他的真理通道相关的最大的危险吗？这与爱、与他在［第三卷］第一篇序曲中所谓"最孤独者的危险"是何关系？与复仇是何关系（在"论毒蛛"［II，7］中他承认自己易受复仇欲所侵袭）？与厌恶是何关系（在"论无赖"［II，6］中，他误以为自己已然解脱于厌恶，后来则不得不一再地重又承认它的权能）？无论是厌恶的危险，还是爱或复仇的危险，都不能通过扎拉图斯特拉向孤独的回返来消除。第四卷将证明，Itio in partes［分道扬镳］也没有能够让同情的诱惑落在扎拉图斯特拉身后，而总还是摆在他面前。⑭——山上四篇演讲中的第一篇，"论三种恶"（III，10）的核心部分对扎拉图斯特拉的自我认

---

⑬ III，9，10–15（孤独的演讲共计13节，3–15）；以及16–20和21–43（232–234）。有关20节，参看脚注130。请参看本书页105–107。

⑭ III，9，29–33（233–234）。参看本书页61–62和脚注69，本书页63–64，97–98，111和122。

识和自我理解做了重要的贡献,尽管这篇演讲在姿态上和紧随其后的两篇一样,都联系于此前的教谕演讲,[132]并与另外三章一道构成了他为未来不知名的诉诸对象(Adressaten)所备好的教条武器库,在第三和第四卷,扎氏将此类诉诸对象称为他的"孩子"。扎拉图斯特拉第三次讲述一场梦,不过这是第一次没有听众在场。在他的梦中,他站在世界的彼岸,用一台秤称量着世界。这台秤发现世界是"一个人间的好事物","并非一个足以把人类之爱从中吓走的谜团,并非一种足以使人类的智慧昏然入睡的答案","神性的解谜者可以猜度",[世界]对于求知者而言是好的,因此也在整体上得到了辩护。扎拉图斯特拉的"白昼智慧"——通过"力"的有限性顺带引入了永恒轮回学说的第一个前提——赞同梦的结论,并准备好效仿梦的做法,将淫欲、统治欲和自私这"三种最恶的事物"放在秤上,作为"人间的好事物"来称量,以此印证梦的结论。扎氏一面将"迄今"最遭诋毁的三样东西放在一边的秤盘上,一面又向另一边的秤盘抛去"三个沉重的问题":"从现在达至将来是哪一座桥梁?何种强制力使高者屈就于低者?还有,什么东西叫最高者也还——向上生长?"因为对于这三个问题的回答就在对面的秤盘上,名为淫欲、统治欲和自私,所以,演讲的第二部分是用来为新的价值评价作论证的。⑭对"三种最受诅咒之物"的辩护着眼于论证世界是一个"人间的好事物",这种辩护从尊奉淫欲为"伟大的比喻之幸福"——加了必要的警告——能够激发人追求"更高的幸福和最高的希望",到赞颂自私"来自强有力的灵魂"。他将这种自私施洗

---

⑭ III, 10.1, 1–18(235–237)。在第5节,扎拉图斯特拉说出了永恒轮回学说的决定性前提:"凡有力量的地方,也就有数字成为主宰:数字拥有更多力量。"

为"自身-快乐";"自身-快乐"在向外抓取的确定性中知道如何区分对自身而言的好和坏,"以其幸福之名"让一切可蔑视者、令人局促者和缩小者远离自身;扎拉图斯特拉用这种自私来对抗谦卑和臣服,对抗面对诸神或人的时候"一切奴隶的方式"。他说这些话的时候,仿佛并不在山上,而是第三次从他的洞穴[133]下降、转向了民众,他让自己的演讲奔向对"假智者""教士""厌世者""十字蜘蛛"的审判,这些人赞颂无私、谴责自私。他再一次宣告他在路过各个城市的时候曾经宣告的东西,并且语调比之前更为尖锐,全然一副先知的样子:"但现在对于所有这些人,日子来了,这种转变,这把行刑刀,这伟大的正午;这时当有大量事物昭然若揭!"[146] 扎拉图斯特拉就"三个困难问题"中的中心问题所给出的答案最为远离专业视角误用(déformation professionelle)并最清楚地显现了先知的自我理解。有关统治欲,他说,它"甚至对于纯洁者和孤独者也是诱人的,上升到自足的高度,灼热有如一种爱情,在尘世天国诱人地描绘紫色的圣福"。他进一步补充解释说:"但如果高高在上者俯身要求权力,那么谁还会把它称为欲望啊!真的,在这样一种要求和俯降中,毫无病态和癖好。"扎拉图斯特拉十年不曾倦于在山上欢享他的精神和他的孤独,直到决心"下降",在这种情况中,统治欲只是他的爱和他的欲望的另一种表达。无论是人类之爱,还是用行动塑造世界的欲望,两者都被他的想象力提出的要求所引导、寄予的希望所充满。直到他称量世界的时候,都没有把这种爱和欲

---

[146] 扎氏以此作结:"而且真的,谁若说自我是完好而神圣的,自私是有福的,他也就将说出他所知道的,一个预言家[所知道的]:'看啊,它到来了,它临近了,这伟大的正午!'"31节和32节对伟大正午的预言,是全书十一次提及中的第六和第七次,也是全书六次着重使用中的第三和第四次使用。

望称为统治欲,他确定自己很难为这种爱和欲望找到"恰当的施洗和德性之名"。"'赠予的德性'——扎拉图斯特拉曾这样来命名这个不可命名者。"统治欲这个名称的好处,是能够让人回忆起统治之意愿和服务之必要之间的必然联系。扎氏曾追问那借以"强制高者俯就低者"的强制力,他这么做是确有道理的。⑭

扎拉图斯特拉的"外在于自身"化身为"重力的精神",[134]占据了第三卷第11章。在这一章,扎拉图斯特拉为自己的耳朵唱了一曲老对手之"歌",这位老对手在全部四卷都与他相伴。歌曲以喇叭声开始:"谁若有一天教人飞翔,他就移去了所有的界石;于他而言,所有界石本身都会自动飞入空中,他将重新为大地起名——名之为'轻盈者'。"一种真正的俯视在否定重力的精神之时也否定了一切立法,并超越了扎拉图斯特拉迄今用来对付"至高的、最强有力的魔鬼"的手段,"他们称这魔鬼为'世界的主人'"。尼采将全书中最显而易见的不顺从和反律法的演讲置于"论三种恶"(Ⅲ, 10)和"论新旧法版"(Ⅲ, 12)之间,前者处理先知的统治意志,后者将其功业展望或回顾为立法者。在"论幻觉与谜团"(Ⅲ, 2)中,扎拉图斯特拉向重力的精神发出挑战,约它进行最困难最沉重的决战,并且确信,"半是侏儒半是鼹鼠"的对手无能承受他那"深渊般思想"的重负,无法承受永恒轮回所提供的新重量的重负。而重力的精神在那里代表着死亡、没落和徒劳所提出的异议。在以之为名的这一章,重力的精神首先代表的却是道德和律法的言辞。相应的,侏儒和鼹鼠的再次出场,是在扎拉图斯特拉重拾之前的刻

---

⑭ Ⅲ, 10.2, 1-7(论淫欲)、8-16(论统治欲)、17-32(论自私)(页237-240)。参看Ⅰ, 22.1, 4-9和10-14(97-98)。前言,1, 1-12(11-12)。

画时，他让"鼹鼠和侏儒"宣布："善是大家的，恶是大家的。"重力的精神无视个体性和特殊性、差异和不平等。他所代表的是能够被普遍化、有着普遍有效性诉求的东西，是在其普遍性中要求顺服并且顺服普遍性的东西；正如他在第三卷第2章，把相同者的永恒轮回变成了普遍有效的合乎法则性。[148]所以，对重力的精神的批判，首先指向的是律法和道德的普遍性诉求。[135] 扎拉图斯特拉用自己的善与恶来反对善恶命令，他还强烈地诉诸自己的道路，这是他为自己寻求的道路，并感到这条道路是好的，这条道路有别于那条被作为正路规定给所有人或者被视为道德法则之路的道路。"因为这条道路——原是不存在的！"演讲的最后一句话是在这个意义上说的。可批判并不仅止于此。当扎拉图斯特拉声明，他是以"飞鸟的样子"敌视重力的精神，"你死我活地、不共戴天地、本源地敌视"，重力的精神所代表的就是所有在扎拉图斯特拉及其同类的"飞行"中行阻碍之事的东西：统治与服务的要求，下降的意志、奉献与义务的诫命，所有这些都使人远离自身的善好。第三卷第11章所谈论的重力的精神具有一种最广泛的性质。[149]作为秩序、超我和习俗

---

[148] III，2.1，10 (198) 和III，11.2，19 (243)；侏儒和鼹鼠，以及鼹鼠和侏儒，只在这两处被同时提及；III，12.2，17 (248) 重复了第二处并将之变形为复数。有关就最困难最沉重之物所展开的竞赛，参看本书页113 – 115。参看《快乐的科学》卷四，341节（页570）。

[149] 复仇的精神只被提及2次（II，20，31和44），重力的精神则被提及15次之多。(I,7，23和24；II，10，3和9；III，2.1，9；III，2.2，8；III，11.1，标题；III，11.1，6；III，11.2，3、8、10、18；III，12.2，16；IV，17.1，6、10) 在 III，11.1，6 (241) 中的第八次提及是这样的："尤其是，我与重力的精神为敌，这是飞鸟的样子——而且真的，是你死我活地、不共戴天地、本源地敌视！噢，我的敌意不是已经飞往什么地方而且已经迷失了吗！"与重力的精神不同，复仇的精神并没有身体性的形态。它在本质上始终保持为精神。重

的代言者，它深入到人类的本质当中。作为创建意义和唤起敬畏的"汝当"之声音，它通过给予重量而赋予生命以严肃，"负重者"尤其将之理解为一种荣耀。"但谁若意愿成为轻盈的，成为一只飞鸟，他就必须爱自己——我如是教导。"扎拉图斯特拉不是在向骆驼说话。同时，他立即区分了他劝自己和那些与他相似者要朝向的自爱（Selbstliebe）［136］与"患病者和有瘾者"的己爱（Eigenliebe）。"人们必须学会爱自己——我如是教导——以一种完好而健康的爱：这样人们才能坚守于自身。"扎拉图斯特拉清楚地表明，他所讲的并非一种普遍的学说或一种针对所有人的诫命。扎拉图斯特拉只"孤独地在空房中"谈论自爱，而在自爱的意义上学会爱自身，乃是一切艺术中"最精细、最巧妙、最终和最坚韧的一种"。它要求揭开本己之物、展现自身、克服习俗所设置的障碍、能够等待自我、在与对手的较量中成长、严肃地参与人群世界、在肯定和否定中找到自身的道路。它是最巧妙的艺术，因为它比任何其他的艺术都更得是辩证的，它也是最终的，因为它关系到整个生命过程。出于这两个原因，它得在最高程度上需要中介和否定。次序和结构对于它来说始终不是外在的。用自我对话中的隐喻来说则是："谁若有一天想要学会飞翔，他就必须首先学会站、走、跑、攀登和舞蹈——人们不

力的精神在第三卷第 2 章的梦幻中有四节演讲，与之不同，复仇的精神本身并不发言。复仇的精神所代表的，是那些能够在最重要的方面误导、唆使和败坏权力意志的东西，败坏权力意志之为求世界之可思性的意志，那让权力意志在其力量的边界处，因其无力而在伪装和解释中施展权力，或试图赢得权力的东西，它也因此而不能公正地对待现象。复仇的精神能够通过洞见得到压制，或者作为分析性的概念用来服务于认识。重力的精神是自爱的对手，它所涉及的是生命整体，是思想和感受，良知和自我理解，认识、行动和价值评价。无论是重力的精神，还是复仇的精神，两者都否认如其所是的世界。

能通过飞行而达到飞翔!"扎拉图斯特拉是通过"外在于自身"的经验和洞见而达到他的自在自足的。他知道在个别处说肯定和否定,只有这样,他对于整全的肯定与阿门才有了分量。他能够把此时此地的否定和巨大的肯定统一起来,即便在面对他的"魔鬼"时,他也牢记这一点,在世界和自身生命的经济学中,他都给"魔鬼"留有一个位置。竞赛将他与重力的精神联系了起来,在极为尖锐地突出竞赛之后,他在接着竞赛顶点之后的考察中总结了重力的精神所创造的一切:"强制、律令、必需、结果、目的、意志以及善与恶。"在对书中的对手做了最广泛的规定之后,他接着问道:"难道在此不是必须越过这些而跳出去舞蹈吗?为轻盈者、最轻盈者的缘故,难道在此不是必须有鼹鼠和笨拙的侏儒吗?"⑮

谁想要教会自己的同类飞行,就得为他自己设置界石?他必须立下这样的法吗——使他们能够据之丈量自身、为之投入,[137]且又能够与所立之法相对抗、能够发现和强化自身?他必须与"重力的精神"竞赛,为更严苛、更有诱惑性的诫命而操心,因为必须要有最严苛和最有诱惑力的东西,才能解放而至于飞行,才能超出一切界石?因此,能够逼迫扎拉图斯特拉作为立法者下山的最好的强制力,是对于那些和他一样有着"飞鸟模样"的人的爱意吗?我们不知道,扎拉图斯特拉在返乡之后是否再次离开孤独。"论新旧法版"章(III, 12)共有三十个部分、二百三十三节,是全书最长的一章,篇幅远超其余;这一章看似说扎氏确曾离开孤独。在开篇处,我们看见扎拉图斯特拉坐在"破碎的旧版"和"写了一半的新版"

---

⑮ III, 11.2, 1、3-13、18-19、20-22、29-37 (242-245)。III, 12.2, 16-17 (248)。参看本书页131。

之间，等待着他的时刻。他问时候何时到来，"我的下降和没落的时刻，因为我还想再度走向人类"。他因此确证了二度复返的预告，在第一卷结尾处他曾给予门徒们这一预告。不过，主动权显然并不在立法者手上。他等待着一桩事件、一种现象、一个奇迹来担保时机："首先我必须获得征兆，预示那是我的时刻——那就是欢笑的狮子和鸽群。"征兆是否会来尚不确定，当它们到来的时候，它们是否持有先知的想象力与之相联系的东西，也还悬而未决。直到后来，我们才听说，他在等待那些准备好和他一道将他的法版带向"山谷和肉心"的人。扎拉图斯特拉称之为"我的兄弟"。然而，却没有任何迹象表明，他在"论新旧法版"中三十三次直接向之说话的想象中的兄弟走在通往扎拉图斯特拉的路上，更不用说他们是否知道他要向他们说的话——如果他们没有读到《扎拉图斯特拉如是说》的话。因为扎拉图斯特拉并没有提到他要或者哪怕是有这样的意图，去继续书写法版。他身旁"写了一半的法版"可能源于之前在山上的居留。立法者并没有把等候的时间用于完善已然着手编订的法典。他毋宁在回顾："所以我把自己讲给我自己听。"在第 2 和第 3 部分，扎拉图斯特拉回忆了他在第一和第二卷、直到"论救赎"章的道路；同时他又在一旁注明，[138]"超人"这一纲领性说法是他从别人的武器库取来的，"伟大的正午"才是真正原汁原味的"扎拉图斯特拉的词语"。浓缩的回顾在对人类及其过往的救赎学说中达至顶峰，即通过创造性的行为，通过将一切"曾是"改造为意志最终的"但我就是这样意愿的！我还将这样意愿之"，来救赎人类及其过往。在对未来主义学说作出总结仅仅两个破折号之后，扎拉图斯特拉第一次毫无遮掩地说出了，什么是先知的功业中有待完成的，以及他要提升为真正的反耶稣还必定要做什么："现在我期待着我的救赎——，我要最后一次走向他们。/因为我意愿再一次走向人类：我意愿在人群中没落，我意愿在赴死之际给他们以我最丰富的赠礼！"在将其没落的 Consummatum est［完成］*收入眼帘之后，扎拉图斯特拉回到了这一章的第 1 节，同时也回到了全书的第一讲，回到了面向太阳的演讲，先知的悲剧就从这篇演讲开始："扎拉图斯特拉也意愿像太阳一样没落：现在他坐在这儿，期待着，周围是破碎的旧版，也有新版——写了一半的新版。"⑮——对老的未来主义教义的回顾，为扎氏就其写了一半的法版将要说的一切，定了调、设置了范围。因为在接下来的二十七个部分他也在向自己讲述自身。之前的教谕演讲中的句子、原则和告诫重又在他的回忆中返回，他把这些以部分全然重复、部分稍作修改的形态集结为一种说出来的要义手册，献给他所等待的"兄弟"。比如，他预想他们就在面前，对他们呼喊道："你们只该有可憎恨的仇敌，而不该有可藐视的仇敌——你们必须为自己的仇敌骄傲。"或者："不光要使你们繁殖下去，而且要使你们上升——于此，我的兄弟们啊，婚姻的花园会帮助你们的！"在扎拉图斯特拉明确谈及一个"新法版"并将之算在自己名下的三种情况中，也是对他之前在人群中所讲东西的重复和澄清。第一张法版的诫命［139］以对最遥远之物的爱的名义要求："不要体谅你的邻人！人是某种必须被克服掉的东西。"这条诫命回到了"前言"，现在又开启了一段"高贵的演讲"；在第 4 – 6 部分，扎拉图斯特拉带着"高贵

---

*［译注］此处 consummatum est 是拉丁语版《约翰福音》里耶稣最后所说的"成了"（约 19：30）。

⑮ III, 12.1, 1 – 3 (246)；I, 22.3, 11 (102)；参看 II, 22, 30 (189)。III, 12.2, 1 – 9；12 (246 – 247)。III, 12.3, 1 – 8；9 – 13 (248 – 249)。参看本书页 17 – 18 和 44，以及脚注 53。

的演讲"转向高贵者,并且全然在未来主义学说的意义上呼吁他们的自我克服、他们的奉献、准备好把自己作为"头生子"拿来献祭。"以自己全部的爱,我爱那些没落者,因为他们要穿越。"先知将通过自己的没落为他的功业封印,对高贵者的呼吁与先知所展望的愿景相合。第二张法版将对创建新贵族的敦促联系于未来主义的核心思想——通过创生未来救赎过往。扎拉图斯特拉提到了想通过对来临者的解释放弃一切过往之物的危险。一个"强大的暴力主宰"能够逼迫一切过往,"直到这一切都变成它的桥梁和先兆",或者"群氓"成了主人,并"在所有时代的浅水里"淹死。放弃过往会有这两种危险的表现,一种新贵族制当能阻止这两种表现,新贵族制"反对所有群氓和所有暴力主宰"。人类历史被交付给那尚且有待赢得的、通过立法者而唤入生命并进行教育的贵族,贵族全然朝向未来,通过其创造、改造和重新创造而证明自己是未来的守护者。相应的,中心法版的核心一句是:"你们应当爱你们儿辈的国度:让这种爱成为你们新的高贵吧——那未被发现的在最遥远的大海上!"以及:"对于你们的儿辈你们应当作出补偿,因为你们是你们父亲的孩子:你们应当如此来救赎一切过去之物!我把这种新版悬置于你们之上!"在第三张法版上只刻着:"变得坚硬!"这是对于那些被赋予创造未来之使命者所下的命令,命令他们做好准备、端正姿态、加强锻炼、坚定决心,无论他们的创造有什么具体的对象和内容。这是对于那些想要统治者的命令,他们的圣福有待于"把手压在千年之上犹如压在蜡上"。这是为立法者-先知准备的法版,他想要投身"一个伟大的命运",他自愿承担义务,为了有朝一日在"伟大的正午"备好自己并且变得成熟,他充满了对于"一场伟大胜利"的希望,这要求他——[140]正如要求他向之说话的高贵者们——

渴求伟大。⑫——第三张和最后一张法版要求创造者对自身变得坚硬。它同样劝告他们在破坏的时候也要带着坚硬,他们的创造与破坏相关联。早在"论自我超越"(II,12)一讲中,扎拉图斯特拉就强调,"谁若必须在善与恶中成为一个创造者",得首先成为"一个毁灭者",并"砸碎价值"。在第三卷第12章,他向那些得同时是创造者和毁灭者的人七度呼吁"给我砸啊……"位于"变得坚硬!"这张法版之前的第七次呼吁与之前的六次呼吁都不同,它所敦促的并非砸碎律法、诫命或信条,而是明确地将它们的践行者、辩护者和代表作为攻击的目标。这次呼吁是先知作为革命者来说话的三段演讲之一,他曾经在市场上也如此向民众说话。在这些演讲中,"善人义士"又回来了,这个说法是扎拉图斯特拉在前言中从小丑那儿学来的。扎拉图斯特拉回想起他对于"末人"灾难的警告,这是前言之外他仅有的一次重新回到这个论题。他还进一步延续和耶稣的平行关系,耶稣看透了"善人义士"的心思,认出他们就是法利赛人。"但是人们没有理解他。""第二位"发现了他们的"国度、心灵和土地"的,是扎拉图斯特拉。他问道,他们最恨的是谁,答曰:创造者,"那个打破了法版和旧价值的人,那个破坏者"。"善人义士"是既存秩序的代表,他们"将那些把新价值写入新法版的人钉

---

⑫ III,12.21,3(262);参看 I,10,18(59)。III,12.24,7(264);参看 I,20,7(90)。——III,12.4,1–6(249–250);参看前言,3,2(14);III,12.5,3(250);III,12.6,1–5(250–251);参看前言,4,5–22(17–18)。—— III,12.29,1–8(268);III,12.30,1–3、5、9(268–269)。——当扎拉图斯特拉要求,为了创建新贵族制,一位新贵族要把"高贵"(edel)一词重写入"新法版",他没有忘记指出贵族制的神学对应物:"因为要有一种新的贵族(Adel),就需要有许多的高贵者和各色的高贵者!或者,正如我曾经用比喻所讲的:'有诸神而没有一个上帝,这恰恰就是神性!'"

上十字架"。革命者已经准备好背负十字架，为了避开"一切人类未来的最大危险"，奉上最大的献祭——第26部分在此重复了这一章的第3部分——［141］他在第26-28部分用"善人义士"的形象为他的听众展示这种危险。"砸啊，给我砸了善人义士们"，这声呼吁囊括了在这之前的六次呼吁，针对一切和先知对于人类未来之伟大的愿景相对立的价值评价。在中心处，也就是在第15和16部分，扎拉图斯特拉所拿起的法版被他之后的一些这样或那样的人称为新旧虚无主义的法版：一方面通过"虔诚的背后世界论者"弃绝了世界和理性，另一方面通过"倦于世界者"和"死亡的布道者"否定智慧和意志。因此，"论新旧法版"章的中心包含了双重呼吁，打破"旧的虔诚者的法版"，也打破一种"新法版"，在这张新法版上可以读到的是：什么都没有意义或者一切都没什么不同。⑬

"论新旧法版"仿佛一块冰川时代的巨石，从扎拉图斯特拉的过去移入了他的孤独。这一章占据了第三卷的四分之一篇幅，却并非一个独块巨石。立法者想的是向未来的立法者们或向一种新的贵族制的代言人们说话，并且他所说的一切都朝向一个创建目标，这里所关系到的并不是一位立法者的单一意义上的演讲。因为扎拉图斯特拉在他的闲暇当中本质上是在向自己讲述自己，他在回顾中想起的是他在人群中所作的演讲，这些演讲不只讲给高贵者听，而且也讲给求知者听。事实上，第一声砸碎旧法版的呼吁就是说给求知者听的。他以真理的名义并着眼于善与恶的知识之树："迄今为止，一

---

⑬ II, 12, 41（149）。III, 12.26, 1、5、8-12；III, 12.27, 1-3；III, 12.28, 2-8（265-268）；参看前言，5, 5-26（19-20）；前言，8, 1（23）和9, 7-8（26）；III, 12.3, 10（249）。III, 12.15, 1-5和12.16, 1-3、8-9（257-258）；参看本书页21-26和88-92。

切知识都在坏良心旁边生长！你们这些认识者，给我砸呀，砸碎这些旧法版！"尤以求知者为说话对象的三个部分（7－9）紧随着面向高贵者的三个部分的开场演讲（4－6），以这样一句话开始："成为真实的——少数人能够做到！"扎拉图斯特拉坚持说话对象的区分。他继续了他在"彩牛城"的讲演中开始做的事情。[142]在第16部分，扎拉图斯特拉呼吁砸碎新法版，这新法版上面写着"智慧使人疲惫，没有什么是值得的"；在立法章的算数意义上的中心，在二百三十三节中的第一百一十七节，即在第16部分所包含的十三节中的第七节，我们读到："求知，这对于有狮子般意志的人来说，就是快乐！"扎拉图斯特拉并不止步于此。在唯一以"我"开头的两部分（第19和21部分）中，他开始谈论最高的灵魂，谈论智慧和统治的问题。第19部分的开篇指向了扎氏修辞选择性、聚集性和区分性的特征："我在自己周围画出一个圆圈和神圣的边界；我登山越高，与我一起攀登的人越少。"接下来的是全书绝无仅有的篇章。扎拉图斯特拉明确地将最高存在者带入考察。他追问的是存在者的最高种类，这偏离传统，或者更准确地说，尖锐地转离了传统；并且因为他紧接着追问最低微的种类，在某种意义上来说，他展开了位于他的价值评价根底处的整个的等级秩序："一切存在者的最高种类是什么，最低微的种类是什么？"最低微的种类被总括性地规定为创造力和自主性的欠缺。扎拉图斯特拉称之为"寄生虫"并任其被人厌恶。一切存在者的最高种类则保持为无名。不过，对于它的刻画却要细致入微得多。"最高的种类"因"最高的灵魂"而最高。扎拉图斯特拉通过八个方面来规定最高的灵魂：（1）"有着最长的梯子，能够下降到最深处"；（2）"最广博的灵魂，可能在自身中最远地狂奔、迷失和漫游"；（3）"最必然的灵魂，因快乐而投入到偶然之中";(4)"存在着的灵魂,投身于生成之中";(5)"占有着的灵魂,想要进入意愿和渴望之中";(6)"逃离自身的灵魂,在最广大的范围里赶上了自己";(7)"最智慧的灵魂,愚蠢最甜美地给予劝告";以及(8)"最自爱的灵魂,在其中万物有了自己的顺流和逆流,有了自己的落潮和涨潮"。前四个刻画与扎拉图斯特拉从一开始所追随的自我形象相应。第五个规定采纳了"夜歌"(II,9)中的自我反思所得到的结论。第六个规定与"论三种恶"(III,10)[143]和"论重力的精神"(III,11)中的自言自语相关联。第八个规定通过"返乡"(III,10)特别是通过"日出之前"(III,4)得到说明。最后,第七个规定可以被读作对全书第一篇演讲和这一章前三部分演讲的解说。它在这个意义上为先知何以决心没落作了注解,并进一步为智慧者在人群中求统治的意志作了注解。这看起来与扎拉图斯特拉在第21部分末尾处所说的相反:"最优秀者应当统治,最优秀者也意愿统治!而且,凡有与此不同的教导的地方,那里——就缺乏最优秀者!"如果应然与意愿合一,那还能说是游戏、傲慢或一种同愚蠢进行的游戏吗?在之前一节,扎拉图斯特拉强调,不再有民族想要成为主人。再往前数两节,我们听到:"今天自称为民众者,不该有君王了。"再之前一节中,扎拉图斯特拉呼吁他的兄弟们:"走你们自己的路吧!也让民众和民族走他们自己的路!"所以,缺少民众吗?"最优秀"指的是最佳者统治的最优条件吗?或者,"最优秀者"意味着应当和想要统治,意味着在最高的灵魂中统治并为归属于"一切存在者的最高种类"奠基?[154]

---

[154] III, 12.7, 1-6 (251)。III, 12.16, 7 (258)。III, 12.19, 1-11

谁是扎拉图斯特拉？这是扎拉图斯特拉在"论救赎"章（II, 20）向他的门徒们所提的问题，在"正痊愈者"章（III, 13）中由他的动物作了回答。他的鹰和蛇相信自己知道，他是谁并将成为谁。它们告诉他，对于世界来说，他该成为什么：永恒轮回的教师。它们将第 13 章变成了"永恒轮回"章。正如"复仇精神"这一用于哲学批判的概念只在"论救赎"章出现（两次）一样，新的信仰学说的概念［144］只在"正痊愈者"章出现（四次）。四次当中的三次和所有支持"永恒轮回"的论述都来自扎拉图斯特拉的动物们。也正是它们为扎氏分担了演讲，以诗性的方式陈述教义，让读者们着迷。不过，动物们的判断力究竟如何？作为扎拉图斯特拉思想的诠释者，它们被赋予了何种权威？会说话的动物（在第 13 章，扎拉图斯特拉的动物们第一次发言，就前三卷来说，这也是唯一的一次）难道不是暗示了一种圣人传说或者一个童话？困难、伟大、救赎性的思想终于浮出了水面，讲述一开始听起来就有童话色彩："扎拉图斯特拉回到他的洞穴里不久，有一天早晨"——他在波澜壮阔的海上把"最孤独者的幻觉/面孔"作为谜团让不知名的说话对象猜度，在这之后很久——"他像一个疯子从床上跳了起来，用可怕的声音大叫，其举动就仿佛还有一个人躺在床上不想起来似的。"扎拉图斯特拉将之斥为"睡眼蒙眬的蠕虫"的另一位则是"深渊般的思想"，

（260 – 261）。III, 12.21，8、9、11、12（262 – 263）。请注意本书页 58 – 59，以及脚注 66。参看本书页 105，122 – 123 和 132 – 133。——尼采的扎拉图斯特拉用潮落与潮起来对最高的灵魂作总结性刻画，卢梭的孤独漫步者在用 flux et reflux［潮起与潮落］的沉思来描绘最高幸福的时候也将同一种运动置于中心，这是一种值得注意的巧合：《一个孤独漫步者的退思》第 5 章第 9 节。这种偶合并不局限于对一切存在者中的最高种类的八个方面的规定。有关于此，可参看《论哲学生活的幸福》，卷一，第 4 章"自在自足"。

此前，他已然两次谈到它，现在他将之从自身深处唤出，仿佛唤出一个魔鬼或精神。"扎拉图斯特拉这个无神者在呼叫你呀！/我，扎拉图斯特拉，生命的辩护人，痛苦的辩护人，循环的辩护人——我呼叫你，我最为深渊般的思想啊！"在呼喊者用四重自称让自己得到辨认之后，当他在第四次和最后一次提及将被呼喊者提升或深化为"最为深渊般的思想"之后，我们成了一幕歌剧场景的观众。扎拉图斯特拉遭遇他的"深渊"："祝福我吧！来吧！伸出手来——哈！就这样吧！哈哈！——可恶，可恶，可恶——我多么不幸啊！"[155]——扎拉图斯特拉倒下，"就像一个死人"。当他重新醒来，面色苍白、浑身战栗地一直躺着，茶饭不思，[145] 第二卷第19章的危机在此得到了戏剧化的重复。在那里，预言家的话"一切皆空，一切皆同，一切皆往"令他担负着悲伤和疲倦，预言家为即将到来的世界黑暗预言了这种悲伤和疲倦。而在这里，他预告自己的思想，他要用这个思想来制服重力的精神，"一切永恒复返，直至最小的细节"，这个预告令他被厌恶所击溃，几乎要了他的命。那时候，扎拉图斯特拉三日不吃不喝，如福音书作者所记载的，耶稣在坟墓里待了三日。这一次，他的出神状态持续了七天，和创世一样。在第二卷第19章，扎拉图斯特拉自己打破沉默，向日夜守护着他的门徒讲述他的"死亡山堡"之梦。在第三卷第13章，一直耐心等待的动物首先发

---

[155] III, 13.1, 1-2、6-9（270-271）；在III, 13.1, 2之前，"深渊般的思想"在III, 2.2, 1（199）和III, 3, 26（205）曾被提及。从童话要素转变为歌剧要素，为第5节中对瓦格纳的《齐格弗里德》（第三幕，第一场：唤起爱尔达的沃丁）的影射作好了准备："而且，如果你才醒来，你就应当永远保持清醒。这可不是我的做法：把老祖母们从睡梦中叫醒，又叫她们——继续睡！"参看《瓦格纳事件——一个乐师问题》9, 1（KSA6, 页33-34）。

言。它们鼓励扎拉图斯特拉离开自己的洞穴,走向"世界的花园"。"万物都意愿做你的医生呢!"此外,它们还打探,"或许有一种新认识"临到他,"一种辛酸而沉重的认识"。扎拉图斯特拉给动物们的答复是,它们该继续喋喋不休。听它们说话使他清醒过来:"喋喋不休的地方,世界在我就像一个花园了。"词语和声调给予事物以秩序和关怀。它们形同"永远隔离者之间的彩虹和假桥"。它们联系的同时又遮掩,因为它们必然抽象。普遍而言:"在最相似者之间,恰恰假象撒的谎最美,因为最细小的裂隙最难填补。"有关语言的美丽假象的普遍陈述,位于扎拉图斯特拉的第一段回复的中间位置,对于接下来的内容来说,这一陈述具有特别重要的意义。因为它几乎以同样的词语采纳了"夜歌"中有关给予和接纳之间裂隙的那一处,最细小的裂隙最后才能得到填补——意图的裂隙。在动物们把他带入的对话一开头,扎拉图斯特拉就持有一种保留态度。他让动物们继续喋喋不休,并同时画下了一条分界线。"每一个灵魂都有一个不同的世界。"通过言说的"美好愚蠢","人类在万物之上舞蹈"。不过这种愚蠢也使得他可以将注意力引向区分的要素,解释被它所遮掩的裂隙。动物们在它们的第二段演讲中展现为美好的人类言说的大师。它们以一个区分开始:[146]"对于像我们这样的思想者,万物自己在舞蹈。"它们位于事物当中,置身事物中间,而非高居事物之上。它们不需要靠近事物,因为它们并未远离事物。它们不必搭桥,因为它们不知道什么裂隙、深渊:"万物到来,伸出手来,大笑,逃遁——而且又回来。"只有与人类的相遇才必须有区分。并且这相遇还要求一种关乎整全的演讲。当动物以最高沉思者的样子谈论它们自身所在的运动,它们的演讲变成了对于永恒存在的赞颂。永远转动的存在之轮、永远行进的存在之年、永在建造之中的同一座存在之屋和永远忠实于自身的存在之环,动物们的四句颂歌以简洁的方式表达了永恒轮回学说。最后一节将永恒作为遁点置于结尾处,动物们凭借最后一句话最终成功地将教义的核心把握为依据自身的、滚圆和自足的;同时又没有拒绝的尖锐性,因为这种教义意味着拒绝任何一种形式的目的主义、人类中心主义或者未来主义。"存在始于每一个刹那;每个'那里'之球都绕着每个'这里'旋转。中心无处不在。永恒之路是弯曲的。"动物没有在存在之屋中给人指派一个优先的位置。[154]——扎拉图斯特拉给动物以赞美,可同时又保持着距离。他影射言说的"美好愚蠢",称它们为"爱开玩笑的家伙",可同时又斥责它们为"手摇风琴"。尽管扎拉图斯特拉没有回答"新认识"的问题,动物们显然说中了"七天之中必定要完成什么",说中他达到了对整全的何种姿态。一切都表明,对于第三卷第2章中的"最孤独者的幻觉/面孔",它们是熟知的;如我们现在得知的那样,这个"幻觉"在第三卷第13章的危机当中得到了实现。因为[147]当扎拉图斯特拉确证,"那怪物"——为了对他的蛇和他的鹰保持礼貌,他不再说一条蛇,也不再说一个动物——"是如何潜进我的喉内而使我窒息啊!但我毕竟咬断了它的头,并且将之吐得远远的",这是他谈及对于牧人和蛇的幻觉。扎拉图斯特拉在一次自我超越的行为中所赢得的东西,"已经"被"手摇风琴"从中调弄出一首"琴曲",调弄成每个人都能跟着唱的颂歌、可以任

---

[154] III, 13.2, 1-2、3-6(动物们的第一段演讲所包含的四节);7-13(扎拉图斯特拉在交谈中的前七节);14-17(动物们的第二段演讲所包含的四节)(271-273)。动物对永恒存在的赞颂包括15和16两节:"万物去了又来;存在之轮永远转动。万物枯了又荣,存在之年永远行进。/万物分了又合;同一座存在之屋永远在建造中。万物离了又聚;存在之环永远忠实于自己。"

意被重复的学说，而没有留心那道"最小的裂隙"，而恰当的理解恰恰在于注意这道裂隙。此外，琴曲还来得太快了。因为，扎拉图斯特拉还因"咬断和吐出"无力地躺在那儿，"还因自己的解脱而患病"。他现在所谈论的解脱，他果决的咬断所带来的解脱，并非他在"论新旧法版"中所展望的救赎*，即没落于人群之中。在那里，他所希望的是通过功业的完成而得救赎，他的献祭当为功业加封盖印。而"正痊愈者"章所谈论的解脱，是解脱于意志对于"曾是"的不满的意志，解脱于对如其所是的世界的愤怒，解脱于救赎需要。这种解脱并不取决于"功业"的完成，不取决于伟大、胜利和没落。和蛇头一道被吐出的还有圆环的突出之点、历史的目标、终结性的事件；通过无可避免的下降、后来的没落和逼近的堕落，这种事件将成为愤怒的对象——未来主义学说的伟大伫立于风暴之中。为了能够赞同它们的歌曲，扎拉图斯特拉准备向他的动物们说明，他解放自何处。他讲述它们所目睹的危机的前史。他首先讲述了他的全部教谕活动的出发点，即对人类的深深的不满，然后讲述了与预言家的相遇，预言家向他展示了他的第一次开端的失败。他不满于人类的缺乏伟大，因此大叫："还没有人那样叫喊过：／'啊，人类的恶竟是那么渺小！啊，人类的至善竟是那么渺小！'"未来主义学说曾经呼吁超人，来补救"最无可承受者"，扎拉图斯特拉现在不需要这种补救了。对于第二卷第 19 章的预言所意味的转折，他坦言："对于人类的大厌倦——它使我窒息，爬进我的喉咙里了。而且这是预言家所预言的：'一切皆同，没有什么是值得的，[148] 知识令人

---

*［译注］再次说明：此处"解脱"与"救赎"在德语中都是 Erlösung，当含义明确地指向从救赎需要中得到解脱时，才译为"解脱"。

窒息。'"在重述这句分为三截的格言的时候,扎拉图斯特拉做了值得注意的改动。核心部分"一切皆同"被置于开头,而两个对之形成包围的部分"一切皆空"和"一切皆往"则被替换为自己更尖锐也更清晰的解释:一者替换为"新法版"的铭文,他在之前一章曾要求砸碎这块"新法版";另一者替换为简略语"知识令人窒息",这个简略语表达了他最为本己的问题。因为知识奠基于并且关系到必然性,并且从"论救赎"章(II,20)我们得知,被扎拉图斯特拉所强调的意志对于一切"曾是"的厌恶,细察之下,实为对必然性的厌恶。对于下降、衰落和堕落之必然性的知识,对于"一切存在者中最低微的种类"之必然性的认识,由于他的最为深渊般的思想而得来的、对于他最为嫌弃之物的永恒回归的必然性的知识,所有这些知识令扎拉图斯特拉窒息。他在简短的回顾中并非偶然地将"预言家"(II,19)和"论幻觉与谜团"(III,2)中的插曲混为一谈。经过侏儒对于永恒相同者的复归的思想,预言家的话对于扎氏而言才成了真正的"刑木"。他用一句话总结了此两者相合的结果:"你所厌倦的人,那渺小的人,是要永恒轮回的。"他回忆中的疾病与高贵的价值评价直接相关:"即便最伟大的人也太渺小了!——这就是我对于人类的厌倦!还有最渺小者的永恒轮回!——这就是我对于一切此在的厌倦!"扎拉图斯特拉亲口提到"永恒轮回"的仅有的一处后面紧接着叹息:"啊,厌恶!厌恶!厌恶!"位于七日之前的三度厌恶复返了。[157]

---

[157] III,13.2,18-38(273-275)。扎氏的第二次答复以"扎拉图斯特拉如是说"结尾,这个强调句式通常位于一章的结尾。参看 II,19,2(172);III,12.16,2和8(257-258)。II,20,11和22-29(179-180)。有关扎拉

对于谁是扎拉图斯特拉这个问题,在"论救赎"章中,扎拉图斯特拉用两问来作答:"一位医生?还是一位已痊愈者?"他的动物在倾听了一阵有关他的疾病的报告之后,称他为一位正痊愈者。[149] 只要扎拉图斯特拉一感到厌恶,它们就打断他。"别再说了,你这个正痊愈者!"就像第一次插话的时候那样,它们建议他走出去,走到世界的花园中去,走向玫瑰、蜜蜂和鸽群,从而在事物当中康复。他首先要向鸟儿学习歌唱。"因为歌唱适合于正痊愈者;健康者可以说话。而且,如果健康者也想要歌唱,他唱的歌该不同于正痊愈者。"扎拉图斯特拉还和之前一样和动物说话,仿佛它们是"爱开玩笑的家伙和手摇风琴",只是这一次他让他们闭嘴。"我必须重新歌唱——我为自己发明了这种安慰和这种痊愈:你们也愿意马上从中弄出一支琴曲吗?"动物再一次说中了什么,可扎拉图斯特拉仍然拒绝把他"在七日内"为自己创造,或对自己而言是正确的,被用作适合所有人的学说。两节之后,动物们就打断了他,这是第二次并且也是最后一次:"别再说了。"它们相信自己知道扎拉图斯特拉需要什么样的药物,因此而开始了它们的长篇结束演讲。在其中可以看出,它们细心地追踪了扎拉图斯特拉的病史和诊断,并且了解先知对于伟大、胜利和没落的渴望。对它们的手摇风琴曲的反驳,被它们转化为对扎拉图斯特拉的要求,要求他创造"一把新琴"。当动物们将他指向正复原的病人的特殊目标的时候,唱有益于健康的歌曲,这一给予正痊愈者的一般性建议,被个体化了:"用新歌曲救治你的灵魂——好让你担当你伟大的命运,任何人都还不曾

图斯特拉的恶心,参看本书页 61 – 62 和脚注 69。有关他的恼怒,注意本书页 97 – 101 和脚注 104,以及本书页 113 – 115。

有的伟大命运！"动物们不仅向扎拉图斯特拉预言了他自己所期许的伟大命运，而且还预言了历史上的独一性。它们所给予他的不只是一种安慰。作为他的医生，同时作为他的使命委托者，它们委托给他传授一种教义的使命，这种教义此前不曾有人教授过："因为，扎拉图斯特拉啊，你的动物们完全知道你是谁、你必须成为谁：看啊，你是永恒轮回的教师——现在，这就是你的命运！"它们鼓励他走向他的伟大之路，并且提出了目标。"你必须作为第一人来传授这一学说——这伟大的命运怎会不也是你最大的危险和疾病呢！"扎拉图斯特拉将在动物们的路径中从他的厌恶中康复过来，并且荣耀地宣布那永恒在自身中轮回的存在的消息，它们生活于存在之中，存在充满了它们。[150] 因为它们不仅"知道"他必定是谁，而且知道他进一步必须要教授什么："万物永恒轮回，我们本身也参与其中，我们已经无数次在此存在，万物与我们一道。"它们甚至"知道"，如果扎拉图斯特拉现在想要死去，他会如何同自己说话。所以，动物们的演讲并不局限于安排先知并表述先知要传达的教义。在它们的十七节演讲的最后七节中，它们甚至表述了自己代扎拉图斯特拉所拟定的临终演讲。鹰和蛇让他在面对死亡时确证："我与这太阳，与这大地，与这只鹰，与这条蛇，一起轮回——并非向着一种新的生命，或者一种更好的生命，或者一种类似的生命／——我永恒地轮回，向着这种相似和同一的生命，无论在至大还是在至小处，使我又能传授万物之永恒轮回，——／——使我又能说关于伟大的大地之正午和人类之正午的话，使我又能向人类宣告超人。"⑱当动物们把伟大的正午拓展为伟

---

⑱ 设想中的临终演讲的第3-5节。第1-2节是这样说的："'现在我就要死去和消失，'你会说，'而且立刻我就是一种虚无了。'灵魂如同肉体一样

的大地和人类的正午，它们归给扎拉图斯特拉的就不只是一个历史性的使命，而仿佛是宇宙性的使命了。并且，它们相信扎氏会永远重复同一种话语，它们以此而在字面意义上将他的伟大和独特性永恒化了：扎拉图斯特拉将永远都是永恒轮回的首位教师。为了完成他的使命，福音的传播者必定要没落。动物们让临死的扎拉图斯特拉说出了［151］他在第二卷末尾与自己的灵魂对话中拒绝做的事：他现在说出自己的话，然后毁灭。动物们让他祝福自己并说出 Finis operis［行为的客观目的］："就这样——扎拉图斯特拉的没落结束了。"扎拉图斯特拉没有再回复动物们。讲述者报道说，他没有听到它们沉默了。他再一次与自己的灵魂交谈。他在思索。我们并不知道，从什么时候开始他就不再听动物们说话了：他是何时回撤入自身的？是在它们将他规定为永恒轮回的教师的时候吗？或者是在它们勾勒教义的时候？或者在它们开始为他宣讲临终演讲的时候？我们同样不知道，他是否会与动物们向他预言的东西相应。我们既没有看到他教授过动物们的学说，也没有见证他的没落。就同一者的永恒轮回的构想而言，我们有着一种"极为相似的东西"连接着扎拉图斯特拉和动物们，可"最小的裂隙"又构成了最大的区别。扎

是要死的。／然则我缠绕于其中的因果之结是轮回的——它将把我重新创造出来！我自己就属于永恒轮回的原因。"第 6－7 节作为动物插入演讲的第 16－17 节，同时构成了插入演讲的结尾："我说我的话，我为我的话而心碎：我永恒的命运如是意愿——，我作为宣布者走向毁灭！／现在，没落者为自己祝福的时辰到了。就这样——扎拉图斯特拉的没落结束了。"III，13.2，55－61（276－277）。——临终演讲的第 5 节（III，13.2，59）的第一个版本更清楚地表达了动物的视角，对于扎拉图斯特拉之为永恒轮回教师的使命而言，动物的视角具有规定性："——作为向人类如此讲话的教师：'我教授并向你们展示超人'——否则你们如何承受我的轮回学说呢！" KGW IV 4，页 519。

拉图斯特拉会相信动物们所相信的东西吗？而动物们会相信这个学说的目标受众所应当相信的东西吗？如果动物不仅为整体上的生命发言，如果蛇和鹰，"最明智的"和"太阳底下最骄傲的动物"，尤其代表着扎拉图斯特拉的明智和骄傲，那么我们能够推断，是明智在劝说扎拉图斯特拉教授永恒轮回，以防止他再次陷入厌恶，并且平息意志的憎恶；而他的骄傲也赞同明智所作的劝说，因为扎拉图斯特拉的学说实现了双重"永恒化"：克服了高贵者之厌恶的高贵者被永恒化了，放下求知的权力意志问题的求知者也被永恒化了。但是，扎拉图斯特拉和他的动物们并非一回事。他的思想既不受他的明智也不受他的骄傲所支配。[59]

一直到第三卷结尾，扎拉图斯特拉都没有再跟人或动物说任何一句话。他没有作任何作为永恒轮回的教师登场的准备。相反，在他的鹰和他的蛇赋予使命之后，我们听到他说的第一句话中，他声称自己教给了他的灵魂一些东西，把一切都给了它。[152] 最后一组三篇演讲中的第一讲（III, 14），与第一组三篇演讲中的最后一讲（III, 4）和中心一章（III, 9）一样，都以一个强调性的"噢"开篇。在"噢，我头上的天空"和"噢，孤独"之后，"噢，我的灵魂"补足了自我理解三部曲。扎拉图斯特拉全然转向了自身的灵魂。[60]他为自身灵魂所描绘的图像被渴望所烙印。已然出现于这一章

---

[59] III, 13.2, 40 - 42（动物们的第三段演讲所包含的三节）、43 - 44（扎拉图斯特拉的第三次回复所包含的两节）、45 - 61（动物们的第四段演讲所包含的17节）、62（275 - 277）。III, 12.30, 2（269）。前言, 10, 3（27）。参看本书页100。

[60] "噢，我的灵魂，我已教你说'今日'犹如说'往后'和'往昔'，教你跳自己的圆舞，超越所有的'这里''那里'和'远处'。"III, 14, 1（278）。第三卷第14章共有32节，其中的第16节以"噢，我的灵魂"开篇

标题之中的巨大的渴望，一方面将我们带回充盈的渴望，带回他所以为的想要赠予的溢流渴望，带回扎拉图斯特拉在全书第一篇演讲中曾表达过的渴望；另一方面，将我们带回了对于完满的渴望，对于登峰造极的事件以及胜利中的没落的渴望，扎拉图斯特拉在被赋予使命之前一章曾表达过这种渴望。为［表达］这种对于完满的渴望，第三卷第14章引入了葡萄藤的隐喻，葡萄藤"为幸福所挤压"，奔向"带着金刚石似的剪刀等着收割的"葡萄农。扎拉图斯特拉也跟自己的灵魂描述葡萄农，先后将之描述为"那金色的奇妙之物""那自愿的小船及其主人"，以及"伟大的解救者""无名者"，"唯未来之歌方能为之找得到名称"。神被唤起了，可狄奥尼索斯始终未被提名，一如全书当中那样。阿里阿德涅也同样如此，在誊清稿中她的名字还成了标题。此两者，狄奥尼索斯和阿里阿德涅，都被扎拉图斯特拉纳入"论大渴望"（III, 14）一章所描述的内心对话中。他们是未被提名的对谈位格（Personae），在对谈中扎氏只让阿里阿德涅在中心两节发了一次声。在他承认自己是其充盈的原因、承认自己作为赠予者向接受者赠礼之后——"噢，我的灵魂，我已把一切都给了你，我的双手因为你而空空如也"——，她"微笑并满怀忧郁"地回答，答复联系着扎拉图斯特拉在"夜歌"中的自我反思："我俩当中谁该感谢？——/——难道赠予者不该感谢接受者的接受吗？赠予难道不是一种必需吗？而接受难道不是一种——怜悯？"[153] 赠予和接受之间的裂隙，从一开始就规定了扎拉图斯特拉对人类的爱，推动着从前言一直到"正痊愈者"章（III, 13）的剧情，这种裂隙能够在囊括了这两种位格的统一中被扬弃。因此，

有关第三卷的对称结构，参看本书脚注116和126。请注意本书页120 - 121。

在他的灵魂所作演讲的最后一节，在他作为他的"最后之物"敦促灵魂歌唱、向他歌唱、为他歌唱之后，扎拉图斯特拉知道以冷静和泰然的姿态作答："我叫你歌唱，说吧，你说啊：现在我俩当中谁该——感谢呢？——可更好的情形是：你为我歌唱，唱啊，噢我的灵魂！并且让我来感谢！"赠予和接受只要没有指向外部，就不会冲破统一。这也适用于渴望，就其被狄奥尼索斯和阿里阿德涅所规定、被思考为内部关系而言。⑥——扎拉图斯特拉还能给予他的灵魂的"最后之物"，是请求灵魂为他歌唱，这之后，第三卷剩下的只还有灵魂的或者他的歌曲。其中的第一曲，"另一支舞曲"（III，15）不仅仅通过标题——这一章的标题是全书标题中唯一的"重复"——促人将之与第二卷的舞曲相比较。正如"舞曲"（II，10）构成了"夜歌"（II，9）和"墓歌"（II，11）之间的中介，位于第三卷第6章和第16章之间的"另一支舞曲"也构成了第三卷三首歌曲的当中一首，只不过这三首歌曲并不像之前三首那样容易被辨认为三部曲。第一组三部曲直接将哲人与神、人并列。在第二组中，扎氏首先歌唱他的幸福，末尾歌唱他对永恒的爱。无论是在第一组还是在第二组三部曲中，扎拉图斯特拉与生命的对话都位于中心位置。这双重对话的突出位置也附带地通过两首舞曲的反向结构得到了强调。在"舞曲"中，第一和第三段构成了框架的叙述和面向听众的演讲，环绕着真正的舞曲；而"另一只舞曲"既没有框架性的叙述，也没有

---

⑥ III，14，9–15、16–17、18–19、23–29、31–32（279–281）；参看 III，4，24（209）；III，12.30，1 和9，5（268–269）。前言，1，2–12（11–12）。III，12.1，2–3（246）、12.3，9–13（249）。有关阿里阿德涅，请注意脚注73。尼采用"论大渴望"替代了"阿里阿德涅"来作标题，并且没有在任何地方点名提及狄奥尼索斯，有关理由，参看本书页14。

听众，第一段中真正为舞蹈而唱的歌，与第三段中的歌唱"噢，人啊！留神啊！"[154]包围着与生命的对话。扎拉图斯特拉在第三卷第15章的歌唱，用了与第二卷第10章的中间一段开头同样的话来开篇："新近我曾观入你的眼，噢，生命。"不过紧接着的下一句并不是："并且我感到在那儿沉入深不可测之物了。"取而代之的是："我看到在你的夜眼里金光闪闪——面对这种欲乐，我的心是宁静的。"稍后，扎拉图斯特拉用二十节写成韵文的生命颂歌，取代了第二卷第10章中的二十节对于重力的精神的嘲讽之曲。生命不再向扎拉图斯特拉显现为深不可测的。他在这期间已然为生命写作了诗篇。扎拉图斯特拉带着对于自身的反讽性距离，为无拘束的生命的多姿多彩吟诵了一支有韵的曲子，这支曲子开启了第二段的严肃对话。[162]在"舞曲"（II，10）和"论自我超越"（II，12）两章之后，生命第三次也是最后一次开口说话。生命从共同点开始，尤其强调了联结扎拉图斯特拉和她的特别之处："我们两人是真正的既不为善也不

---

[162] 真正的舞曲共有二十节韵文，结束于对"老妇人"（I，18，33）那句著名建议的游戏式听从："你应当按照我的鞭子的节拍，为我舞蹈，为我叫喊！我可没有忘掉带鞭子吧？——没有！"（III，15.1，25）在第2部分的开头，生命化用了一句叔本华的话来回答："噢，扎拉图斯特拉！不要把你的鞭子拍打得如此可怕吧！你一定知道的：喧闹扼杀思想——而我刚刚着了十分温柔的思想呢。"（III，15.2，2）1882年5月，就在写下"论老妇和少妇"（I，18）之前几个月，尼采在卢塞恩的一家照相馆设计了一张鲜活的照片。照片中有一辆两侧有栅栏的马车，他和保罗·李（Paul Rée）站在车杠旁，莎乐美（Lou von Salomé）坐在车上并且手里举着鞭子。这张照片游戏性地化用了一个有着千年传统的图像表现主题"费利斯骑在亚里士多德的背上"（Phyllis reitet auf Aristoteles），在这个图像传统中，鞭子是女性的一个特征。参看 Ludger Lütkehaus 在《尼采、鞭子和妇人》（*Nietzsche, die Peitsche und das Weib*，Rangsdorf，2012）一书中所收集的那些插图。

为恶的人。在善与恶的彼岸，我们找到了我们的岛屿和我们的绿草地——只有我们俩！"生命将扎拉图斯特拉在"日出之前"判给整全的东西判给了扎拉图斯特拉。然后，生命进而反驳了扎拉图斯特拉在第二卷的舞曲中的核心论述，即他"从根本上"只爱生命，不爱智慧：生命和扎拉图斯特拉并不"从根本上"相爱。[155] 生命坦言，在她对扎拉图斯特拉的爱意中，有着对于智慧的"妒意"，在最好的情形中，扎氏爱智慧胜过生命。*"在最好的情形中"，因为生命反过来是因为爱智慧而爱扎拉图斯特拉。生命直言不讳地宣称："一旦你的智慧离你而去，啊！我的爱也会迅速离你而去。"生命和扎拉图斯特拉不仅共有一块名为善恶的彼岸的"绿地"，而且都共同地朝向智慧。当两者着眼于智慧而相爱的时候，他们彼此相安无事。而智慧看起来与生命极为相似，容易被混淆——"舞曲"揭示了这一点。最终生命"轻声"地说，她怀疑扎拉图斯特拉的忠诚："我知道，你正想着要快快离开我呢。／有一个古老的、重而又重、声音低沉的钟：它在夜里嗡嗡作响，一直传到你的洞穴上——／——如果你听到这口钟在午夜报时，你就在一响与十二响之间想到这事——／——噢，扎拉图斯特拉，我知道，你想着要快快离开我呢！"生命在第三次答辩的时候，既没有谈论嫉妒，也没有谈论智慧。她看到的不忠，回应了钟声对于来自人类世界的先知所作出的呼唤。当扎拉图斯特拉想着要快快离开生命，那是由于他念着自己的使命，信仰没落中的完成，以及对于一个自身之外的事件的渴望。扎拉图斯特拉承认了这种念想或意愿："'是的，'我不无迟疑地答道，'但

---

* [译注] 在与扎拉图斯特拉的对话中，无论"生命"还是"智慧"都是女性形象，在德文语法中，"智慧"是阴性，"生命"却是中性。中译都用"她"来对译对这两者的指代。

你也知道——'"生命当知道什么,他向之"耳语",向"她"耳语。简短插入语的结尾只说给她听。我们听不到的那些话表达着他的爱慕和肯定。这些话属于爱者。这是扎拉图斯特拉在对话中仅有的一次发言,生命的回答为"另一支舞曲"的谜语设定了狭窄的界限。显然,为了强调他的爱与忠诚,他向"她"确保:我将向你回返。或者:我将回返,你亦如此。因为生命说,这也是生命所说的最后一句话:"噢,扎拉图斯特拉,你知道这个?没人知道的。"生命表现了自身最好的一面。"她"把扎氏向自己提供的信仰安慰看作他的爱意的见证。她在无知之知中保持着自己的智慧。她的怀疑使得她可以对任何一种为她构想的教义保持距离。因此,我们不会惊讶于,在最后一幕[156](生命和扎氏相互注视,望着"绿草地",一起哭了起来)之后,听到扎拉图斯特拉说:"但当时,生命于我是更可爱的,胜于我所有的智慧。"[163]

尼采用最后一首扎拉图斯特拉为自己唱的歌来给第三卷的结尾封印。这是第六首歌,如果我们把"噢,人啊!留神!"(在第四卷中作为"扎拉图斯特拉的轮唱曲"复返)单独看待,那就是第七首曲子。和第三卷含有歌曲的其他两章一样,最后一章也有一个彰显其独特性的标题:如果说"在橄榄山上"(III,6)是扎氏歌曲中唯一的一支在标题中没有被标识为歌曲的歌曲,而"另一支舞曲"(III,15)是唯一明确指向之前章节的一章,那么"七封印(或:肯定和阿门之歌)"(III,16)就是全书中唯一的拥有两个标题的一

---

[163] III,15.1,1-4、5-25;III,15.2,2、3、4-6、7-11、12-13、14(282-285)。II,10,11-30(140-141)。II,10,11-30(140-141)。II,12,27-36(148-149)。III,4,25(209)。参看本书页69-71,76-77和122-123,以及脚注128。

章。歌曲的第二个标题回指向要害演讲"日出之前"(III,4)的核心处,第一个标题则与路德圣经的第六十六卷暨最后一卷《约翰启示录》形成对照,正如第三卷第 6 章的标题要和耶稣的末世论相比较一样。主标题预告了我们在第三幕终结处所遭遇的谜语般的结尾,并且反映了歌曲的结构:分为七部分,每部分七节,其中第 5、6、7 三节又重复七次。这三节重唱句七度呼吁复返,七度三重呼吁永恒,这些重唱句包含了扎拉图斯特拉对于永恒的七度示爱,七度宣布了他对于"诸环中的婚礼之环"的渴望,并且七度保证:除了永恒,他从来没有找到想要与之生孩子的"女性"。无论是示爱,是对于婚礼之环的渴望,还是想要与之生孩子的意愿,所有这些都不适用于一个有别于生命或归属另一个世界的"女性"。对永恒的一再庆祝乃是一种判断。扎拉图斯特拉的渴望、意志和爱所朝向的是这个生命、这一个生命、他自己的生命,重唱句[157]则为之打上了永恒的品质确认。在过渡到"肯定和阿门之歌"当中的永恒时,发生的不是主体而是一种名称的转换,扎拉图斯特拉对于"另一支舞曲"中的生命所做的回答分为两截,这是第二截*,他向"她"耳中私语的爱的见证得到了七度三重确认。与此相合的是,扎氏在此前十三节已然强调性地谈论他的"孩子们",并且声称自己"拥有"他们。无论"拥有"意味着什么,无论其中有多少愿望或渴求,永恒之子嗣都是他的生命的一部分。[164]——"肯定与阿门之歌"用七段诗句

---

*[译注]原文 elliptische 意为椭圆,即扎氏对生命的回答有两个而非一个中心点。此处采取意译。

[164] 措辞保持不变、只在标点上略有差异的三节是:"噢,我怎能不为永恒、不为诸环中的婚礼之环而热血沸腾——那轮回之环!/除了我爱的这个女人,我还从来没有找到过一个女人,是我想要跟她生孩子的:因为我爱你,噢,

来对扎拉图斯特拉的生命说肯定,对整全说阿门。(1)第一封印谈及"预言家""预言的精神"和"预言的光芒"。这唤起了对于先知的未来指向的回忆,也证明了为预备使命而长久孤独的合理性:"而且真的,谁有朝一日要点燃未来之光明,他就必须作为重重的风雨久久地盘桓于山间!"(2)第二封印所关系到的是毁坏者,其愤怒"破碎了坟墓,移走了界石,使老法版破碎后滚入陡峭的深谷"。这让人想起革命者及其对一个陈旧传统、对"腐朽辞藻"和"陈旧墓穴"的克服。歌唱者还提到,"如果天空以纯净的眼睛望穿了它们的破屋顶",那么"即便是教堂和上帝之墓"也是他所欢欣和喜爱的。(3)第三封印赞美"创造的气息",赞美"那甚至要迫使偶然性跳起星之舞的天国之必需",赞美行动之雷"顺服跟随"的"创造性闪电的笑声"。它展示了一位在与其同类的竞赛中面向大地的创造者:扎拉图斯特拉带着[158]"创造性的新言辞和诸神的投骰"作为一位神灵参与世界的游戏。⑯(4)第四封印庆祝完全混合了万物的赫拉克里特式搅拌壶中流出的饮料。扎拉图斯特拉作为地上的真盐中的"一粒"被置于中心。毁坏者和创造者作为催化剂,将"最遥远之物"带向"最切近之物",把"火"带向"精神",把"快乐"带向"痛苦",把"最糟糕者"带向"最和善者",作为酵素联

永恒!/因为我爱你,噢,永恒!"III,16.1,5-7;16.2,5-7 等等(287-291)。III,4,19(208)。III,3,20-21(205);参看本书页 119-120。《约翰启示录》5:1。——关于名称的转换,朗佩特(Laurence Lampert)评论说:"'永恒'是扎拉图斯特拉想要生命采用的名字。作为一位新娘,生命从她的丈夫那儿得到了一个新的名字。"*Nietzsche's Teaching: An Interpretation of* Thus Spoke Zarathustra, New Haven, 1986, p. 240。

⑯ 第三节诗,第三封印在誊清稿中的标题起初是狄奥尼索斯,后来才被尼采划去并代之以数字 3。*KGW* IV 4,页 543。参看本书页 153 和脚注 161。

结了善与恶。(5) 第五封印则懂得报道扎氏的"寻求之乐","它向未发现之物扬帆驶去",并且当大海"愤怒地悖逆"之时,最为喜爱大海。这将目光转向了驶往开放大海的哲人。此刻,统治性的意见和确定性被拒斥了,因为航海者向自己呼喊道:"海岸消失了——现在我掉了最后的锁链。"(6) 第六封印强调了大笑的权能能将"一切的恶"解放至其自身的圣福。它宣告了新的"开端与终结",这新的"开端与终结"当能战胜重力的精神:"一切重者都要变轻,一切身体都要变成舞者,一切精神都要化为飞鸟。"(7) 第七封印让爱者"带着自己的翅膀"升入"自己的天空",凭靠自己"入于深深的光之远方"的想象力,在游戏中达至飞鸟的洞识。它说出了"飞鸟的智慧":没有上面,也没有下面;轻盈者如其所愿地将自身投向周围、投出去、投回来;它应当歌唱,不再言说,因为一切词语都向它说谎。与这种苍穹的"智慧"相应,重唱曲之前的歌曲的最后一句、扎拉图斯特拉能够说出的最后的话是:"别再说了!"[109] —— 当动物们跟扎拉图斯特拉说,他不该再说话,他们是在向一位正痊愈者建言。它们让他歌唱并用新的歌曲救治自己的灵魂,待他治愈从而能够担负起使命,做"永恒轮回的教师"。"七封印"中的扎拉图斯特拉是一位正痊愈者吗?或者一位已痊愈者?[159] 他对自己说:"唱吧!别再说了!"是为了全然康复?或者他超越了所有

---

[109] III, 16.1, 1-4 (287)。III, 16.2, 1-4 (288);参看 II, 19, 15-32 (173-174);II, 4, 18 (118)。III, 16.3, 1-4 (288-289);参看本书页 58-59 以及脚注 66。III, 16.4, 1-4 (289);参看《马太福音》4:13。III, 16.5, 1-4 (290);参看 III, 12.28, 4-5 (267) 和 III, 2.1, 2-5 (197)。III, 16.6, 1-4 (290);参看《约翰启示录》1:8,并参看本书页 33 和 43。III, 16.7, 1-4 (291);参看 III, 11.2, 1 (242) 和 III, 13.2, 14-17 (272-273)。

的言说、教诲和宣告？如果我们假定，"肯定与阿门之歌"并无治疗性的目的——这一章的标题、结构和内容都给我们理由作如是假定——那么我们就面对着一个开放性的结尾。[161]我们不知道，扎拉图斯特拉将选择哪条道路。不知道他是否会实现自己第三次下降的预言，是否要以自我献祭的方式在人群中完成他的使命；抑或，他是否会作为已痊愈者满足于自身并持留于山上洞穴的孤独。从先知和革命者的未来张力，到舞者和飞翔者的大笑，七部分诗句运行其间，这种运动并没有表明，扎拉图斯特拉仍然被一种于他而言"最难以承受之物"所规定；并且，"飞鸟的智慧"不区分高低、拒绝一切界石、放弃词语、庆祝自由和轻巧，这种智慧无法期待一位先知、立法者或宗教创始人的出场。第三卷结束于那个老谜语和一个新问号。是一，还是二？

---

[161] 在前三卷中，"七封印（或：肯定与阿门之歌）"是唯一一没有出现"扎拉图斯特拉如是说""扎拉图斯特拉如是歌唱"或这种强调公式的某种变形的一章。讲述者保持了全然的沉默。

除了游戏，我不知道如何与伟大的使命相处。

尼采：《瞧这人》

第四卷

[161] 尼采所宣告的悲剧在"第四卷和最后一卷"中并未终结。只要扎拉图斯特拉还执着于他的人类之爱，还希望着登峰造极的、他的功业在其中达至顶峰的事件，只要他还被这种希望所规定，那么悲剧就还在继续。第三卷的结尾看起来仿佛化解，结果证明并不是。已然痊愈的扎拉图斯特拉显然并未自足。不过他也没有打算下山，尽管他曾如是预告。当"生命"猜测，扎拉图斯特拉很快就要离开她的时候，"她"犯了错误。第四卷的第一句话拾起第二卷开头的线索，间接地报道说："——岁月又流过了扎拉图斯特拉的灵魂，他都未曾注意到；但他的头发已经变白了。"在"肯定和阿门之歌"之后，扎氏并未走向人群，去实现他的使命。他变成了一个老年人，没有向任何一个人教诲永恒轮回。他暂且看来并未准备好说出他的"话语"，并且砸碎。长久以来纳入眼帘的牺牲推迟了一年又一年。如果最终牺牲还是发生在他头上，那么牺牲的意义，比如对于一位七十岁的人来说，是不同于一位三十三岁的人的。扎拉图斯特拉的推延是他选择的方法，用来削去悲剧的尖峰，让原则上不可调和者在实际上相互接近？可如果一位哲人还没能澄清一种原则性的冲突，还不知道如何成为自身的道德冲突的主人，那么还能在他

身上谈论悲剧吗？无疑，戏剧的第四幕［162］必定将成为喜剧。⑱
——讲述者让我们听到了扎拉图斯特拉与他的动物们的第二次也是最后一次交谈，这次交谈构成了开篇。［163］和之前在"正痊愈

---

⑱ 在1885年2月14日致彼得·加斯特的信中，尼采曾将第四卷标识为"或许无法付印的"，并称之为"一个'渎神的行为'，以一位丑角的情绪抒写而成"（*KGW* III，页12），这一卷曾让许多读者感到陌生或惊慌，让一些解释者陷入尴尬境地。特别是对于那些确信扎拉图斯特拉就是永恒轮回的教师的读者，对于那些确信他的权力意志就是求统治的意志、求塑造世界的意志、求立法的意志的读者而言，第四卷是该被忽视的，是一种对"真正"著作（第一到第三卷）的偏离，因而有待另行处理。可事实上，尼采在结束第二卷的时候，在完成全部计划的一半的时候，已经在谈论这本书的第四卷以及全书后来的篇幅（1883年8月底致彼得·加斯特的信，1883年11月9日致弗朗茨·奥维贝克的信，*KGW* III 1，页443和455）。尼采在1885年4月自掏腰包，让第四卷以私人印刷品的形式问世，仅印了45份；[他之所以这么做，]首要的原因在于，前三卷销量很小，每卷只卖出几十本，所以他找不到愿意印刷续集的出版商。1886年，尼采在《善恶的彼岸》封底公布了第四卷的存在："前述著作的第四卷也是最后一卷，完成于1885年初，迄今未交付给书商。"1886年为新版《悲剧的诞生》所作的前言，《自我批判的尝试》以"论高等人"章（IV，13.17，5；13.18，1－3；13.20，7）当中的五节作结，并且附上引文的来源说明：《扎拉图斯特拉如是说》，第四卷，页87（更准确地说，是页87和89）。并且即便在《瞧这人》中，对《扎拉图斯特拉如是说》的处理悄然略过了第四卷，作者仍然留心在第一部分第4节提起它，从而唤起读者对于这一卷的好奇："我曾经虚构了一种情形作为'扎拉图斯特拉的诱惑'，在此情形中，一种尖厉的呼救声传到那里，同情犹如一种最终的罪恶向他袭来，使他想背弃自身。在这里保持主人的地位，面对十分低级和短视的原动力（它们是在所谓无私的行动中起作用的）纯然保持其使命的高度，这乃是扎拉图斯特拉要经受的一种考验，也许是最后的考验——是他真正的力量证明……"（页270－271）他后来让加斯特重新收回赠送给朋友的很少的几本，从而让这部著作"在几十年的世界历史危机之后"才重又被编辑出版（1888年12月9日的信，*KGW* III 5，页514－515），在如此显著地指向第四卷之后，他的这一作为可用来提升对这卷书的颠覆性部分的兴趣：*Nitimur in vetitum*［我们追求被禁止之物］。

者"章（III，13）中一样，在"蜜之献祭"（IV，1）中，对话仍由动物们发起，并且这一次它们也总共发言四次，只不过交流显然有着另一种品格，也要短得多。无论从哪个角度来看，第四卷第1章的闹剧都与第三卷第13章的呼召场面形成对照关系，闹剧的场景并非扎氏洞穴中的病床，而是发生在野外光天化日之下。扎拉图斯特拉坐在洞外的一块石头上，目光"越过蜿蜒的深谷"，望向大海。动物们看起来还一直在关心扎氏的福乐和痛苦。唤起它们注意的不再是他的厌恶，而是他的渴望："噢，扎拉图斯特拉，你大概是在守望自己的幸福吧？"自从动物们教诲扎拉图斯特拉发表死亡言说而没有得到回应之后，我们从它们口中首先听说的是对于扎拉图斯特拉的幸福的追问。这一次，答复并未缺席："幸福算得了什么啊！我早就不再追求幸福了，我追求自己的功业。"英雄主义的姿态初看上去可能会让人忽视，细察之下却是强调了，扎拉图斯特拉的答复与开篇处他向太阳致辞已然透露的幸福观全然吻合。那时，先知不能满足于自己的孤独，他误以为自己的智慧在向外溢流并因此而感厌倦，他的不满足和厌倦都反映在他向"伟大的星球"所作的成问题的呼求当中："倘若没有你所照耀之物，你的幸福又会是什么啊！"扎拉图斯特拉又回到了之前的观念，正是这观念促使他下定决心"重又成为人"，也正是这种观念将真正的幸福联系于功业、影响及为他人而存在。他将真正的幸福置于未来，托之于希望，使之成为一件渴望之事。对于完成的渴望和对于充盈的渴望由此而汇流于一处。因为扎拉图斯特拉坚持认为，幸福当中不能有缺憾。幸福还应当是沉重的，逼迫着他，不想离开他，"仿佛熔化了的沥青一样"粘着他。在动物们——被他第三次也是最后一次称为"爱开玩笑的家伙"的

动物们答复之后,他放弃了用沥青的隐喻*来形容他当下的幸福:
"噢,扎拉图斯特拉,是不是因为这样,尽管你的头发可能看起来是白色的和亚麻色的,但你自己却变得越来越黄和黑了?看啊,你坐在自己的沥青中了!"扎拉图斯特拉作了自我修正,转换了话语序列,从对于充盈的渴望[164]转向了对完成的渴望。"我身上发生的事,也发生在所有成熟的果实上。正是我血管中的蜜使我的血变得更浓,也使我的灵魂变得更宁静。"动物们满足于一句简洁的"是会这样的"。它们没有提醒他想起自身的使命。而是鼓舞他和它们一起攀登一座高峰。"空气纯净,而且今天能比从前任何时候都更多地看清世界。"扎拉图斯特拉采纳了建议。不过,他并不满足于在山上观望世界。登山当有一个实际的目的。他指示他的动物们备好蜂蜜:"让我拿着黄的、白的、美好的、冰凉的金色原蜜。因为你们知道,我要在那上面作蜜之献祭。"当他们一起登上了峰顶,他就让动物们先回家去。在第三卷第13章中,他的使命所要求于他的至少是献祭自己的生命,而现在使命的委托者们成了家仆;扎氏交给它们的任务是为一次想象中的献祭寻找材料,这样一来,当它们尽了职责之后,好重新打发它们回家。进而,当他确信自己已然独处的时候,他开始"全心地"大笑:"我说到祭品,而且是蜜之祭品,这只不过是我讲话时耍的一种狡计而已,真的,且是一种有用的愚蠢呢!在这上面,比起在隐士的洞穴和隐士的宠物面前,我可以更自由地说话了。"扎拉图斯特拉对驼背者说的话不同于对学生说的话,对学生说的话又不同于对自己说的话;不仅如此,与对象[身份]相应的言说和沉默、启蒙和遮蔽、引导和误导也适用于他和自己的动物的交往,讲述者

---

*[译注]德语中 Pech 在"沥青"之外,还有"不幸"的意思。扎拉图斯特拉则颠倒了习俗印象,用沥青来形容他的幸福。

后来还称呼这些动物为"扎拉图斯特拉的尊贵动物"。在第三卷第13章，鹰和蛇声称自己知道谁是扎拉图斯特拉、他应当是谁，而在第四卷第1章，它们自愿带来了一种新的宗教崇拜所需之物。通过它们在其中发言的两章，可以看出，它们同样容易接受教义和 Pia fraus［高贵的谎言］。当它们在第三卷第13章宣布了扎氏是永恒轮回的教师之后，扎拉图斯特拉在第四卷第1章中将它们贬为隐者的宠物。他所喜爱的不是驯良的家畜，而是"吼叫的熊"和"恶毒的鸟"。他心里想的是拿蜜作诱饵。他并不想要向任何人献祭，他也没有献祭任何东西的必要。"我挥霍我所接受的馈赠，我这个千手的挥霍者啊：[165] 我如何还会把这个叫作——献祭呢！"当他成为真正的钓人者，将自己的幸福作为诱饵抛出，从而用他的真理的"金钓竿"引诱最为奇异的人类之鱼，让他们咬住，将他们拉升至他的高度，这时情况也是如此。为了在最深的深渊垂钓而登至最高，这是一幅古怪的垂钓者画面——"可曾有人在高山上钓鱼？"——扎拉图斯特拉将这幅古怪的垂钓者画面与他的一个简洁的自我规定联系了起来，以此回应了家畜对他的规定："因为我从骨子里自始就是这种人，牵引着、引过来、引到高处、拉起来，是一个牵引者、培育者和培育大师，我有一次曾不无道理地对自己说：'要成为你所是！'"扎拉图斯特拉承认自己是这样一位教育者，当他向自身牵引，他也在培育自身。他要成为自身天性的确定者。⁽¹⁶⁹⁾—— 即便在他相信自己

⁽¹⁶⁹⁾ IV, 1, 1–14 (295–297)。前言, 1, 2–5 和 11–12 (11–12)。III, 14, 23 和 28–29 (280)。IV, 19.2, 3 (397)。有关 IV, 1, 10 中的"金钓竿"，请参看 II, 10, 12 和 22，以及脚注 75。源于第二首《皮托凯歌》的这句品达引语［即"要成为你所是"］对于总结性的双子著作《瞧这人》和《敌基督者》具有重要意义，有关这句引语，可注意《快乐的科学》186、270、335 和 338（页 503、519、563、567–568）。参看本书页 26–27、34–35、78、101–102、148–151。

独处、没有被窥探和窃听之时,扎拉图斯特拉仍然坚信对于自身没落的预言。自从预言在"论新旧法版"(III,12)得到强调之后,一直没有发生变化的是扎氏持守于等待状态:"我依然等待着那个征兆,昭示是我没落的时候了,而我自己依然没有像我必须做的那样,没落于人类之中。"先知还一直在等着大笑的狮子和鸽群的显现。直到这个事件来临之前,他的使命所要求的行动都可以令他放心地保持悬搁状态。因为扎拉图斯特拉不再说他在等待着自己的救赎。他现在形容自己的等待是"狡黠而嘲讽的"。他现在在相同的程度上超越了不耐烦和耐心,因为现在他不再忍耐,如他针对保罗所谓的爱而强调的那样。他还是"作为一个有着足够时间的人"在说话。不过,并不是作为一个能够跨越或者能够挺住等待时日的人,而是懂得珍惜这一点,仿佛他的"永恒命运"将他"遗忘"了似的,它"没有追赶或压迫他",还让他"有时间去胡闹"。[166] 扎拉图斯特拉的追求有多紧迫呢?他严肃对待的首先是功业还是游戏?最后是未来还是当下?他不愿让自己被混同于一个"因为等待而矫揉造作的气呼呼的人",要将自己区别于那些用"上帝的皮鞭"相威胁的人,嘲笑那些急匆匆者,他们"要么在今天发声,不然就永远不会出声了"。与那些将自己的使命归为上帝的先知们不同,他声称自己和自己的命运有着"时间和过多的时间"来说话。然而,当他为了替自己的确信与泰然作论证,第一次也是最后一次指向扎拉图斯特拉王国之来临的时候,他的说话方式与此前的先知和宗教创始人并无二致,他也谈论必行之事和禁行之事,信仰与希望之应然和期许在其中得到了表达:"因为他有朝一日必须到来,不可倏忽而过。/谁有朝一日必须到来,不可倏忽而过呢?我们伟大的哈扎尔,那就是我们伟大的、遥远的人类王国,扎拉图斯特拉的千年王国

——"并且他紧接着补充说:"这样一种'遥远'可能有多遥远呢?这与我有何相干啊!"然而,无论从哪个方面来看,将以他来命名、他预先确知其有朝一日将创建的未来王国的愿景现在或者过去都和他有关。从"人-海"中为他的幸福赢得最有天赋、最为合适的人选,以此为愿景来激励他达至最高的高峰,这对于他来说仍然不够吗?为了成为他依其本性所能成为的人,他必定得以全部人类为目标,必定得作为先知、立法者和一种新永恒的奠基者而出场吗?[170]

在扎拉图斯特拉于"论背叛者"(III,8)结尾处转离人类世界之后,"呼救"(IV,2)才第一次把他重新带回了与人世的接触。*在献祭闹剧的第二天(第四卷共21章,其中的18章都发生在戏剧上的第二天)[171],我们看到扎拉图斯特拉[167]在"把原有的最后一滴蜜也消耗和挥霍掉之后",和第一天一样端坐在洞穴前面的石头

---

[170] IV,1,15-29(297-299)。III,12.1,1-4 和 12.3,9-13(246,249)。有关 IV,1,16 参看《哥林多前书》13:7。在 III,12.3,9 之后,只有 III,13.2,20(273)提及扎拉图斯特拉的救赎。有关伟大的哈扎尔和扎拉图斯特拉的千年王国,参看本书脚注2;请比较《约翰启示录》20:2、20:10。

* [译注]这一章的标题 Der Notschrei 也可译为"困境中的呼救",从而突出词根 Not [困境]。

[171] 从页数来计算,第四卷是《扎拉图斯特拉如是说》最长的一部分,可从日子、月份或年份来数,则又是最短的一部分。剧情发生在连续三天当中。第四卷和第三卷一样有着对称的构造,尽管结构要更为松散。IV,1:序曲、"蜜之献祭",第一天,在扎拉图斯特拉的洞穴前面,然后在洞穴上方的一座山上。IV,2:前半卷的开启、"呼救",第二天上午,扎拉图斯特拉的洞穴前方。IV,3-9:第一组七篇,第二天上午,扎拉图斯特拉的洞穴下方。IV,10:第一卷的结束:"正午",扎拉图斯特拉的洞穴外面。IV,11:下半卷的开启:"欢迎",第二天下午,扎拉图斯特拉的洞穴里面。IV,12-18:第二组七篇,第二天下午,扎拉图斯特拉的洞穴里面。IV,19:下半卷的结束:"梦游者之歌",第二天午夜前后,扎拉图斯特拉的洞穴外面。IV,20:尾声,"征兆",第三天早晨,扎拉图斯特拉的洞穴前方。

上。这一次他没有遥望大海,而是手里拿着一根木棍,在地上描画出自己的形体投下的影子,并且若有所思,估计是在思考人类的未来呢。当他看到"自己的影子旁边还有另一个影子",他惊悚万分。这是预言家的影子,正是这位预言家曾经预言世界黑暗的到来,喊着"一切皆空,一切皆同,一切皆往!"的口号,曾因此而使他陷入最深的哲学危机。讲述者为了刻画预言家而回忆起第二卷第 19 章中的学说,并采用了扎氏在第三卷第 13 章中所给出的解释,他还在第三处为这个有所改变的版本加上了一个解释性的部分:"一切皆同,没有什么是值得的,世界毫无意义,知识令人窒息。"显然,预言家是扎拉图斯特拉用他的幸福诱饵吸引到的第一只"吼叫的熊"。无论如何,在他几年前离开了"彩牛城"之后,他又向人类说话,而预言家则是人类的第一位代表。和上一次相遇一样,扎拉图斯特拉邀请预言家做他的客人。需要客人谅解的是,"一个快活的老人"(没有再谈论对功业的追求或对没落的渴望)和他"同桌共餐"。预言家用摇头和一个预言来回应他的这个自我刻画:"无论你是谁,抑或你想成为谁,扎拉图斯特拉啊,你在这上面已经很久了——你的船很快就不会再待在陆地上了!""大困境和大苦难的波涛"将漫上先知的山峰,最终将他冲走。洪水高涨,无法再持留于孤独了。经过预言家的提醒,扎拉图斯特拉听见一个"长长的、长长的呼喊"从深处传来,[168] 他相信自己在其中听到了一个人在呼救。在第二卷的开头,仅仅一个梦就足以让扎拉图斯特拉急切地向幸福岛上的门徒奔去,他眼见自己的学说处于危险之中,要去援助;而现在,尽管预言家强烈地将人类的苦难指示给他看,却无法再一次促他"下山":"人类的苦难与我有何相干!那一直为我保留着的最后的罪——你一定知道它叫什么吧?"他向他对面的人如是说。预言家知道答案：同情。因为，如他所承认的那样，他来这里，正是为了引诱扎拉图斯特拉去犯这种"最后的罪"。第四卷的实验设计由此而被命名。问题是：扎拉图斯特拉能否抵抗同情的诱惑，维持自身的高度，还是会和上帝一样死于对人类的同情？尼采放置在第四卷前面的格言为我们预备了这个问题，与之相连的另一个问题是，扎拉图斯特拉是否把"最后的罪"理解为有违自身善好的罪，还是理解为从他的使命来看的罪，也就是说，理解为对他的世界历史使命的干扰和混淆。[172]——当呼喊再次响起，这一次来得更久、更吓人，同时比之前更近了，这时，预言家的姿态也更坚决了："你听到了吗？扎拉图斯特拉啊，你听到了吗？这呼喊是针对你的，它在叫你呢：来吧，来吧，来吧，是时候了，是至高的时候了！"当门徒们在第二卷告诉扎拉图斯特拉，有一个声音在呼喊"是时候了！是至高的时候了！"，他当时感到这个告诫犹如谜语。后来，他把"是至高的时候了！"的呼唤理解为一种敦促，即敦促他离开幸福岛，回到自身。"呼救"包含着相反的敦促。扎拉图斯特拉当放弃生活于孤独，转向人群。他感到"迷茫而震惊"。当预言家告诉他，是"高等人"在向他呼救，——显然，高等人现在成了扎氏学说的言说对象——[169]他也大叫起来，"被恐惧所攫住"："高等人！他想要从这里得到什么！"先知距离自己的使命得有多远，才会在得到呼应的时候

---

[172] 本书脚注168中所征引的尼采后来的表述推延了［回答］最重要的问题，这个问题与《瞧这人》中所展开的论证相应。——IV, 2, 1-5（300-301）；参看 IV, 2, 25（303）。II, 19, 2（172）。III, 13.2, 31（274）；参看III, 12.16, 2 和 8（257-258）。尼采为第四卷所选取的格言引自"论同情者"（II, 3, 34-37），这几节是全书中影响最大的段落之一。请注意本书页58-59以及脚注66。

感到如此恐惧和战栗？预言家进一步增强了压力。他联系了哲人用来作为诱饵的幸福。"扎拉图斯特拉啊，你不要傻站在那儿，像一个被幸福搞晕的人：你必须跳起舞来，方不至于栽倒在地！"他在呼喊"是时候了"的时候，已然影射了扎拉图斯特拉向民众所作的演讲，现在他再一次回指向那些最初的演讲，"人们也称之为'前言'"："没有人可以告诉我：'看啊，这里跳舞的是最后的快乐的人！'"预言家并不止于把最后的快乐的人的舞蹈与人类的困境与苦难相对照。他最终否认了还有任何地方可以找到快乐。即便在山顶上的哲人这儿也找不到。如果说扎拉图斯特拉的诱饵吸引了他，那么，吸引他的并非哲人的幸福，而是丑闻："幸福——人们怎能在这种被掩埋者和隐士那里找到幸福呢！难道我还必须在幸福岛上，进而在被遗忘的大海之间寻求最后的幸福吗？/然而，一切皆同，没有什么是值得的，任何寻求都无济于事，也不再有什么幸福岛了！"直到现在，当预言家面临他以前的宣告，变换着从前的说辞，扎拉图斯特拉才重新镇定下来："不！不！决不！"他"以坚定的声音"喊到，并且捋了捋胡子，像在第二卷第 19 章中理解了"发生的一切"时一样。"这事我更清楚了！幸福岛还是有的！"扎拉图斯特拉知道，预言家的说辞不是真的，因为他知道，幸福是存在的，因此幸福岛也是可以存在的：这里所谓的幸福岛不必等同于扎氏与预言家第一次相遇的那个同名的岛屿。"高等人"不再让他感到恐惧。他要到林子里去寻找高等人，他感到呼救的声音是从那里传出来的。"也许有一只凶恶的野兽正在逼近他。/他在我的领地里面：他在其中不会对我造成伤害！而且真的，我身边有许多凶恶的野兽。"扎拉图斯特拉讲起话来，并不像一个被人类的苦难所侵袭并出于同情而行动的人。他看起来毋宁像是一位统治者，在自己的领域主张他的管辖权，他了解自己生活中所包含的危险，并且为那些进入他的势力范围的人提供庇护。[170] 扎拉图斯特拉要动身离开，预言家将之解释为扎氏对其真理的逃避，并且宣布要在洞穴里等他。扎拉图斯特拉回应说，他俩晚上在洞穴里会有好事发生，并且作了一个预言，而这个预言的真假在当天就能得到验证："你自己要为我的歌曲伴舞，做我的舞熊。/你不相信这话吗？你摇头了？好吧！好吧！老熊！但连我——也是一个预言家了。"伟大正午的预言家在挑战大倦怠（der großen Müdigkeit）的预言家——而他挑战时所用的预言却是一个有着喜剧性质的事件。⑬

在寻找"高等人"的路上，扎拉图斯特拉在第一组七篇中，也就是在第四卷第 3-9 章，先后遇见了一组形形色色的人，这些人来到他的国度，并且将和预言家、扎拉图斯特拉、他的鹰和他的蛇一起构成第二组七篇，也就是第四卷第 13-18 章的 Dramatis personae [戏剧人物]：两位国王，一位站在右边，一位站在左边，连同一头驴子、一位精神上有良知者、一位魔术师、最后的教宗、最丑陋的人、一位自愿的乞丐和一位漫游者。所有这九位的共同点是，扎拉图斯特拉都没有从中认出他想要庇护的高等人，并且他们全都受他邀请，到他的洞穴中去等他晚上回来。旧世界要在扎拉图斯特拉的

---

⑬ 第四卷第 2 章的最后一句话"但连我——也是一个预言家了"，令人联想起第二卷第 17 章的一句话"但就连扎拉图斯特拉也是一位诗人"，而这句话宣布了未来主义教义的削弱。但是，与有关诗人扎拉图斯特拉的陈述不同的是，有关预言家扎拉图斯特拉的陈述并没有紧接着扎拉图斯特拉的信仰自白："啊，我是多么厌倦于诗人啊！"或者"真的，我羞于自己还必得是一个诗人！" II，17，8 和 25（163，165）；III，12.2，12（247）。—— IV，2，6-27（301-303）。II，18，2 和 41-42（167，171）；III，3，18（204）。II，19，44（175）。参看前言，5，7 和 12（19）。

庭院中做客，要被带向舞蹈。与预言家的对话末尾处的证词，"可连我也——是一位预言家"，让我们期待着，这个夜间社交圈中的每个人都与扎拉图斯特拉有着某种联系，无论是与之相同还是与之相反，每个人都在自身中携带着他身上的某些东西，或者唤起他身上能够有助于澄清这个问题的要素，即何为扎拉图斯特拉（was Zarathustra ist），他想要成为什么，以及他不想成为什么。⑭——[171]七次相遇中的第一次，"与国王们的谈话"（IV，3），仿佛对应着扎拉图斯特拉的统治热望。因为扎氏所遇见的两位国王就地上的主人当是谁的问题给出了一个答案，这个问题指向那个"必定将要到来"的扎拉图斯特拉的国度。这两位国王"只带了一头驴"上路，他们和扎拉图斯特拉一样要寻找"高等人"。与扎拉图斯特拉不同的是，他们寻找高等人，并不是因为他们相信高等人陷入了困境，而是因为他们希望高等人来帮助他们，因为他们陷入了困境。在扎拉图斯特拉向下看的地方，他们则向上看。当扎拉图斯特拉向国王们解释说，他们位于他的国度和他的领地之中，他们承认，他们在高等人身上看到或者渴望看到比他们更高的人。"虽然我们是国王，我们要把这头驴子送给他。因为最高等的人也应该是大地上最高的主人。"一头驴和一位主人。看来，国王们是扎拉图斯特拉的好学生，他们显然受到有关"诸民之死"（I，11）的说法所影响，并且从他的演讲"论一千个和一个目标"（I，15）中得出了自己的结论。不仅如此，他们还熟知苏格拉底的哲人-王-原理，并且显然愿意以国王的身份承认哲人的优先性："在全部的人类命运中，最严酷的不幸莫过于地上的

---

⑭ 特别容易和他"相混淆"的三个形象在第二组七篇的中心还各自占有一章内容（IV，14、15、16）。参看 II，7，21 和 26（129 – 130）以及本书 63 – 64。

有权势者并非同时也是头等人。在此情形下，一切都变得虚假、扭曲和阴森可怕。"扎拉图斯特拉显得因"国王们"闻所未闻的智慧而感到欣喜若狂，并用渎神的讽刺诗来讨高贵听众的欢心，这些诗句的用意显然在于指出，国王们所带来的驴，并不是给一位耶稣的继任者，而是给其对立面的。⑮——左边的国王苍白地站立一旁，如果不是两人［172］"用一张嘴"说话的话，大体保持着沉默；右边的国王则雄辩地见证到，扎拉图斯特拉自从与大哭的青年对话（I，8）以来所改用的修辞取得了政治影响。他说，扎拉图斯特拉的敌人"在他们的镜子中"所展现的扎拉图斯特拉形象，虽然吓住了国王们，可扎氏仍然用流传开来的格言不断地刺中他们的内心，这使得他们最终不得不来到他这里，来倾听他自己的说法。从扎拉图斯特拉第一次逗留"彩牛城"时所作的演讲中，右边的国王能够脱口而出背诵其中的著名段落。特别打动他的是"论战争与战士"章（I，10）。不过，他也就止步于朗诵和回忆。扎拉图斯特拉可以用演讲吸引国王们来到他的山峰和树林，可他们并不能带来一种根本的转变。在对话的结尾，扎氏断定，国王们如今还剩下的"全部德性"叫作"能够等待"。如果我们能够相信扎拉图斯特拉所说的话，那么这就是他自己几年来所表现的德性。对于右边的国王来说，等待却是一种持留于渴望和厌恶的状态。这对于他来说是困难的，因为他无法

---

⑮ IV，3.1，1、18-28（304，306-307）；有关第1和第22节，参看《马太福音》21:5；有关第28节，参看《以赛亚书》1:21和《约翰启示录》17章；有关第23节，参看柏拉图《理想国》473c11-e2。第23节与"哲人-王-原理"的关联，继续体现在第24节与扎氏"前言"的关联："而且，如果他们［引者注：即地上的有权势者］竟是末人，更多的是牲畜而不是人类：这时候，群氓的价格就会节节升高，到最后，群氓德性竟会说：'看啊，唯有我才是德性！'"

克服自己的厌恶。当扎拉图斯特拉躲在角落听到的第一部分对话进展到中心处,右边的国王喊出了他对于"无赖",对于国王们不得不"在无赖当中表现为头等人"、不得不扮演他们不应得的角色而感到的憎恶:"啊,厌恶!厌恶!厌恶!"这时,左边的国王说他"可怜的兄弟""旧病"复发了。当"正痊愈者"在第三卷第13章回忆起"他的病",对"即便最渺小者也永恒轮回"的展望令扎拉图斯特拉喊出了"啊,厌恶!厌恶!厌恶!",右边的国王所发出的呼喊是那一次呼喊的一次迟来的回声。无论是哪一次,对于伟大的渴望都伴随着对于渺小的憎恶。厌恶"扼住"国王,正如它曾"扼住"扎拉图斯特拉一样。两次所关系到的都是高贵的情感。⑰——如果说第一场相遇反映了扎拉图斯特拉向高贵的宣讲对象所发表的演讲 [173] 带来了怎样的成功与失败,那么第二场相遇就进一步把目光拓展至扎拉图斯特拉的演讲在优先宣讲对象那里所取得的成功与失败。这两次相遇构成为一组。接着两位失去行动力的统治者的是一位远离生命的求知者。扎拉图斯特拉没有留心或顾虑地就靠近了他。他还沉浸在思想中的时候,脚下一绊,踩到了"精神上的有良知者",他遇见了自己的一个漫画形象。⑰有良知者全神贯注于科学,躺在一片

---

⑰ IV, 3.2, 1 – 11 (307 – 308);参看 III, 12.1, 1 – 4;12.3, 9 – 13 (246, 249)。IV, 3.1, 1 – 15 (304 – 305)。有关 IV, 3.1 的核心两节,参看 III, 13.2, 33 – 39 (274 – 275) 以及本书页 146 – 148。有关 IV, 3.2, 2 参看 II, 1, 4 – 8 (105 – 106)。

⑰ 讲述者在开场白中为扎拉图斯特拉与其自身的漫画形象的相遇姿态作了一个姿态性的评论:"但正如每个思索重大事体者的情况一样,他无意中踩着一个人。"IV, 4, 1 (309)。"与国王的对话"章中的驴子的出场,先于"水蛭"章中的漫画形象,这头驴子是扎拉图斯特拉的另一幅漫画形象,它无法不对一切说是,即便"带着恶意"的时候也是如此。IV, 3.1, 27 (306)。

沼泽，"仿佛一条鱼"。扎拉图斯特拉用"蜜"在人-海中垂钓，"蜜"流淌在他的血管，让他的血液变得黏稠，而科学家的追求则只在他的研究对象水蛭身上，他在一个沼泽中用自己那赤裸的胳膊来吸引水蛭。他的动机是确切的知识，他的卓越处，是对自身的残忍。如果说右边的国王满脑子都是"论战争与战士"章中的格言的话，那么精神上的有良知者则用"论著名的智者"中的一句话来承认自己是信奉扎拉图斯特拉的："'精神乃自残的生命'，这句话引导并且引诱我听从你的教导。而且真的，我用自己的鲜血丰富了自己的知识！"有良知者在字面意义上理解他为自己所规定的学说。为了合乎"扎拉图斯特拉这个伟大的良知之水蛭"的要求，他献出自己的鲜血。不过，他的研究目标并非如扎拉图斯特拉一开始所猜测的那样是对水蛭的认识，在他看来，研究水蛭是"一件无比艰巨的事"，是他干不了的。"我所掌握和熟知的，不过是水蛭的头脑——这就是我的世界！"他的骄傲在于在这个领域没有人比他强，并且当他如是向自己呼喊，他自认为自己与自身的榜样最为和睦："宁可成为一个依赖自身努力的傻子，也胜过成为一个由他人判断的智者！"精神上的有良知者要彻底探究一件事情，无论它"被称为泥潭还是天国"。[174] 对他来说，世界缩小为"一巴掌大的地面"，他可以在上面立足于自己的科学。对于他来说，整全碎裂成了无差别的部分，唯一的标准只在于能对它们进行有良知的研究。"在真正的知识-良知中，并无大小之别。"扎拉图斯特拉在开始的时候用脚和言辞肆意地踩了他，甚至举起棍子打了他，这都无损于门徒对他的崇拜。追随扎拉图斯特拉是他唯一的紧要之事。这让他的生命有了支撑点，他在自己的生命中真正关心的只有"这一个人"——扎拉图斯特拉——和"那一种动物"——水蛭。更准确地说，让他找到支撑的是诚实的诫命。这规定了他的良知,要他"只知道一件事,而无须知道其他一切"。他"厌恶所有精神上的半吊子"。无论诚实的覆盖区域有多么的狭窄,都让他因之而感荣耀:"在我的诚实终止的地方,我是盲目的,而且也愿意成为盲目的。但在我意愿有所知的地方,我也意愿成为诚实的,也即意愿成为严酷的、严格的、狭隘的、残忍的、无情的。"扎拉图斯特拉在"论崇高者"章(II,13)就"知识丛林"中的仅止诚实者所施展的批判(即批判他们将对自身的残忍提升为一个道德目标)并没有在精神的有良知者身上留下什么痕迹,尽管与国王们不同,他看起来很可能是通过扎拉图斯特拉在第二卷和第三卷的演讲来了解扎氏学说的。为求知者而讲的福音并未到达他那里:光有诚实是不够的。[178]

在头两场遭遇中,扎拉图斯特拉所面对的,是口口相传所带来的广泛的学生和追随者圈子中对于他的学说的接受,而在接下来的两场遭遇中,他遇见了两位老人,这两位老人尽管远离他的学说,却都感到在某个特别的方面被扎氏的学说所击中:对于魔术师来说,是伪装;对最后的教宗来说,是虔敬。当扎氏在"论诗人们"(II,17)一讲结尾处谈及"诗人精神"的时候,他用了"精神悔罪者"这个说法,指的是诗人想要观众、依赖观众,最终厌倦了自身,想要将目光翻转过来朝向自身,魔术师再次引入这个说法。[175]扎拉图斯特拉最初创造这个说法是在第二卷第13章,用来刻画仅止诚实者,这种人执着于对自身的残忍,并从这种残忍的英雄主义中赢得了他对自身的尊崇。"论崇高者"章隐秘地连接着"水蛭"章(IV,

---

[178] IV, 4, 14 – 30(310 – 312)。II, 8, 25(134)和 III, 12.7, 5(251)。III, 11.2, 33 – 37(245)。参看 III, 5.2, 10(212 – 213)和本书页124。请注意本书页78 – 80。

4)和"魔术师"章（IV, 5），在誊清稿中，这两章的标题还是"精神良知者"和"精神悔罪者"。魔术师想要为扎拉图斯特拉扮演的是"精神悔罪者"。就像看到有良知者一样，扎拉图斯特拉看到他趴在地上，挡了他的道。不过，水蛭科学家躺在地上是为了想要认识而全神贯注于自己的研究对象，魔术师则不然。他的举止毋宁像"一个癫狂者"，戏剧性地跌倒，为了骗过扎拉图斯特拉；而扎拉图斯特拉也真信了，他以为眼前遇到的就是那个喊出呼救声的高等人。即便扎拉图斯特拉徒劳地用力将他扶起的时候，跌倒者还装着没有注意到他身旁已经有了别人。一直到扎拉图斯特拉听了献给"未知之神"的酒神颂歌（诗人在颂歌中倾诉孤独的折磨，表达了对于他的"刽子手上帝"的渴望，表达了他的"痛苦"和他"最后的幸福"），他才终止了喜剧；这时，他再次拿起棍棒，向这位叫苦不迭者揍去，"带着愤怒的笑声"痛斥这位"表演者""伪币制造者""彻头彻尾的骗子"。魔术师辩解说，他所尝试的欺骗是他的艺术的一次排练，也是对扎拉图斯特拉的一次考验。他想要上演的是精神的悔罪者，根据扎拉图斯特拉的诊断，当"诗人和魔术师""因自己邪恶的知识和良知而冻死"的时候，就转变成精神的悔罪者了。扎拉图斯特拉回应说，艺术家的游戏中是含着严肃的："你真是有些精神悔罪者的意味的。"对于所有那些依靠艺术的伪装而活的人来说，他是魔术师，可对于他自己而言，他却是失去魔力的。他既没有谎言也没有诡计能够让他免于厌恶；"崇高者"凭借英雄主义能够克服厌恶，而艺术家则无法凭借表演来克服之："你收获了厌恶，以之作为你的唯一真理。你那里再也没有话是真的，除了你的嘴——也就是说，粘在你嘴上的厌恶。"当魔术师愤然反击的时候，他印证了这个判断："谁敢跟我，当今世上最伟大的人，这样来说话啊？"

[176] 因为接下来他就承认了:"我厌倦了,我厌恶自己的把戏,我并不伟大,我伪装什么啊!"因为这个诚实的瞬间,因为这个他不再伪装的"些须与刹那",扎拉图斯特拉愿意将他作为一位"精神悔罪者"来尊敬,由此他也道出了诗人、艺术家与诚实的、仅止诚实的求知英雄之间的品级差异。对于扎拉图斯特拉的问题,即魔术师为什么要挡住他的路,要对他进行何种试验,为何要引诱他,魔术师骗他说,他只是为了寻找,他要寻找一位伟人,他寻找扎拉图斯特拉。莫非对于伟大的寻求对于扎拉图斯特拉来说,才是真正的诱惑?[179]—— 上帝之死将最后的教宗带向了扎拉图斯特拉。他想在扎氏身上找到"所有不信上帝的人中最虔敬的那一个"。七次相遇中的第四次围绕着上帝之死而展开,上帝之死也是第四卷的题词格言所强调的。"退位的"(IV, 6)结束于扎拉图斯特拉对老上帝"彻底死去"的强调,而教宗则落到用他的主人的声音以十节的篇幅强调,"全世界曾经信仰的"老上帝不再继续活着了:"正是你说的那样。"教会中享有最高名位者,现在"退位了,没了主人,却依然不自由",现在他作为见证者和亲闻者而说话:"我服侍过这个老上帝,直到他的最后时辰。"扎拉图斯特拉最终在这一章的核心处,在第25和26节,两度用同一个表述敦促他的对话者解脱于死去的上帝:"让他去吧。"开始的时候,扎拉图斯特拉就因瞥见"一团包裹起来

---

[179] IV, 5.1, 1-12; 5.2, 1-7、8-17、18-24、25-37 (313-320)。II, 13, 3、13-14、25-27、35 (150-152)。II, 17, 37-45 (165-166)。参看本书页119和页149-150。魔术师在假装的孤独中所吟诵的诗歌,几乎不能算作他的诗歌,所以尼采于1889年将之题为"阿里阿德涅的悲叹"收录于《狄奥尼索斯颂歌》,收录的时候只对次序做了稍许调整,并增加了一句狄奥尼索斯的回应。(*KGW* 和 *KSA* 中都将属于第六行中的一句错放在第五行了。)

的忧愁"而感厌恶,他从中看到"教士模样的人"坐在路中:"这些人想要在我的领地里做什么呢?"刚解脱于魔术师的骗术及其关于上帝的言说,现在他想要避开这个"黑黑的、面容瘦削而苍白的高个儿男人",他猜测这个人是某位"手上有法术的巫师""阴暗的受上帝恩宠的奇迹创造者",或者"抹了圣油的奇迹创造者"。[177] 他们之所以会展开有关死去的上帝的谈话,是因为苍老的教宗向扎拉图斯特拉走来。他请求扎氏来帮助一位"迷路者",并且说到,他出游是为了寻找"最后的虔敬者","他独自在森林里,还不曾听说如今人人都知道的事"。他要与这位不知情者一起再次预备一个庆典,一个虔敬纪念的庆典,一个迟到的礼拜庆典。然而,"最虔敬的人"已经"自己死掉了"。扎拉图斯特拉向人群下降之时曾遇见的第一个人,那位全然为了他的上帝而生活、为此转离人群的"双隐者",现在已然追随他的上帝而死去了。于是,为圣者之故前来的教宗,决定在山林间寻找"另一位"他只从传闻中了解的人。这段叙述想要将扎氏带回他"重又成为人"、想要为人类带来"一份礼物"的那个时刻,当他听了这段叙述之后,他做了一件在其他相遇中都不曾做过、在之后的相遇中也不会再做的事。他抓住了寻求者的手,"久久地、惊奇地"观察他的手。由于站在他面前的既不是一位巫师,也不是一位侮辱世界者,而是有着这样一只手的人,这只手"总是赐福于人",所以,反耶稣就开始夫子自道了:"我就是那个不信神的扎拉图斯特拉,说过'谁比我更不信神,使得我乐于受他的指教?'"老者有着圣徒的内里,证明自己真是位禁欲者——"因为他瞎了一只眼"——他相信自己"失去了上帝",却无法为此而高兴。"谁最多地热爱和占有上帝,谁也就最多地失去了上帝。"就扎拉图斯特拉的问题,即他是否知道,直至最后一刻他依然为其服务的上帝是怎么死的,最后的教宗在些许犹豫之后发表了一段渎神的演讲作为回答。在一开始的时候,他首先声称自己"在有关上帝的事物上""比扎拉图斯特拉本身更清楚些",因为一位好侍者知道关于主人的一切。在中间处,他反驳了那种认为他所爱的上帝是一位爱的上帝的看法。并且在演讲的最后,他透露说,上帝是"有一天因太过巨大的同情"而窒息的。[上帝的]侍者所透露的消息与第四卷题词格言就这个事件(如果可以称之为"事件"的话)所包含的论断相合。不过,这个论断却没有题词格言那么尖锐,也没有穷尽格言的含义。教宗的渎神无法达至蛇的神学所包含的明智。扎拉图斯特拉用一个探察性的问题打断了他的演讲,[178]扎氏追问,教宗是不是亲眼看到了这个过程,并且还没有等教宗开口回答,扎氏就断定,事情可能这样,也可能那样。这桩事件并不局限于一个日期、一个行为和一个视角,因此事件的真理也就并不维系于一种见证。"当诸神赴死时,总有多种死法的。"它们的死法与它们维系其存在的方式相对应。有着各种不同的信仰缘由,因此也就有着各种不同的遭遇信仰的方式,和转离信仰的缘由。[180]扎拉图斯特拉用七节来紧随着教宗的七节演讲,他在这七节演讲中用诚实、纯洁和好的趣味来质问圣经的上帝,他将这些归为虔敬的要素。批判在一个判断中达至高潮,这个判断关乎对于全能上帝的信仰:扎拉图斯特

---

[180] 尼采从第二卷第3章第34–37节(页115)摘引了第四卷的题词格言。扎氏向教宗提供了一个适合于基督教的历史性解释:"人们说是同情把他扼杀的,这是真的吗?——人们说上帝看到人类悬挂于十字架上,说上帝并且无法忍受他对人类的爱成了自己的地狱,最后成了他的死亡,这是真的吗?"IV, 6, 22–23(323)。注意本书页58–59和脚注66。有关遭遇信仰的各种不同方式,参看拙著《神学－政治问题——施特劳斯的论题》,Stuttgart－Weimar, 2003,页43–46。

拉根据使徒保罗和先知以赛亚而将造物主比作一位陶匠,这位造物主"为着自己做得不好,他却对自己的陶器和造物进行报复——这乃是一种有悖于好趣味的罪过。"扎拉图斯特拉有关虔敬的演讲让教宗坚定了自己的期待:"噢,扎拉图斯特拉,有了这样一种不信,你就是更为虔敬的,甚于你信仰!"他还补充说:"使你再也不信仰某个上帝的,难道不就是你的虔敬本身吗?而且,你那过大的诚实也还将引导你超越善恶!"教宗没有意识到,扎拉图斯特拉的演讲是针对他这个人而发的,扎氏之所以将他对圣经上帝的批判朝向虔敬,并在最后亲自呼吁虔敬,乃是因为虔敬对于他所面对的这个人而言,是最重要的东西,是给予他支撑和荣耀的东西。至于他把"过大的诚实"归给扎拉图斯特拉,[179] 可见他显然还没听说过"论崇高者"这章演讲。⑱尽管如此,他眼中的扎氏的虔敬确实是无论一切差异、联结两人的要素。扎拉图斯特拉曾带着惊奇观察他的手,当他承认扎氏具有"永恒以来"就被规定了用于祝福的眼、手和口的时候,他为这种联结彼此的要素作了最为清晰的表达。"人们不唯用手祝福。"当教宗为世界赐福的时候,他是在为上帝服务,而现在上帝死了。扎拉图斯特拉教诲"万物之上、万物之中都没有'永恒的意志'在意愿"。林中圣者用歌唱、哭泣、大笑和哼哼来赞美自己的上帝,以此过着自己虔敬的生活。扎拉图斯特拉的"虔敬"则在于,

---

⑱ 当扎拉图斯特拉在他的七节演讲的最后让虔敬中的"好趣味"说:"滚吧,这样一个上帝!宁可没有上帝,宁可自己造成自己的命运,宁可成为傻子,宁可自己成为上帝!",所关系到的并非被归在尼采头上的"出于诚实的无神论"。"出于诚实的无神论"禁止自己将上帝作为某种被希冀的、带来安慰的、令人充满幸福的东西来信仰。它出于道德而放弃了希望、安慰和令人幸福之物。参看《快乐的科学》344(页574-577)和《论道德的谱系——一篇檄文》第三部第27章(*KSA* 5,页408-411)

他在一切认识的深渊中还要肯定，要为整全唱一支肯定和阿门之歌。老教宗的爱超越人类，扎拉图斯特拉的爱同样如此，现在他寄希望于扎氏将他从忧郁中救治。"现在，世上没有地方比你这里更让我感到愉快！"⑫

从多个角度来看，"最丑陋的人"（Ⅳ，7）在第一组七章中都占据着一个特殊的位置。它引入了一个在第四卷下半卷中对于剧情发展有着决定性作用的形象。不仅如此，与之前的遭遇都不同的是，扎拉图斯特拉之前遇到的是 [180] 政治、科学、艺术和宗教方面的代表，而在第五次遭遇中，他所遇到的是一个在社会中并不扮演任何角色的人，排除其余，只剩下单单为人这一点。这一章让扎拉图斯特拉直面最大的挑战，并且突然之间显明了他的道德性构造。只有在这一章的结尾处，扎拉图斯特拉才自忖道，他的对话者是否就是高等人。并且这章的对话者有助于理解《扎拉图斯特拉如是说》的副标题，就此而言，这一章也是全然独特的。这一章带来了一种剧烈的情景变化。之前四次相遇给了扎氏值得思考的"好东西"，他心怀着这些径直入于"死亡的国度"。他发现自己身处一片荒凉，这番景色令他回忆起自己在"论幻相与谜语"章与重力的精神的相遇，忆起被 [蛇] 窒塞住咽喉的牧者的搏斗。所有的动物都避开这个峡

---

⑫ Ⅳ，6，1-4、5-15、16-26、27-33、34-40、41-45、46-50（321-326）。前言，1，11（12）；2，10；2，18-19；2，21（12-14）。Ⅲ，4，22-28（208-209）。有关第 10 节，参看《约翰福音》18：37、《马太福音》24：25。有关第 18 节，参看 Ⅲ，5.3，7（215）和《约翰福音》8：18、《马可福音》4：50。有关第 39 节，注意《罗马书》9：20、9：23 和《以赛亚书》45：9。有关扎拉图斯特拉所着眼的那句保罗的话的含义，我在另一处有更详细的讨论：《施米特的学说——政治神学与政治哲学的区分四论》，Stuttgart - Weimar，1994，第四版，2012，页 143-145。

谷,只有"一种丑陋而臃肿的绿蛇",它们在衰老之时来到这里,要在这儿老死。就在这样一个峡谷中,他看见有个什么坐在路旁,"长得似人又非人,是某种无以言表的东西"。这个荒漠般的存在,缺少任何应然的规定,一个没有教化、精细化和层级秩序的单纯人性之物,在扎拉图斯特拉身上引起了一种全书四卷中绝无仅有的反应:"他一下子感到大羞耻,因为他亲眼看到了这样一个东西";"他的白发根部都羞红了",于是他掉转了目光,准备离开"这个糟糕的地方"。羞红表现了扎拉图斯特拉的羞耻心,而这种羞耻心先于他的好奇心。这表现了先知心性中的高贵之维,这种高贵与哲人的求知激情相抵触。扎拉图斯特拉身上的高贵之维令他欲求改造如其所是的世界。高贵之维令他无法忍受人的碎片化状态,令他为人类而感痛苦。扎拉图斯特拉绝无仅有的一次羞红是他的高贵性、他的人-性(Menschen–Natur)的标志。诸神所表现出来的最佳品质就是高贵。在十七节之后,扎氏听到那个"无以言表的东西"说,正是他的羞红让"最丑陋的人"将他辨认为扎拉图斯特拉。[183]不过,扎拉图斯特拉在不自愿的羞红之后并未转身离开[181]"无以言表的东西"——高贵者不仅不想言说,而且不想看见这个"无以言表的东

---

[183] 只有第四卷第7章第4节和第21节谈及扎拉图斯特拉的羞红。讲述者报道了这个事件,并且得到了"最丑陋的人"的印证。在"日出之前"章,扎拉图斯特拉将一种羞红归于"天空"、他的灵魂要素:III, 4, 34-35 (210);参看III, 4, 3-4 (207)。除了这四次提及,羞红没有在这部书的任何其他地方出现。留意II, 3, 2-6和本书页57-58。——柏拉图的苏格拉底从未羞红。伯纳德特(Seth Benardete)将全由苏格拉底讲述的四部对话《王制》《卡尔米德》《吕西斯》和《情人》称为"苏格拉底的不可见的羞红",参《苏格拉底与柏拉图——爱欲辩证法》(*Socrates and Plato. The Dialectics of Eros – Sokrates und Platon. Die Dialektik des Eros*),慕尼黑。2002,页29。

西",因为他被置于一个谜语之前。"猜解我的谜吧!"无以言表的东西以此作为诱饵。"什么是对于见证者的报复?"无以言表的东西挑起求知者的骄傲和激情,而这种骄傲和激情胜过了羞耻:"倒是猜解我的谜啊,你这个坚硬的胡桃夹子——这个谜就是我!"之前讲述者报道了扎氏的羞红,现在讲述者的语调发生了转变,他知道如何用一种童话来吸引他的听众:"你们一定会认为他心里发生了什么事吧?同情侵袭了他;而且他一下子跌倒了,就像一棵长久抵抗许多伐木者的橡树。"如果说这一幕场景形象地展示了扎拉图斯特拉因同情而被诱惑的话,那么它同时展示了这种诱惑只持续了一眨眼的工夫。因为扎拉图斯特拉马上站了起来,以"响亮的声音"宣布了谜语的答案:"你是上帝的谋杀者!让我走吧。/你不能忍受看见你的人——总是看见你而且彻底地看透你的人,你这最丑陋者啊!你要报复这种见证!"扎拉图斯特拉并没有作出任何转向最丑陋的人的准备。他的"同情"止于猜度,当"上帝的谋杀者"向靠近者施加报复的时候,身上发生了什么——这位靠近者带着他的全在和全知、他的囊括万有的律法和对一切的干涉降临这个仅止为人的人。当扎拉图斯特拉解开了谜语之后,无以言表者还不让他走。他发表了一番自己的演讲,来让扎拉图斯特拉止步,而且和他的"咕噜"和"呼噜"所带来的第一印象不同的是,他的演讲尖锐、清晰、结构严整。事实上,这是扎拉图斯特拉在七次相遇中听到的最长的一篇演讲,如果不说是最出色的演讲的话。最丑陋的人[182]控诉,同情在迫害他,他为此而要逃向扎拉图斯特拉避难。他相信自己太过富足,给不了施舍,"富有伟大之物、可怕之物、最丑陋之物、最无可言表之物"。他赞颂扎拉图斯特拉对于伟大痛苦者的羞耻报以羞耻,这种羞耻是对痛苦者的敬重;他也因为"论同情者"(II,3)这篇谈论他的事情的高贵的演讲而赞颂扎氏。并且，在扎拉图斯特拉的对话者中，他是第一个因为扎氏否定了教士所说的东西而赞颂他的，那个教士自以为道出了真理："你对他的错误提出警告，你第一个对同情提出警告——不是对所有人，也不是不对任何人，而是对你自己和你的同类。"[184]他是如此熟悉与自己有关的这一篇演讲，以至于他可以复述出紧接着第四卷标题格言的那四节，这四节也正是那一章的结尾；紧接着，他警告扎拉图斯特拉堤防和他相似、来寻找扎拉图斯特拉的人，不要同情他们："因为许多人正向你走来，许多受苦者、怀疑者、失望者、溺水者、冷冻者。"最后他确证了扎氏所猜到的那次谋杀的理由，证实了诸神之死有着多种死亡样式。"上帝看见一切，也看见人类：这个上帝必须死去！人类不能容忍这样一个见证者活着。"扎拉图斯特拉断定，他之前所找到的人都不如这位难以言表者那么深地蔑视自身："甚至这也是高度。"这位仅止为人、逃避了社会、无法被固定的人，是否还怀藏着前言所谓的混沌？这位最深地蔑视自身者，认为自己的选择只在自杀和谋杀良知的上帝（Gott des Gewissens）之间；无论如何，可以预言的是，他将成为扎拉图斯特拉的肯定和阿门之歌的最大考验。[185]

最后两次相遇将扎拉图斯特拉带向了一个耶稣的漫画形象和一个他自己的阴影。"自愿的乞丐"（IV, 8）把扎拉图斯特拉从牧人

---

[184] "最丑陋的人"对扎氏学说的优先对象作出了规定，虽然他自己并不属于此列，可正是这种洞见使他胜过了一些后来的解释者们。

[185] IV, 7, 1-2、3-4、5-10、11-41、42-52（327-332）。《约翰福音》14：6、18：37、18：38。II, 3, 38-41（115-116）。II, 2, 12 和 29（110-111）；II, 3, 37（115）；IV, 6, 33-34（324）。前言, 3, 2 和 16-17（14-15）；4, 6（17）；5, 10-11（19）；参看 I, 6（45-47）。

们所谓的"死蛇谷"的令人颤抖的寒气转移到了闷热的暖流，[183]这暖流包围着一个山坡上的牛群。在牛群中，"一个和气的人和登山说教者"尝试接近他的目标，获得"地上的幸福"。"登山说教者"向扎拉图斯特拉宣告："除非我们转变，变得像牛一样，不然我们就不能进入天国。"以及："即使人赢得了整个世界，而没有学会这件事，即反刍：那又有何用！人就脱不了自己的悲苦。／——人的大悲苦：如今它被叫作厌恶。"在第二场相遇所描绘的漫画中，水蛭科学家援引的全都是扎拉图斯特拉的话，与此相似，在倒数第二场相遇所描绘的漫画中，登山说教者嘴上挂着的完全是耶稣的话。不过，精神上的有良知者忠实地采用了扎拉图斯特拉的话，而"曾抛弃了一大笔财富的"自愿的乞丐，则富有历史知识，他改动耶稣的话来适应当下变化了的情境。因为基督教并没有克服厌恶，而是反过来增加、强化、泛化了厌恶。基督教点燃了复仇和同情，要求平等，直到"那巨大的、糟糕的、长久而缓慢的暴徒和奴隶暴动的时候到了：这种暴动将不断扩张升级！"因此学说（die Lehre）要重新调整方向。自愿的乞丐相信，无法再到穷人中间去找到地上的幸福，而是要到动物中间，特别是牛群中，它们做得"最为彻底"。"它们为自己发明了反刍和在阳光下卧躺。它们也放弃了所有使心灵鼓胀起来的沉重思想。"它们的反刍不识任何厌恶。登山说教者无法摆脱厌恶，而也正是对厌恶的摆脱，是扎拉图斯特拉吸引他的地方。当他认出扎氏的时候，他狂热地亲吻他的双手。他第一个热烈地把扎拉图斯特拉称呼为"没有厌恶的人""大厌恶的克服者"。在相遇的最后，他还证实，扎拉图斯特拉"比一头牛更好"；面对这个恭维，扎拉图斯特拉喊出了"滚开！远离我！"，并且挥舞着手杖，虽然没有像面对精神的有良知者和魔术师那样挥打过去。[186]——漫游者自称为扎拉图斯特拉的"影子",这是唯一扎拉图斯特拉没有向其走去的形象,而是[184]像影子一样,跟在扎拉图斯特拉身后。也只有影子被扎氏问道:"你是谁?"扎氏也只向影子说过:"我不喜欢你。"显然,与之前六次相比,这一次相遇在更高的程度上将扎拉图斯特拉自身的同一性置于问题之中了。当影子要他止步并等候的时候,他感到烦扰。在与自愿的乞丐相遇之后(乞丐现在正跑在他前面),他对于门徒、忏悔者、寻求安慰者和其他信仰者的需要已得满足。"我的孤独去了哪里?/对我来说确实太多了;这山脉蜂拥,我的王国不再归于这个世界了,我需要新的群山。"阴影当然无法轻易摆脱,于是扎拉图斯特拉转过身来,听他的演讲。"我是一个漫游者,跟着你的脚踵走了许久:永远在路上,但没有目标,也没有归宿。"和扎拉图斯特拉在第三卷开头时一样,阴影说自己是一位漫游者,不过与扎氏不同的是,他并没有紧接着说自己是一位登山者。他从未攀登到超越自身、俯视自己的星辰。对于他来说,也没有返乡这回事,因为孤独从来不是他的家乡。被每一阵风"卷起、动荡和驱赶",他因日渐消瘦而感痛苦。"一切皆从我身上取走,无物给予,我变得消瘦——几乎形同影子了。"他最长久地朝向扎拉图斯特拉。他随扎氏"飞行和游历","直至最遥远、最冷酷的世界",并且当他把 nitimur in vetitum[我们追求被禁止之物]这个口号用在自己身上的时候,他还保持着自己的勇气:"如果我身上有某个东西堪称德性,那就是,我丝毫不怕任何禁令。"他模仿扎拉图斯特拉,持

---

[186] IV, 8, 1-5、6-13、14-34、35-41 (333-337)。《马太福音》18:3 和 16:26;参看《路加福音》4:20。

留于狮子阶段,打碎心中敬畏的一切,推翻所有界石和偶像,荒废了"对言辞、价值和鼎鼎大名的信仰"。他安排在演讲中心的是"没有什么是真的,一切都是允许的"这句话。这句大解放的口号,对于他来说,成了大失望的缩写记号。"我弄清楚了太多的东西,现在再也没有什么与我相干了。我所爱的东西不再存活——我何以还得爱我自己呢?/'如我喜欢的那样生活,抑或根本就不活了':我意愿如此,最圣洁者也意愿如此。然则,哎!我如何还能——喜欢?"没有与他相关的真理,没有"成为你自己"的自我律令,没有使命,影子终结于这样一种绝望的境地:"一颗心,疲惫而狂妄;一种动荡不安的意志;飘忽的翅膀;一个破碎的脊梁。"[185]对自身"归宿"(Heim)的寻求成了他的"灾难"(Heimsuchung),预言家的一句曾经的抱怨不断获得新的形式,影子的话倒是与之相合:"噢,永恒的四海为家,噢,永恒的无处落脚,噢,永恒的——徒劳。"在"论山上的树"(I, 8)中,青年曾让扎拉图斯特拉看到高贵者所面临的徒劳的危险,而在这里,影子在另一个层面让扎拉图斯特拉看到了求知者所面临的徒劳的危险。由于影子跟随扎拉图斯特拉走过的道路远比青年来得遥远,他所说的危险也就来得远为重大。⑱扎拉图斯特拉"带着忧伤"回应这篇演讲:"你是我的影子!"漫游者是扎拉图斯特拉的影子。他追随扎拉图斯特拉的道路。然而,漫游者只是扎拉图斯特拉的影子。他身上缺少让扎拉图斯特拉成为扎拉图斯特拉的要素。他缺少扎氏的血肉、心灵和头脑。他缺少扎氏的天性(Natur)。现在,扎拉图斯特拉将影子称为"自由精神和

---

⑱ 在一个草稿中,尼采考虑第四卷的人物时,也曾设想"山上的青年"与扎拉图斯特拉的相会:1884 年秋季 – 1885 年初遗留残篇 29 [24], *KSA* 11,页 343。参看本书页 33 – 35。

漫游者",并为之作出诊断,一种新的安稳的引诱会成为他的诱惑。"像你这种动荡不定者,终于也会以为一座监狱就是福乐。"他进一步告诫说:"小心提防啊,别让自己最后还为一种狭隘的信仰,一种冷酷、严厉的幻想所囚禁!因为现在每一种狭隘而固定的东西都会蛊惑和引诱你。"如果我们回望一两百年,会说这个诊断和警告是很有预见性的。⑱——第七场相遇开头处"前后相随"的"三个奔跑者"(跑在最前面的自愿的乞丐,位于中间的扎拉图斯特拉和最后的影子)的共同之处在于,他们都以自己的方式走在通往幸福的途中,只不过每个人的方式是截然不同的。登山说教者想要直接获得幸福。他只关心这个。至于是在动物们那里还是在扎拉图斯特拉这里找到幸福,他是无所谓的。有一个给他指出道路就可以了。自由精神并没有提及幸福一词。可无论流落何处,他都期待着幸福降临,或者期待着找到他所谓的归宿。无论过去还是现在,他都在通过到达一个目标来间接地寻求幸福。[186]虽怀抱着这样的目标,可他迷失了道路。无论是乞丐还是影子都被蜂蜜吸引,走向扎氏的洞穴。漫游者在演讲中宣称,他曾是扎氏的"最佳影子",凡是扎氏坐过的地方,他也都坐过。不过,当扎拉图斯特拉在日出之前向光之深渊说话的时候,影子却不在左右。并且,当太阳于正午立在最高处,影子从未在场。

扎拉图斯特拉的幸福位于第四卷的中心。这是"正午"章

---

⑱ IV, 9, 1-9、10-28、29-36(338-341)。III, 1, 2和16-17(193-194)。III, 9, 1(231)。《约翰福音》18:36。"没有什么是真的,一切都是允许的。"影子将这句话归于自身,尼采后来将之回溯到"最杰出的自由精神团体"阿萨辛派(der Assassinen),并且作了评议:《论道德的谱系》第三篇24节(页399)。

(IV，10）的主题，这一章上演的是哲人的复返。最后一卷中最美的演讲补足了三部曲，从日出之前的自我相遇，到午夜钟声的呼唤，而其中心自然在完美的正午。之所以这么说，是因为不同于那个历史性应许的伟大的正午，完美的正午是一个自然所规定的正午，这时太阳位于最高处，而在伟大的正午，人类当达至其最高的希望。无论是在哲人的生命过程中，还是在人类的历史性发展过程中，完美的正午都在自然地回归；而先知所构想的伟大正午，则是历史性的独一无二的事件，只有通过永恒轮回学说将这种独一无二永恒化，伟大的正午才能复返。伟大的正午是未来主义规划的一部分，全然归属于期盼、属于待完成的行动和信仰。相反，在哲人的语义学中，完美的正午意味着幸福的在场。—— 在与影子相遇过后，扎拉图斯特拉独自前行，走自己的路。除了"一再遇见自己"，他不再遇见任何人。他欢享自己的孤独，玩味"美事"，"达数小时之久"。即便在这样一个如此充满外在事件的上午，扎拉图斯特拉在孤独中的沉思所占用的时间也不比发生在数小时之前的七次相遇以及与预言家的对话少太多，这位预言家曾触动他，让他陷入沉思。当太阳正好照在扎拉图斯特拉的头顶，不再投下阴影，他"在正午时分"躺在一棵古树下，"这棵树为一株葡萄藤的浓浓爱意所拥抱，把自己隐藏起来了"。漫游者和自由精神无处停留，因为他不知道如何看见向他显现为值得去爱的东西，与之不同，扎拉图斯特拉是如此被他的眼欲所充满，[187] 以至于他在睡着的时候，仍然睁着双眼，因为他们不能倦于"观赏和赞美这古树以及葡萄藤的爱意"。静观世界，并用睁开的双眼肯定世界，这不只是幸福的前提，而且是扎拉图斯特拉在睡着的时候"向自己的内心"所言说的幸福的一个重要组成部分。自我对话以一个要求开始，即要求自己感受到静观和静观所内含的变形力量："安静！安静！世界不是正好变得完美了吗？我倒是怎么了啊？""睡眠"没有闭上扎拉图斯特拉的眼睛，让他的灵魂保持清醒，只是让他的激情沉默了，卸下了他的意志的鞍羁。睡眠"轻抚"扎拉图斯特拉的内心，让他的灵魂得到舒展："我神奇的灵魂，它变得多么持久和疲倦啊！夜晚恰好在第七天的正午向它走来了吗？"自我对话所朝向的看来是回顾的幸福，是成熟和完成的幸福，是功业建成的幸福，这种幸福与造物主在《创世记》中的判断是一致的，那时候，造物主看着自己所创造的一切并且非常满意于自己的作品。然而，完美正午的幸福并不完全等同于成功创造的幸福，不等于为自身的影响力而感幸福，哪怕是在对这种影响力的表现和结果作静观时所感到的幸福也不能与完美正午的幸福相等同。它所关系到的是另外某种东西，某种更深邃更广阔的东西。扎拉图斯特拉立即注意到，他的灵魂因为已然品尝了"太多的好东西"而扭曲了"嘴巴"。如果他没有化入当下，那么观看成熟和完成的目光中就会注入一种"金色的悲哀"：成为鞭策或者要求再认。事实上，在自我对话抵达正午纯粹的在场、抵达"瞬间"或"半个永恒"之前，"正午"的幸福都没有被具名点出。在那一"瞬间"，扎拉图斯特拉的"睡眠"与正午的"睡眠"相合了，而他的灵魂纯然清醒："啊，幸福！啊，幸福！你想要歌唱吗，我的灵魂？你躺在草地上。但这是隐秘而隆重的时刻，没有一个牧人在这时吹响笛子。/要畏惧哦！炎热的正午安睡于田野。不要歌唱！安静！世界是完美的。"[189]

---

[189] 扎拉图斯特拉接着说："不要歌唱，你这草地飞鸟，我的灵魂啊！甚至不要低语！看啊——安静！古老的正午睡着了，它蠕动着嘴唇：它不是正在畅饮一滴幸福么——/——畅饮一滴古老的褐色的金色幸福、金色美酒？它倏忽掠过正午，正午的幸福笑了。如是——一位神笑了。安静！" IV, 10, 14 – 15

安静［188］超越了言说和歌唱，因为安静纳世界和自身入于安静，并且只分配给它们必要的注意力，从而让自我能够思考和感受，世界是完美的。在整部《扎拉图斯特拉如是说》中，只有这一处才说出了这一判断。这个判断将扎拉图斯特拉在完美的正午所经验到的那种幸福保留给了他。紧接着，扎氏把这种幸福归给"古老的正午"，并且，在这一章的核心处，为了强化位于他和正午之上的幸福，他唤起了一位神的欢笑。—— 接着静观之高潮的是对微末之物的思考，要入于最深邃和最遥远的合响，达至这种合响当中清醒的宁静状态，这些微末之物就足够了*——最微弱的运动、最轻微的刺激、对一律的基准线的最小限度的偏离："恰恰最微末的、最轻柔的、最轻巧的东西，一只蜥蜴的蠕动，一种气息，一阵轻拂，一道眼光——微末带来那种最佳的幸福。安静！"幸福在完美正午的在场让时间溶解于一瞬（Nu）："我怎么了？听啊！时光已经飞逝了？我难道不是在坠落吗？听啊！我不是已然坠入永恒之泉？"［坠落］从现在时向过去时的转变，展现了向完成和回顾的幸福的过渡，即便这是一种特别的过渡。成熟的幸福与功业的完成有一个共同之处，即都可以用这样一句话来表达：现在我可以死了。**回忆接过了话语权。"怎么？世界不是正好变得完美了吗？变成浑圆而成熟了？啊，

（343）。——在"正午"章中幸福被提及九次。第五次提及的时候，是在这一章的核心一节，并与一位神相提并论。在这一章（IV, 10），神只在这里被提及一次。敦促句"安静！"同样被说出九次。在核心一节，第五次提及紧接着神。

　*［译注］Betrachtung 基本义是注视性地观看，通常译为"考察""观察"，此处则有静观义。西语理论一词源于希腊文 theoria，本义也是观看，引申而有静观义，与德语的 Betrachtung 相合。另，das Wenige［微末之物］也可译为少数事物，但意义略显单薄。

　**［译按］如夫子言：朝闻道，夕死可也！

那种金色浑圆的成熟——它飞往何方？让我来追赶它！快啊！"扎拉图斯特拉再一次提醒自己安静，然后，如讲述者所述的那样，他感到"自己睡着了"。再一次站起来的时候——这时太阳还一直在他的头顶——他向天空提了一个问题，而他是懂得穿过天空认出光之深渊的："何时，永恒之泉啊！你这欢快而可怖的正午之深渊！你何时把我的灵魂饮吸回去呢？"[189]永恒显露于完美的正午，正如日出之前，区分于天地之间的人类世界敞开了朝向未区分者的目光，人类世界正源出于未区分者，而又向之回返。⑲

如果说"正午"（IV，10）围绕着哲人的幸福，那么"欢迎"章（IV，11）所展示的就是先知的幸福了，先知的幸福在本质上是等待、希望和渴求。紧接着第四卷最孤独的一章（唯有在这一章中，扎拉图斯特拉周围既没有人也没有动物）的是全书中最热闹的那些章节的开始。扎拉图斯特拉是在他的路上，而不是在这条道路的终点或者在达到开始的目标之后经验到了完美正午的幸福。事实上，

---

⑲ IV，10，1-2、3-15、16-24、25-29（342-345）。III，4，1、19、22、37（207-210）。参看本书页120-123。——"正午"章对于幸福的描绘与卢梭在《一位孤独漫步者的遐思》第五漫步的描绘显然有相同处。同样值得注意的是其中具体的差别。有关于此可参看脚注154引入的进一步比较。在此，我只给出三点提示：在第四卷第10章中，扎拉图斯特拉的幸福被归于完美的正午，而在卢梭笔下的第五漫步中，孤独漫步者是在午后的恶劣天气中经验到他的完美幸福。如果说，扎拉图斯特拉能够通过"睡眠"，通过聚精会神与泰然任之的游戏，为他的意志卸下鞍羁，从而在清醒的宁静中全然转向世界和自身，那么孤独漫步者就懂得通过专注于他所静观并以自己的感官所知觉到的水波荡漾，来将自己的社会性情感带向沉默。如果说一位闯入画面的神的笑强化了完美正午的幸福，那么卢梭则用一个陈述为静观 flux et reflux［潮起与潮落］的幸福封印，他说，只要这个状态持续，那么孤独漫步者就满足于自身，comme Dieu［如神一般］。卢梭在描绘最高幸福的时候不止比尼采来得更为尖锐，他也更为强硬。

他寻觅"高等人"的努力看来是徒劳的。当他"经过漫长而徒劳的寻找和漫游"之后（在途中他陷入沉思，欢享了自己的孤独），他在傍晚时分回到了自己的洞穴，这时他重又听见"巨大的呼救声"。与早晨不同的是，那时候他远远地听见呼声，现在他认识到呼声是"由多种声音"混合而成的。呼救从洞穴向他逼来，他在洞穴中找到了他在上午遇见并且向之发出邀请的所有人，包括驴子在内。[190]扎拉图斯特拉在这"悲伤的群体"当中看到他的鹰站在那里，"竖起羽毛，惶惶不安，因为它得答应太多凭自己的骄傲无法回答的问题"。在鹰的脖子上缠绕着"明智的蛇"，正如两者在前言结尾处的样子，那时候它们在空中兜着"大圈子"，而扎氏想要得到它们的引导。[191]而现在（至少从第三卷第13章开始）扎拉图斯特拉处于引导地位。他带着"巨大的惊奇"观看这出戏，"以随和的好奇心"检验十位客人中的每一位，"阅读"他们的灵魂，并欢迎这些聚会者，他们升至高处并带着敬畏之心等待扎氏讲话："你们这些绝望者啊！你们这些奇怪者啊！那么我是听到了你们的呼救声么？"预言家所预告的高等人并非一个人。他以全然不同的形象和代表端坐在扎氏的洞穴之中。"但我惊奇什么啊！难道我不是用蜜的祭品和我的幸福的

---

[191] 前言，10，1 (27) 和 IV, 11, 2 (347)，只有在这两处，扎拉图斯特拉的两个动物才以结成一体的形式出现，第一次是在天上，第二次是在地上。参看本书页45及脚注55。——客人共十位，算的时候从右边的国王开始，在提了预言家和驴子之后，终结于最丑陋的人，并且只有最丑陋的人才得到了进一步的描绘："而那最丑陋的人已经戴上了一顶王冠，围了两条紫腰带——因为与所有丑陋者一样，他也喜欢打扮，要漂亮。"在数点客人的时候，自愿的乞丐和影子，这两位扎氏最后遇见的渴求幸福者，占据了中心位置。如果我们算上扎拉图斯特拉的动物，它们分别在第十一和十二位被提到，那么影子和精神上的有良知者就位于十二位的中心处。正如我们之前所看到的那样，他们都以各自的方式与扎拉图斯特拉相近。

狡猾叫声把他们引诱到我这里来的吗？"扎拉图斯特拉引诱了"高等人们"，并不意味着他想要引诱他们。他尽管高举蜂蜜祭的高贵谎言，可是又向"呼救者们"——老预言家也在此列，他只是先于别人而已，如一位预言家所当是的那样——准确地说到，他们需要一个让他们"重又欢笑"的人。他们所急需、与他们相应的，并非一个呼吁他们进行自我超越、给他们一项使命、指出一个目标的人，而是"一个善良而快乐的丑角，一个舞者、一阵风、一个顽童，任何一个老傻瓜"。当扎拉图斯特拉紧接着敦请"绝望者们"［191］原谅他讲这些轻浮的话——"真的！在你们这样的客人面前是有失体面的！"——他的演讲却只是愈发轻浮了："但你们猜不到，什么东西使我的心灵肆意而为——/——那就是你们自己和你们的样子，原谅我吧！因为每一个看见绝望者的人，都会变得勇猛。"他们的样子给扎拉图斯特拉带来的力量是一件"恰切的客礼"。让高等人重又欢笑，这保持为扎拉图斯特拉的严肃。不过，他首先要让他们感到安全。"以我这里为家，没有人会感到绝望，在我的领地内，我会保护每个人，使之免受自己的野兽侵害。"谁如果逃往扎拉图斯特拉的领地，就会得到庇护，免于自我伤害，并获得通往扎氏自有之物的入口。"这里是我的王国，我的领地：但凡属于我的，今晚、今夜也该是你们的。我的动物们会伺候你们：我的洞穴就是你们的憩息之所。"所有的统治都包含服务在内，即便只有一部分统治者在从事服务。洞穴的统治者说完之后，"出于爱意和恶意"而大笑，客人们则像等待他发言的时候那样，怀着同样的敬畏而沉默，直到右边的国王以所有人的名义作答。他强调，扎拉图斯特拉在他们面前自降身份，是另一个以仆役的姿态出现的主人——"但谁能像你一样，以这样一种骄傲来贬抑自己呢？这一点使我们振作起来。"这些聚集起来的人已然告别"呼救",可单单为了看这等表演,他们也愿意登上山来,哪怕是更高的山。"因为我们作为爱看热闹者而来,我们要来看看什么东西能使昏暗的眼睛变得明亮。"他们曾经寻求的,是一个慰藉、提神和振奋之物的赠予者,他们的发言代表认为,单单扎拉图斯特拉的"样子",就让他以为自己找到了所寻求的赠予者。他赞美扎氏伟岸、坚强的意志如地上"最美的植物",他来到这里正是为了目睹它。他期待着扎拉图斯特拉的统治,期待着命令者和胜利者权威性地出场,重新让他相信一种秩序,以此来治愈他的内心。他同时向扎拉图斯特拉保证,一场大觉醒正在发生:"有的人已然学着追问:谁是扎拉图斯特拉?"而他们给予自己的答案显然是:他是定能扭转困境的拯救者。国王劝诫先知,满足朝向他的"巨大渴望"。扎氏曾将"蜂蜜"灌入一些人的"耳朵",国王向扎氏诉说这样一些人"曾突然对自己的心灵说的话":"'扎拉图斯特拉还活着吗?再也不值得活了,一切[192]皆同,一切皆徒然:抑或——我们必须与扎拉图斯特拉一起生活!'/'他已经宣告了这么久,为什么还不到来呢?'许多人如是问道;'孤寂把他吞没了?抑或我们应当到他那里去吗?'"国王像早上的预言家一样向扎拉图斯特拉作了预言,措辞也几乎相同:"你的小舟不会久留于旱地上了。"不过,与预言家不同的是,他并未说,"大困境和大苦难的波涛"将弥漫到扎氏这里来。扎拉图斯特拉眼前的绝望者们"已经不再绝望",因为他正在他们身边,这些人是一个"标志和预兆",表明"更优秀者"正在向他走来。当先知不再下山,"上帝的最后残余"就会向他走来。右边的国王向扎氏所预言的"波涛",是"具有大渴望、大厌恶、大厌倦的人们",所有这些人都想要向扎拉图斯特拉学习一样东西:"伟大的希望"。——"高等人"的欢迎辞带来了一个戏剧性的转折。国王要亲吻他的手,扎拉图斯特拉惊恐地拒绝了国王谦卑的敬仰之举。对于〔国王〕圣化〔扎氏〕的行为,以及国王对"人类中的上帝残余"的谈论,他所作出的反应,不是丑角的大笑,而是先知的愤怒。对大渴望的提及,为充满了大厌恶、大厌倦的人要求伟大的希望,这种种激起了扎拉图斯特拉的爆发,令他以激动的言辞讲述他的渴望和他的希望,表述比之前和之后都更加强烈、更加明了。扎拉图斯特拉在他的欢迎辞中以不折损他的客人们的敬意的方式"刻意"表达的东西,现在被没有任何顾忌地说了出来:他并没有在等待高等人。在他看来,他们既不够高大也不够坚强。他们想要被顾惜,可扎氏不会顾惜要和他一起夺取他的胜利的战士。显然,他还一直在追求大变革,追求改变世界、改造人类事物。这些客人对他而言也"还不够美好、出身不够高贵",无法服务于他的事业。"我的教义需要纯净而光滑的镜子;你们的镜面仍会扭曲我自己的形象。"从这句后来的矫正之词来看,扎拉图斯特拉于第二卷开头在镜中看到的学说的扭曲形象,与其说是他的敌人所为,〔193〕不如说是出来他的朋友的不满足。对于死去的上帝的回忆,是高等人身上的重负。重力的精神压迫着他们。他们身上隐藏着"群氓"。出于所有这些原因,他向他们推荐了一位能让他们大笑的萨提尔(Satyr)。他们并未分享扎拉图斯特拉的希望,也不属于他的未来:"我不能与你们一起最后一次下山去。你们到我这儿只是一个征兆,表明已经有更高的高人正在通向我的途中。"并且,如他着重澄清的那样,这个征兆所指向的并不是他们所说的"人类中的上帝残余"或他所说的"上帝的最后残余":"不!不!绝不啊!在这群山之上,我等待的是别的人,要是没有他们,我是不愿抬脚离开的。"他所等待的,用诗人西蒙尼德(Simonides)的一句话来说,是"身心方正健全的人",他懂得为他们取一个新的名字:"大笑的狮子必将到来!"大笑的狮子必将到来,正如扎拉图斯特拉的千年国度必将到来。这种"必将"是一种应然、一个要求、一份期待。扎拉图斯特拉并无希望看到它们在他有生之年到来,正如他没有把握在有生之年建立伟大的哈扎尔一样。高等人只在先知的想象中成了大笑的狮子的征兆。无论如何,他们都标志着他对于人类的不满。他对于自己幻相中的有着完满构造的存在者必将显现的坚持,同样说出了他最终的下降所依赖的前提。扎拉图斯特拉坚守着世界历史性的降临。他要求自己的客人们不要谈论"上帝的最后残余",而要谈论他的"花园"、他的"幸福岛"、他那"新的美好种类"。他不再满足于他们的"客礼",以至于他们激起了他的恶意。现在,他请求他们(自己也沉浸其中),谈论他的孩子们,向他报道他们听到的有关这些孩子们的消息,向他确证,他的想象力的造物正在向他走来。他所要求的东西是客人们办不到的,也必定会让他失去自控:"什么是我没有奉献过的,/——什么是我不会奉献的,就是我拥有一点:这些孩子们,这些活的植物,我的意志和我的最高希望的这些生命之树!"当他说出自己最高的希望之后,扎氏中断了讲话,因为,正如讲述者所知道的那样,[194]他被自己的渴望侵袭了。他"由于心灵激动"而"闭上了眼睛和嘴巴"。二元而非一体。⑫

---

⑫ IV,11,1-3、4-13(扎拉图斯特拉的欢迎词)、14、15-32(国王的欢迎词)、33、34和36-54(扎拉图斯特拉的回应)、55(346-352)。有关第42节,参看II,1,4-9(105-106);参看本书页51-52。有关第50节,参看I,3,34(38);I,20,6(90);柏拉图《普罗塔戈拉》339b1-3。有关"孩子们",参看III,3,6-21(203-205),并注意本书页117-120。——就在扎拉图斯特拉谈论他的孩子们之前,他向"高等人"说道:"尽管我也希望有朝一日从你们的后裔中生出一个地道的儿子和完美的继承人——但这事远

在欢迎的结尾处，在国王的致辞和先知的答复之后，13 人的傍晚聚会陷入了僵局，领他们走出僵局的是老预言家，早上的时候第一步也是由他迈出的。他通过回忆起扎拉图斯特拉之前发出的邀请，即邀请他来吃喝，掩盖了扎拉图斯特拉的激动和客人们的惊愕。"你不会用空谈来敷衍我们吧？"永恒徒劳的预言家念念不忘的是，抵达扎氏洞穴的人不至于像柏拉图《王制》中的苏格拉底及其朋友们那样，在言谈中建立最好的共同体的同时，连饭都没吃，没顾上强身健体。左边的国王，"那沉默寡言者"，急着保证，他和右边的国王带来了足够的葡萄酒，"一头驴子上驮满了酒"。扎拉图斯特拉曾说过自己有着一只鹰的胃，[现在]他让在场者宰杀两只羊，加上香料、水果和坚果，以及"其他有待砸开的谜语"；耶稣在他的十三人晚餐中只让人宰杀了一只羊，扎氏再一次超过了耶稣。只有自愿的乞丐明确反对"吃肉、喝酒和食用香料"，这给了扎拉图斯特拉一个机会，在"那次长长的宴会、史书上所谓的'晚餐'"开始的时候，[195]说了一则金句来流传下去："我只是我自己一类人的法律，我不是所有人的法律。"后世在这场"只谈论了"高等人的晚餐中所能找到的并非普世的消息。或者更准确地说，从中传出的消息——这一章的标题与史家们的称呼一样，都径直称之为"[这一顿]晚餐"(das Abendmahl)*——尽管

着呢。你们本身并不是我的遗产和姓氏的归属者。"（IV, 11, 46；着重为引者所加）当扎氏在第一卷末尾告别他的门徒的时候，他让他们展望，从他们当中生出超人："你们这些今日的孤独者，你们这些离群索居者，你们有朝一日当成为一个民族：从你们这些自己选出来的人群中，当有一个特选的民族成长起来——而且从中产生出超人。"（I, 22.2, 14）从扎氏的门徒当中并未产生出超人，而他的儿子也位于一种全然没有规定性的未来。扎拉图斯特拉并未接近实现他对于自己所爱的孩子们的渴念。

  ＊[译注]指独一无二的这一顿晚餐，意在与耶稣的"最后的晚餐"相提并论。

关乎所有人，却不是指向所有人的。[193]——讲述者告诉我们，扎拉图斯特拉在席间发言的时候站在洞穴入口附近，这些发言都收在"论高等人"章（IV，13）。这篇演讲以高等人为论题，但这并不意味着它局限于这次晚宴在场聆听的那些"高等人"，甚至这些"高等人"也不是第一位的谈论对象。和第三卷篇幅最长的一章"论新旧法版"（III，12）一样，第四卷篇幅最长的一章也以一段自传式回顾开篇。"当我第一次走向人群时，我做了一件隐士做的蠢事，那是一件大蠢事：我置身于市场上了。"接下来一句仿佛是从另一端印证了最丑陋的人就《扎拉图斯特拉如是说》的副标题所给出的提示："而且，当我向所有人讲话，我是在向空无一人讲话。"扎拉图斯特拉的自我批判直接导向一种要求，他曾向求知者提出这种要求，现在他明确地要求"高等人"：离开市场。市场上的民众既不想知道关于求知者的任何东西，也不相信什么高等人。民众相信"我们都是平等的"，这句话指向预言家启示录式的宣告的核心句子：一切皆同。[194]扎拉图斯特拉借着未来主义学说的前提［196］、老上帝之死，

---

[193] IV，12，1 – 4 和 6 – 7、8、9 – 11、12 – 18、21（353 – 355）。III，11.1，4（241）。《马太福音》24：19；《路加福音》22：13、22：18。参看前言，5，26（20）和本书脚注9。

[194] "你们这些高等人啊，跟我学习这一点吧：在市场上没有人相信高等人。如果你们想在那儿讲话，那好吧！群氓却眨巴着眼睛说：'我们都是平等的。'／'你们这些高等人，'——群氓眨巴着眼睛说——'没有高等人，我们都是平等的，人就是人，在上帝面前——我们都是平等的！/在上帝面前！——可现在这个上帝已经死了。而在群氓面前，我们却不想要平等。你们这些高等人啊，离开市场吧！'" IV，13.1，4 – 6（356）。参看 I，12，1 – 18 和 39（65 – 66，68）。——"群氓"两度因其对"我们都是平等的"的信仰而眨眼，一如前言中的"末人"因为信仰"我们发明了幸福"而两度眨眼（前言，5，15 和 25）。在前言中，末人共眨眼四次。这之后，唯有在这里（IV，13.1，4 和 5）

而在第二部分中达到了对于一种新统治的希望,学说激励着这种希望,而希望又激励着学说。他对基督教的末世论进行了仿讽和颠倒:"你们这些高等人啊,这个上帝是你们最大的危险。/自从他躺在坟墓里,你们才又复活了。现在才出现伟大的正午,现在高等人才变成——主人!"扎拉图斯特拉在重述未来主义学说的时候,只用了不到五节就再一次激起了第一卷(《扎拉图斯特拉如是说》原书)结尾处的愿景:"现在,人类未来之山才有了产前阵痛。上帝死了:现在我们想要——超人活着。"超人与之前的学说一道回归,且位于这种学说的顶端。在整个第四卷,只有在"论高等人"这一篇演讲中,超人才被提及。不过在这里,超人快速地出现了四次。扎拉图斯特拉声称自己是提出如何超越人类这个问题的"唯一者和第一人"。他在"高等人"面前坦言:"超人在我心里,他是我的首要和唯一——而不是人:不是邻人,不是最贫者,不是最苦者,不是最好者。"他向他们宣讲过渡和没落的教义,此外他还加上了令人费解的赞扬之辞:"而且即便在你们身上也有许多东西,是令我热爱和希望的。"令他热爱和希望的是他们的藐视和绝望。末人不懂得藐视自己,对于现状也不感到绝望,高等人则与之不同。在呼吁为超人预备道路的时候,"可怜的舒适"又回来了,扎拉图斯特拉在市场上的演讲中引入这个说法的时候,是有意要用它来刺激听者。与此相似,厌恶也回来了。扎拉图斯特拉开始三呼厌恶,他自己之前就曾经三呼厌恶,最后是听到右边的国王三呼厌恶:这一次是针对"当今的主人们"呼喊"厌恶啊!厌恶!厌恶!"为了实现所预言的目标,超人学说用"恶"(das Böse)来反对"最智慧的人",用"大罪"

两次使用了眨眼一词。参看本书页22。

(grosse Sünde）来反对"那些小人们的说教者"。超人学说呼吁变革[197]既有的关系，这种变革使得传统贬值、宗教遭唾弃。不过，此类话语"不是说给长耳朵们听的"。扎拉图斯特拉之所以爱"高等人"，乃是因为他们不懂得生活于今日。他所爱的乃是他们的不满、抵制和可能的反抗。依这个标准来看，他们当中没有人比最丑陋的人更配得他的爱，因为最丑陋的人最深地藐视，最不懂得如何在人群中生活，最困扰于自身的困境。不过，如果扎拉图斯特拉的在场就足以让他们遗忘自身的绝望，那么"绝望者"的困境又有多深呢？[105]——扎拉图斯特拉对高等人的爱本质上是要求。在这一方面，他在洞穴所作的第一批演讲，与他在市场上的教谕活动的开篇若合符节。从中看不出他有屈从于同情之诱惑的迹象。扎拉图斯特拉既没有展望对痛苦的顾惜，也没有展望对痛苦的疗愈。先知第三次说："不！不！绝不！"他展示着强硬："你们种类中越来越多、越来越优秀者当归于没落——因为你们会过得越来越恶劣和艰难。唯有这样——/——唯有这样人类才生长到那个高处，人类为闪电所打击和摧毁的地方——高到够得着闪电！"他对于他之前所谓的他自己的"最后的罪"进行了强烈的抵制："我的意识和我的渴望朝向少数、长久和遥远之物：你们细小的、大量的、短暂的困苦与我何干！"他甚至进一步将自己最难以承受之物唤入眼帘，这种最难以承受之物曾在他四十岁的时候促他下山；他痛苦于人类的破碎性、痛苦于偶然性这个巨人之无意义，他用自己的这种痛苦来对照他们对

---

[105] IV, 13.1, 1–6（356）；13.2, 1–2, 4（357）；13.3, 1–11（357–358）；13.5, 1–4（359）。有关副标题：IV, 7, 33（330）；参看 IV, 12, 16（354）。有关愿景：I, 22.3, 14（102）。有关厌恶：III, 13.1, 9（271）；III, 13.2, 38–39（274–275）；IV, 3.1, 14（305）。

于自身的痛苦:"你们全都没有受我所受过的苦。"对于他的过往痛苦的回忆将他固定于积极有为的模式。他的智慧仍然要求行动。它当"生育闪电",直戳"今日之人类"的眼睛。仿佛一切重又指向对世界的改造。扎拉图斯特拉警告高等人:要诚实,不要向"群氓"泄露自己的理由,要自己行动起来,诸如此类,一如他曾经警告门徒那样。在这一章的中心处,[198]他最终称呼他们为"你们这些创造者"。他的劝诫显然有着超出在场者的意义。早在"彩牛城"里、在幸福岛上,或者在山中孤独里,扎拉图斯特拉眼前早就浮现出高等人的模样了,就此而言,早在那些呼救者寻访扎氏之前,这种劝诫就已然指向了高等人。⑩他激励创造者从事创作,激励怀孕者之爱,激励他们的孩子中的德性。创造使得不纯净和其他一些东西具有合理性。不过,扎拉图斯特拉并不讳言,只有孤独才是高等人和最高等的人的真正的试金石:"在孤独中也生长着人们带入其中的东西,那内在的畜生。孤独因此而将许多人拒之门外。"⑩——在展望孤独之后,扎拉图斯特拉的说话视角发生了转变,他的演讲语调也相应地变化了。对世界的泰然静观获得了空间。现在谈的不再是藐视和绝望,而是完满之物。愤怒的紧迫感消退了,取而代之的是

---

⑯ IV,13.11 和 IV,13.12 的开头句是一样的:"你们这些创造者,你们这些高等人啊!"接下来的两个称呼显然针对的是不同的高等人,也因此让我们注意到必要的区别:"畏惧、羞怯、笨拙,犹如一只跳跃失败的老虎:你们这些高等人啊,我常常看见你们也这样悄悄溜到一边。"IV,13.14,1(363),着重为引者所加。"种类越是高级,就越是难以成功。你们这些高等人啊,你们不全都——失败了?"IV,13.15,1(364),着重为引者所加。

⑰ IV,13.6,1-6(359);13.7,1-3(360);13.8,1-2 和 4(360);13.9,1-3 和 6-7(361);13.10,1(361);13.11,1 和 5-6(362);13.12,1 和 3(362);13.13,1 和 8(363)。参看 I,8,12-14 和 23-24(52-53)。

解放之后的欢笑。从超越了一切悲情之游戏（Trauer‐Spiele）和悲情之严肃（Trauer‐Ernste）的高度出发来看，创造者的失败就有了不同的意义，不同于从未来主义的积极勇为主义的视角来看了，后一种视角的重心落在意义的创立，并受缚于此。从前一种视角来看，创造者的失败乃是偶然性与必然性相交织的世界游戏的一部分，扎拉图斯特拉因此能够如是鼓舞和激励高等人："你们败于一次投掷。/可是，你们这些掷骰子者，这算得了什么啊！"没有理由沮丧或绝望："如果你们在大事上失败了，你们自己也因此——失败了吗？还有，如果你们自己失败了，人类也因此——失败了吗？但如果人类失败了：那好吧！那就来吧！"因此，世界失败了吗？有关整体的思想如果彻底，则必有此问。扎拉图斯特拉在超越了未来主义的同时，[199] 也超越了人类中心论。他从最高的视角长出了慷慨大度（Großgesinntheit），现在他懂得亲自在他的洞穴中安顿"高等人"了；这些高等人都"失败了"，都把希望寄托在他身上。他呼吁他们"鼓起勇气"："有多少事依然可能！学会嘲笑自己吧，就像人们必须笑的那样！"他的动物，他的明智和骄傲，几年前曾经劝说他观望完美之物，从而得以痊愈，与此类似，他现在也这样劝说高等人。"这大地多么富于小小的、美好的、完满的事物，多么富于发育良好的事物！"这一章的最后七部分演讲构成了一个欢快的部分，扎拉图斯特拉在这一部分的严肃之事是对耶稣的反驳，他甚至将地上迄今为止"最大的罪"归在他身上，责备他说了这样的话："可悲啊，在此笑的人们！"扎拉图斯特拉只在"论自由的死亡"（I，21）章说出了耶稣之名，如果说他在那里判定耶稣没有学会生活和欢笑的话，那么在52章之后，则是将耶稣作为重力的精神的化身来反对了。耶稣不仅不知道怎么生活和欢笑，而且他还"仇恨和嘲讽"欢笑者，充满了想要无条件地被爱的渴求。"他预言我们将号叫和切齿。"扎拉图斯特拉反驳道:"人若不爱,就必定立即去诅咒吗?""但他就这么做了,这个绝对者。"[198] 绝对者承诺支撑,扎拉图斯特拉则针锋相对地主张轻盈,轻盈造就概览的视野。他将自身作为拿撒勒人的真正反面来庆祝:一位"舞者"、一个"准备飞翔者"、一个"福乐而轻率者",同时是"言说真相者"和"欢笑于真相者","并非一个不耐烦者、并非一个绝对者、一个喜欢跳跃和出轨的人"。* 他头上戴着的并非受难的荆棘之冠,而是欢笑之玫瑰花冠。并且,他只给自己戴上了肯定生命的"欢笑者的王冠":"我自己宣告我的欢笑是神圣的。今天我没有发现任何一个人在这事上足够强壮。"[200] 扎拉图斯特拉是周遭唯一的一头欢笑的狮子。最后他把欢笑者的王冠扔向高等人,就像他曾经把金球扔给门徒一样。可不同的是,他这次并没有说自己想要看看高等人怎么处置王冠。他也没有为他们树立他之前悬于创造者头上的法版——"变得坚硬!",而是呼吁他们"跟我学习欢笑!"[199]

---

[198] 扎拉图斯特拉继续说道:"他来自群氓。/而且他自己只是爱得不够——要不然,他就不会因为人们不爱他而愤怒了。一切伟大的爱并不意愿爱——而是意愿更多。/避开所有这些绝对者吧!这是一个可怜的、病态的族类,一个群氓的族类:他们恶意地看这人生,他们恶毒地看这大地。/避开所有这些绝对者吧!他们有沉重的脚和抑郁的心——他们不知道舞蹈。他们如何会感到大地的轻盈!" IV, 13.16, 4-7 (365)。有关那种意愿更多的爱,参看脚注66。——IV, 13.16, 1-4 (365)。 I, 21, 25-28 (95)。《路加福音》6:25。

* [译注] Wahrsager 一般译为"预言家",此处与 Wahrlacher 对置,强调其字面义 Wahr-sager,故译为"言说真相者"。

[199] IV, 13.14, 1-3 (363-364); 13.15, 1-7 (364); 13.17, 1 和 5 (365-366); 13.18, 1-3 (366); 13.19, 1 和 3 (366-367); 13.20, 5-7 (367-368)。 I, 21, 35-36 (95-96)。III, 12.29, 6-8 (268)。参看 I, 7, 22-26 (49-50) 和本书页33以及58-59。

对高等人的谈论透露出了扎拉图斯特拉自己道路中的几个转折点；和在欢迎的时候一样，扎氏在谈论高等人的时候也没有隐瞒自己与客人之间的距离。结束演讲之后他就逃到洞外，"稍事休息"。事实上，在这个晚上，他两度离开自己洞穴中的"高等人"，正如之前两度离开门徒，回到孤独。不过，他必定不是被劝说或者被拉拽着离开他们的。他与鹰和蛇一起在洞外享受"好空气"，他告诉它们，现在他才知道和感到，他是多么爱它们。与"高等人"交往几个小时就足以让扎氏更为看重他的保持沉默的动物。这期间，老魔术师利用扎拉图斯特拉离开的机会，在洞穴里面表演他的技艺。他相信，其他的"高等人"和他一样痛苦于"大厌恶"，能够被他吸引到自己的"邪恶精神和法术魔鬼"一边；这位"邪恶精神和法术魔鬼"是一位"骨子里的"扎拉图斯特拉的"仇敌"，对此他没有丝毫掩饰。他假定，对于所有"那些老上帝已死，而新上帝尚未躺在摇篮和襁褓中的人"而言，只有诗艺的巫术才能让他们忍受新旧信仰确定性之间的空档期。或者他们会认同他的看法，认为只有作为审美现象，世界的此在才能得到合理证明。他绝口不提"欢笑者的王冠"。他所考虑的并不是扎拉图斯特拉所告诫之事，不是把他的同志们（Genossen）从"愁苦的呻吟"或"群氓的悲哀"中解放出来。他下决心要做的是全然相反的事情，是用自己的表演来服务于听众的忧郁。[201] 他让晚餐的参与者们"打开"忧郁和感官，这当有助于他的艺术获得成功。而他也确实取得了成功；他用竖琴伴奏吟唱了一首歌，他在这首歌中扮演一位心怀野性渴望和圣福的诗人，这位诗人被放逐于一切真理而又渴求真理；老魔术师以此所赢得的不只是注意。讲述者证实，"聚在一起的所有人"都"不知不觉地进入其狡猾而忧郁的淫欲之网了"。只有精神上的有良知者是个例外，他从魔术师手中夺过竖琴，要求"好空气"，并且作为扎拉图斯特拉的朋友提出了反驳："如果像你这样的人来大肆宣扬真理，那真是不幸啊！/不幸啊，对于所有那些对此类魔术师不加留神的自由精神们，你教诲且引诱他们返回囚牢。"扎拉图斯特拉在其上一篇演讲的结尾处，曾以自由精神之名赞颂不羁的精神，"它如同一阵风暴袭向全部当下和全体群氓"，不过，精神上的有良知者在此不只站在自由精神一边。他进一步认为自己注意到了将他和其余"高等人"区分开来的一个深刻差异。他承认自己在扎拉图斯特拉身边是要寻找更多的安全，可他相信，其他人则完全相反，他们在扎拉图斯特拉身边一度寻求的恰是更多的不安全。在他看来，"如今一切都岌岌可危了，整个地球都在地震"，扎拉图斯特拉依然是坚固的塔楼和坚强的意志，是他还能希望的依靠。其他高等人则相反，他们要从扎拉图斯特拉得到的是"更多的战栗、更多的危险、更多的地震"，他如是猜度。他们渴求"最恶劣、最危险的生活"，而这正是他"最感恐惧的、野兽的生活"。精神上的有良知者赞美恐惧，称之为人类的遗传素质，人类因恐惧而文明，而驯化了扎拉图斯特拉所谓的"内在的畜生"，并且因之而"最终变得精微，变成精神性的、有才智的"，恐惧最终为人类带来了科学。水蛭科学家从人类发展史推演出他自己的德性，并在科学中抵达人类发展史的最新成就，这时候，扎拉图斯特拉大笑着反驳他。刚一返回洞穴，他就自告奋勇，要颠倒门徒的"真理"。不是恐惧，而是勇气，才是"人类全部的史前史"。他把恐惧称为特例，而把勇气、历险和对不确定之物、对尚未被冒险尝试之物的欲乐称为［202］人类起源中决定性的前驱力。"这种勇敢，最终变得精微，变成精神性的、有才智的"，扎拉图斯特拉要从论题的颠倒中得出结论，"这种人类的勇敢带有鹰的翅翼和蛇的明智：我以为它在今天就是——"他没能说完这句话，没能说出"科学"或"快乐的科学"，因为所有人都向"扎拉图斯特拉"大喊并且"大笑"起来。这是扎拉图斯特拉第一次成功让"高等人"大笑，并在大笑中将他们统一起来。魔术师也笑了："好吧！它已经逃走，我那邪恶的精神！"魔术师展现出精巧善变的能力，这在他第一次与扎拉图斯特拉相遇的时候就可以看出来。他让观众提防之前侵袭了他的"谎言和欺骗的精神"。他还懂得为自己开脱："难道是我创造了它和这个世界吗？"在所有的艺术和创作力量中，诗人的职权和责任都是有限的。魔术师在最后夸奖了主人，并因此得到了普遍的赞同：扎拉图斯特拉最懂得爱其敌人的艺术——魔术师在这么说的时候也在自我影射。但是扎氏"为此而报复"他的朋友——这一句补充是针对精神上的有良知者而说的。然而，只有从戏子的角度才能说是报复，因为对于戏子来说，一切都依掌声来衡量；或者，所谓报复，只是对那些仅仅在意赞颂和责备，在意自己是否得理、是否能够主张自己观点的人而言的。朋友声称，恐惧是自身德性和人类进步的根据，扎拉图斯特拉向朋友展现了这种声称的界限，却没有表示，从勇气出发就足以作［类似的］历史性推导。如果说他的意图在于纠正水蛭科学家，不让他因自身的恐惧陷入狭隘的轨道，那么他的英雄主义的科学谱系学，同样让他得以鼓舞和激励所有的"高等人"，或者至少把他们从自身的忧郁中吸引出来。因为精神上的有良知者对其他客人的猜想是引人误入歧途的。他们当中没有人还在扎拉图斯特拉身边寻找不安全。野性与危险当中的审美快感是悦人耳目的表演，并不意味着他们准备好了要去冒险或者投身于野性。有良知者错把代用品当作实在了。［203］扎拉图斯特拉在他的欢迎辞中"首先"向"高等人"提供了安全，这是有道理的。只有在他的权威为他们所标定的安全区域中,他才可以通过展望成功调校他们的情绪,使之变得不同,变得更好、更明朗。扎拉图斯特拉在"论高等人"演讲中以呼吁结尾,这表明,他能做到的顶多只是情绪的逆转。扎拉图斯特拉在其洞穴中所面对的并非哲学天性,他的听众也不是政治上的革命者。相应的,他所着眼的是营养学。其中包括安全感的增强,对于"高等人"来说,安全感的增强有赖于扎拉图斯特拉的在场。扎拉图斯特拉带着"恶意和爱意"和客人握了一圈手。当他再一次想要离开洞穴,因为他再一次渴望好空气和他在洞外的动物们了,如讲述者强调的那样,这时,漫游者把他叫住了:"留在我们这儿吧,要不然,那古老而阴沉的悲伤又要侵袭我们了。"扎拉图斯特拉的影子意识到了安全的脆弱性。他担心,如果扎拉图斯特拉不在场,那么晚餐的群体又会重新被哀号和呼救所侵袭。他还特别提到了教宗和两位国王。"这里有许多隐蔽的困苦想要说话,有许多夜晚,有许多云朵,有许多沉闷的空气!"自由精神对于宗教和政治的沉闷特别敏感。影子见识过许多地方,除了在扎拉图斯特拉的洞穴(预设了洞穴就在近旁),他只有一次呼吸到"同样美好而清澈的东方的空气",那时他离开了"忧郁的古老欧洲",待在"荒漠女儿们"中间。那时,他为自己所爱的"东方少女"写了一首曲子,现在,他要把这首曲子作为"饭后甜点赞美诗"在更年长的一群人和一头驴子面前尽力表演,以驱除忧郁。他以"一种吼叫的方式"开始演唱这首从欧洲逃往赤道地区之歌,"上方没有任何云朵和任何思想悬垂"。这个晚上在他的洞穴里共唱了两首感性的歌曲,而扎拉图斯特拉只听了漫游者这首轻浮的讽刺歌曲。一面是对孤独空气的偏爱,另一面是对扎拉图斯特拉洞穴中空气的赞美,这展现了扎拉图斯特拉与其影子的区别,展现了两者之间的距离。⑳

[204] 扎拉图斯特拉对高等人的态度是矛盾的。他起先（IV, 11）带着"爱与恶意"与他们交往，而后（IV, 15）又带着"恶意与爱"转向他们。这之间及其后，他又尽可能地逃避他们的陪伴。他入于空旷之后为何又要返回洞穴？他的骄傲要他保证那些进入他的领域的人的安全。在他的山林之间的七次相遇表明，与"奇异之人"交谈会乱其内心，促他思考。他的渴望行犯禁之举，将"绝望者们"提升为有朝一日当向他走来的人。并且他的明智告诉他，他可以 in corpore vili［在无足轻重的身体上］试验他的影响力和辐射力。在漫游者和影子的歌曲之后，扎拉图斯特拉第二次离开了洞穴，现在，洞穴里充满了客人们的喧闹和大笑。在一种满意与厌恶的混合中，他听到了"高等人"的欢呼，其中和着驴子的咿呀声（I-A）：*"我觉得他们在我这儿忘掉了呼救！/——即使他们，很遗憾，还没有忘掉叫喊。"情绪成功地得到了逆转，扎拉图斯特拉却没有耽于幻想，没有以为高等人因此就找到了通达他的明朗的道路。"他们很快乐，"他向自己断定，"而谁知道呢？也许他们是对主人的开销感到开心；倘若他们是跟我学习笑，他们学到的其实并不是我的

---

⑳ IV, 14.1, 1-4；14.2, 2-5 和 8-10（369-371）。IV, 15, 1-4、7-18、19-22、23-28、29（375-378）；参看 IV, 11, 12（348）；IV, 13.13, 8（363）。IV, 16.1, 1-5、6-8、9-14（379-380）；有关第四卷第16章的开篇一节，参看《路加福音》24：29。魔术师和漫游者的歌作于1884年秋季，后来经过修改被尼采收入《狄奥尼索斯颂歌》："只是傻子！只是诗人！"和"在荒漠女儿们中间"（KSA6, 页377-380 和 381-387）。参看本书脚注179。

* 在德语中，驴子的咿呀声（I-A）与"是（JA）"谐音，是对"肯定"的仿讽。

笑。"在洞外，他以泰然的心境面对这种无可取消的差别："但这有何要紧的呢？这是一些过时老人：他们以自己的方式康复，他们以自己的方式发笑。"他像奥德修斯（Odysseus）一样回忆起自己承受过远为糟糕的情况："我的耳朵早就忍受过更恶劣的东西，已经不会生气了。"扎拉图斯特拉展现了他对客人的柔情和对自己的宽容。"这个日子是一次胜利：它已经退却了，逃跑了，那重力的精神，我的老死敌！"扎拉图斯特拉仿佛以惊人的方式降低了自己的标准、窄化了自己的视域。他的营养学在几个老人身上、在这么一个夜晚取得了成功，这居然成了对于死敌的胜利。[205]这不是什么翻天覆地的变化，也不是什么深广的洞察。或者，当扎拉图斯特拉谈及对于重力的精神的胜利，他的意思，其实是他不再执着于先知的要求？他以大笑的姿态面对呼救者、面对自身？他的演讲从呼吁产生超人，到要求学习大笑而发生的转变？他洞察到，位于一切悲情之游戏和悲情之严肃上方，则即便最高的行动、最大的使命也位于自身之下？有关于此的证据，是在这不久之后，当"高等人"的叫喊和笑声再一次从洞穴中向他蜂拥而来，扎氏评说道："他们的敌人，那重力的精神，也离开他们了。他们已经在学习嘲笑自己：我没听错吧？"不过，他接着向自己所说的话，却是一种降低和窄化：他以为自己用"战士的食物，征服者的食物"在晚餐参与者身上唤起了"新的欲望"。"他们全身充满了新的希望，他们的心灵得以伸展。他们找到了新的话语，他们的精神很快将呼吸勇气。"何种新欲望？为何而鼓起勇气？扎拉图斯特拉还进一步为自己罗列好事："这些高等人的厌恶消失了：好啊！这就是我的胜利。在我的领地内，他们变得安全稳当，所有愚蠢的羞耻都逃之夭夭，他们在倾诉自己。"他假定他们会回忆起生命中已然过往的好事。他预期他们会感恩，而感恩表明他们痊愈了。"不久,他们就会设想一些节日,并为他们往日的欢乐树立纪念碑。"先知预言了疗愈的过程。而讲述者却没有就所预言的痛苦者的痊愈,谈论扎拉图斯特拉的幸福。[201]——[这时,]突然降临洞穴的死寂,让扎拉图斯特拉感到惊恐;"一阵芬芳的烟雾和熏香,仿佛来自焚烧的松球"——右边的国王在致欢迎辞的时候把扎拉图斯特拉比作松树,而松球正是松树结出的果子——让扎拉图斯特拉前往洞穴的入口。他在那里看到所有的"高等人",从国王们到教宗,再到站在中间的自愿的乞丐,直到精神上的有良知者和最丑陋的人,都双膝着地,在跪拜驴子。在扎拉图斯特拉看来,[206]这是在他的洞穴里重演他在"论背叛者"章(III, 8),在他最后一次逗留于人类的结尾处所观察到的情况:信仰的复返。"他们全都又变得虔诚了,他们在祈祷了,他们疯了!"扎拉图斯特拉见证了最丑陋的人是如何费力言说的,"仿佛想说出某种不可言说的东西",他开始为驴子的庆典吟诵一篇"虔诚而奇特的连祷文"。这篇连祷文共有八段颂词和驴子的八声回应,每次它都喊了一声咿呀(I-A)——与之前它"带着恶意"发言不同,现在它的喊叫是对尊崇的用力肯定。以阿门开始、以咿呀结尾的连祷文全然是对基督教的上帝的嘲讽,对那位以奴仆的形象为人类承担重负的上帝的嘲讽。连祷文赞美新的上帝,"从亘古直到永远",赞美他从不说话,"除了对自己创造的世界总是说'是'之外"。之所以赞美这位上帝,是因为他不给任何启示,因此不向人类说出任何诫命,不要求服从。不过,连祷文所讽刺的不只是基督教的上帝,而且还有扎拉图斯特拉,因

---

[201] IV, 17.1, 1、2-8、9-17(386-388)。所引第10节中对"他们的敌人……他们"的强调为引者所加。有关第5节,参看《曙光》第199节(页173)。

为它归于所崇拜的上帝的属性正指向了扎氏的学说。比如，连祷文将驴子的"国度"定位于"善恶的彼岸"。当连祷文颠倒一句圣经中的话（"谁爱自己的上帝，就要责罚上帝"），它其实是挪用了扎拉图斯特拉在市场上向民众说过的一句话，将他最为流行的演讲用作仿讽的一部分。并且当连祷文谈及驴子所接纳的小孩的时候，它所关系到的不只是《马太福音》中耶稣向他的门徒们所提的要求，而且也指向扎拉图斯特拉在欢迎"高等人"的时候所表述过的对于"孩子们"的渴望。最丑陋的人把这位上帝的生理特征置于连祷文的核心处，这种生理特征是人人可见并且可以相信的，他确证了其中"隐藏的智慧"，正如这位上帝因为自己的本性而只能说"是"这一独特特征，他也有着"隐藏的智慧"。扎拉图斯特拉担心客人们会以有损于他的方式来寻开心，这种担心得到了确认，正如他的预言也实现了：客人们的精神很快就会肆意起来。[202]——紧接着"唤醒"章（IV, 17）中对新崇拜的上演，[207]"驴子节"章（IV, 18）证明

---

[202] IV, 17.2, 1–3、4–19（388–389）。在 IV, 3.1, 27（306）和 IV, 12, 21（355），驴子"带着恶意"喊出咿呀。有关第 6 节，参看《希伯来书》12：6 和《约翰启示录》3：19，以及前言，4, 18（18）。有关第 4 节，参看《约翰启示录》7：12；有关第 6 节，参看《腓立比书》2：7；有关第 8 节，参看《创世记》1：31；有关第 12 节，参看《创世记》1：27；有关第 16 节，参看《马太福音》19：14 和《箴言》1：10。——古斯塔夫·瑙曼（Gustav Naumann）曾指出，尼采此处取材自基督教传统的驴节，并且受到了一种礼拜仪式的启发，在这种仪式中，对于被推翻的狄奥尼索斯崇拜的仿讽扮演了一定的角色：《扎拉图斯特拉评注·第四卷（最后一卷）》，Leipzig 1901，页 179–191。当尼采后来在其他语境中"以一种古老秘仪的语言"说话的时候，他自己也留下了有关基督教驴节的痕迹："驴儿来了/漂亮又乖巧"，他由此对那种节庆仪式中的两句话做了遵照字面的引用：《善恶的彼岸》第 8 节（页 21）。在《瞧这人》中，尼采如是谈论自己："我是最出色的反驴（Antiesel），因此而是一个世界历史性的怪物。"（III, 2, 页 302）。参看脚注 177。

了新信仰的合理性，这一章的标题起初照搬了大卫·弗里德里希·施特劳斯（David Friedrich Strauß）的畅销书《新旧信仰》的书名。这是真正的驴子节。扎拉图斯特拉开启了喜剧。他"比驴还大声地"喊出了咿呀——这是第四卷的第十三次咿呀，也是最后一次——，把那些祷告者从地上拉了起来，并且警告他们，如果不是扎拉图斯特拉，而是任何别的什么人看到了他们，就会断定他们因为新信仰而"成了邪恶透顶的渎神者，或者是愚昧透顶的老妇"，扎氏以此结束了连祷文。扎氏依次要求晚餐的参与者为此作出解释。只有两位国王、乞丐（他在第四卷的下半卷只占了两节，是十位客人中戏份最少的一位）和预言家不在询问之列。老教宗再一次声称，"在上帝的事情上"，他比扎拉图斯特拉更清楚些："宁可通过这个形象来膜拜上帝，也胜于毫无形象嘛！我高贵的朋友，深思这个箴言吧：你很快会猜到这箴言中藏着智慧。"这句箴言的智慧并不仅仅在于相信任何一种宗教都胜过没有宗教——这种信念否定了所有宗教的真理诉求——，而是在于指出，要使信仰有支撑点，上帝需要一个形象，已然退位的基督代言人接着反对《约翰福音》中的一句基督的话"上帝是精神"，箴言的智慧就源于这个反驳："说'上帝是一种精神'者——便在迄今为止的人世间向无信仰跳出了最大的一步：此类说辞在人世间是［208］不容易修正的！"在他的诊断中，基督教是不信仰或信仰虚无的开路者，在诊断基督教之后，教宗接着说了一种与箴言的智慧在无论何种意义上都相应的信仰自白："我那老迈的心依然在跳跃，因为世上还有某种东西要膜拜。"并且无论是一头驴子还是一颗石头。漫游者和"自由精神"与魔术师调换了位置，否定了自己的任何责任："但我有什么办法嘛！"不过正是他把新信仰的上帝规定成了旧上帝："旧上帝又活过来了。"一切都是最丑陋的人的错，是他"再次唤起了"上帝。"就诸神而言，死永远只是一种偏见。"它们随信仰而死，又在信仰中经历着它们的重生。扎拉图斯特拉问老魔术师，他怎么能干了这么一桩蠢事——因为如果他居然信仰此类"神驴们"，将来谁还会相信他呢——，而他所给出的答复突出了他的戏子天性："你说得对，这确实是一件蠢事——现在，这事对我来说也是够难的了。"接着最简短的是篇幅最长的说明。精神上的有良知者承认，他"或许"不该信仰上帝——他以此表明了自己是出于诚实［而不信上帝］的无神论者，这也是他该有的样子。不过，他还补充说，在他看来，在新信仰的形态中，上帝"还是最值得信仰的"。在最虔敬者的信仰中，上帝当是永恒的，在他看来，崇拜的创建者们归于崇拜对象的那些属性，与此最为相合。他的合理性论证的第二部分证明了，精神上的有良知者多么善于运用还施彼身论证，他几乎用同样的话让扎拉图斯特拉回忆起了自己的话，并敦促扎氏自我反思。"你自己——真的！连你也很可能因为过剩和智慧而变成一头驴子。"有良知者也懂得运用最丑陋的人归于新上帝的颂词——"你既走笔直的路，也走弯曲的路"，用来回应他的对话者："一个完善的智者不是喜欢走最曲折的道路吗？表面现象教我们知道这一点，扎拉图斯特拉啊——你的表面现象！"最终，最丑陋的人被问到，他是否就是那个把死去的上帝重新唤醒的人，而他回答说，扎拉图斯特拉是个淘气鬼。"上帝是不是还活着，或者复活了，或者彻底死了——我们俩当中谁最清楚？"关于扎拉图斯特拉知道什么，他不需要问任何人。［209］最丑陋的人"知道"的最重要的东西，是从扎拉图斯特拉得知的："是从前我跟你学的，扎拉图斯特拉啊，那就是：谁想要彻底杀戮，谁就会大笑。"最丑陋的人表明自身是个悟性不错的学生。他还备好了"论读和写"章（I，7）

中的相关引语:"'我们不是以愤怒杀人,而是以大笑杀人。'——你曾如是说。"他清楚地知道,扎拉图斯特拉在这出喜剧中扮演的是无知者的角色:"你是一个淘气鬼。"[203]——客人的"淘气鬼回复"要求扎拉图斯特拉必须给出一个合理性证明,在对此所作的回应中,扎拉图斯特拉让人看出,他对于治疗的成功是满意的。"啊,你们这些爱开玩笑的傻子,你们这些搞恶作剧的丑角!你们在我面前伪装和隐瞒什么啊!/可你们当中的每个人都因快乐和恶意而多么心神不定,因为你们终于又变得像孩童一般了,也就是说变得虔诚了。"这是扎拉图斯特拉第一次也是唯一的一次称呼"高等人"为"爱开玩笑的傻子",此前他只这样称呼自己的动物,并且在如是称呼的时候,敦促动物们离开洞穴,和他一起到野外去。晚餐共同体化解了各自的忧郁。他们学会了欢笑。他们在一个自编的滑稽戏中发泄了要变得"像孩子一样"的渴望,并且懂得在一幕喜剧中以轻巧的姿态为适于痊愈之物配备了理由,这些理由并不缺少所论之事的严肃性,只有魔术师的回答是个例外。现在,他们当去外面冷却自己"热烈的童稚放纵和心灵喧嚣"。还在洞穴里面的时候,扎拉图斯特拉再一次跟"高等人"说话,并且称呼他们为"我的新朋友们"。驴子节——滑稽剧和喜剧——改变了扎拉图斯特拉对于"奇怪者"的态度:"你们现在是多么令我喜欢啊——/——自从你们重新变得快乐!"为了稳固他们缓解了的情绪,扎拉图斯特拉建议他们把自己

---

[203] IV, 18.1, 1–3、4–7、8–9、10–11、12–13、14、15、16–21、22–25、26–29(390–391)。在第 14 节中,我根据尼采自己所用的版本(Handexemplar)作了改动,把[考订研究版中的] es 改成了 sie [译注:即明确地指向前文的"蠢事"]。《约翰福音》3:24。前言,1, 5–12(11–12)。IV, 17.2, 14(389)。I, 7, 24(49)。

发明的东西制度化：他们需要一个新的节日，"一种小小的勇敢胡闹，某种弥撒和驴子节，某个年老而快乐的扎拉图斯特拉式的傻子"。他呼吁他们不要忘记在他的洞穴中度过的这个夜晚，并且要一再庆祝驴子节，这驴子节事关他们的嘲讽："为了爱你们自己，也为了爱我！[210]而且为了我的记忆！"。扎拉图斯特拉的亵渎将晚餐参与者的善好放在了第一位，构成了营养学的结尾。[204]

最重要的事情再一次发生于野外。"梦游者之歌"（IV，19）把晚餐的十三位参与者一起带向了扎拉图斯特拉洞穴外面的夜晚，这一章在第四卷的构造中占有一个与"正午"章（IV，10）相应的位置，这两章都以幸福为对象。[205] 目光首先朝向了"高等人"的幸福，他们沉默地同扎拉图斯特拉站在一起，"纯属老迈之人，却有着一颗得到安慰的勇敢的心灵，惊奇于自己在世间竟是如此适意"。如讲述者所知道的，扎拉图斯特拉"复又"寻思："啊，这些高等人，他们现在多么令我喜欢啊！"不过他并没有说出来。取而代之的是最丑陋的人开口说话了，最丑陋的人是被扎拉图斯特拉手拉着手引到洞穴之外的，这标志着他的突出地位。在万籁俱寂之际，他"又一次也是最后一次发出了咕噜声和喘息声"，并且发生了"这个令人惊奇的漫长日子里最令人惊奇的事情"：陷入最深的绝望、最为藐视自身的人，对扎拉图斯特拉的高贵性提出挑战远甚于他人的这一位，居

---

[204] IV, 18.2, 1–3（393）；18.3, 1–5（393–394）。《路加福音》22：19。——扎拉图斯特拉三度称呼他所钟意的动物"爱开玩笑的傻子"：III, 13.2, 18（273）、43（275）；IV, 1, 2（295）。

[205] "梦游者之歌"在下半部的七篇一组之后，正如"正午"在上半部的七篇一组之后。正如"正午"意味着上午的结束和高潮，"梦游者之歌"意味着下午和第二天晚上的结束和高潮，这一天结束于午夜钟声的十二下鸣响。参看脚注171。

然同意扎拉图斯特拉对于生命的肯定和阿门:"由于这个日子——我第一次感到满足,感到不虚此生了。"扎拉图斯特拉不仅带来了情绪的扭转,而且显然还带来了信仰的转变。"在大地上的生活是值得的:与扎拉图斯特拉在一起的一天,一个节日,教会了我,让我热爱这大地。"这位位于社会之外、仅止为人的人成了效法扎拉图斯特拉的典范:"'这就是——生命吗?'我要对死亡说:'那好吧!再来一次!'"上帝的谋杀者一度不能忍受[211]有一只眼睛能够看到他全部的丑陋、闯入他的不可名状之物,现在却用了扎拉图斯特拉的原话来肯定生命,扎拉图斯特拉曾用这句话来挑战"重力的精神"与他决斗,看看谁能够承受最重的重量。最丑陋的人重复了扎拉图斯特拉在他的梦之幻象中想要"就连死亡"也用之杀死的那句格言,并要求其他人赞同:"难道你们不想跟我一样对死亡说:这就是——生命吗?因为扎拉图斯特拉的缘故,好吧!再来一次!"正如这句重复所显示的那样,他的肯定和阿门是依赖于扎拉图斯特拉的。他是因为反耶稣的缘故才说出再来一次的。不是永恒轮回学说,而是扎拉图斯特拉的在场,他的欢笑,他的讽刺,他与世界、与自身感受所保持的距离,是最丑陋的人从扎氏得到的引导、食物、鼓励帮他驱除了忧郁,让他遗忘了厌恶。在最丑陋的人说出了最后的话("再来一次!",而这也是扎拉图斯特拉以外的人在戏剧中所说的最后一句话)之后,讲述者再一次变换了音高,这是那种懂得用奇迹故事吸引听众的讲述者的音高:"你们可相信(was glaubt ihr wohl)当时发生了什么事吗?那些高等人一听到他的问题,就一下子意识到了自己的变化和痊愈,并且知道了是谁给了他们这些:于是他们向扎拉图斯特拉冲去,表示感谢、敬意、亲热,吻着他的手,以每个人特有的方式:有的人在笑,有的人在哭。"我们应当相信,扎拉图斯特拉救治了所有人。他给予了每一位高等人正确的治疗和恰当的药物。因为每个人都从他那里得到了什么。扎拉图斯特拉在"论救赎"章（II，20）就门徒的问题（对于我们而言，谁是扎拉图斯特拉？）所作的可能回答中位于中心位置的两个选项——"一位医生？还是一位已痊愈者？"——现在看来都得到了确证：一位已痊愈者和一位医生。医生是否真的让这些"老人们"得痊愈了，还是他只是让他们狂喜那么几个小时，我们无法确定。无论如何，扎拉图斯特拉在早晨就傍晚所作的预言实现了，他当时面对有着巨大疲倦的预言家，声称自己也是一位预言家：老预言家会因为喜悦而舞蹈。讲述者提示我们，他是扎拉图斯特拉几位福音书作者中的一位，他继续说道："而且尽管像一些叙述者所说的那样，当时他已经灌满了甜酒，但他肯定更富于［212］甜美的生命，也弃绝了所有的困倦。"[206]扎拉图斯特拉不仅达到了他就这一天所作的预言和承诺。他不仅保护了客人们的安全，不受他们的"野兽"的侵害，而且向他们展示了，在他身边生活是"值得的"。他赢得了一场迟到的胜利，胜过了"一切皆空，一切皆同，一切皆往"的末世预言家，这位末世预言家在幸福岛上曾让他陷入最深的危机。扎拉图斯特拉实实在在地被那次奇异的事件给制住了。在第四卷中，他再一次经历了能够令他倒下的

---

[206] 我们的福音书作者继续说道："甚至有这样一些人，他们说，当时那头驴子也跳舞了：因为最丑陋的人此前给它喝酒并非徒劳。这可能是那时的情形，或者也可能是别的情形；不过，如果那个夜晚驴子真的没有跳舞，那么，当时就会发生比一头驴子跳舞更大和更稀奇的事情。质言之，正如扎拉图斯特拉的惯用说法所讲的：'这有什么要紧的！'"IV，19.1，7（396）。着重为引者所加。在下一段的开头一节，讲述者引用了第三卷最后一章中的一句扎拉图斯特拉的话，并添加了"如记载的那样"（IV，19.2，1）。新福音书获得了权威之作的地位。

东西。当最丑陋的人在第四卷第 7 章向他发表了第一段演讲的时候，他跌倒在地；当最丑陋的人在第四卷第 19 章说完最后一番话，他站在那儿，初看起来"像是一个醉汉"：他的目光暗淡，他的舌头打结，他的双脚颤抖，最终高等人将他扶住了。如讲述者所强调的，在第四卷第 7 章，让扎拉图斯特拉如橡树一般倒下的，是同情。而在第四卷第 19 章，讲述者问到，谁能够猜出什么思想"闪过扎拉图斯特拉的灵魂"。讲述者用仅有的两次"你们可相信"（was glaubt ihr wohl）将事件的描述和两处的平行处理打上了括号，这种描述和处理为这个谜一般的问题的回答提出了建议：再一次侵袭扎拉图斯特拉的还是同情。不同点只在于，这一次持续的时间不止眨眼的工夫。直到现在，我们才抵达"扎拉图斯特拉的诱惑"。他的同情主要的并不是关乎"高等人"的困境，而是他们的幸福。他们的幸福令他着迷、使他心软。他所引入所创造的幸福在称量处于完成之幸福中的他自己。和第二卷、第三卷中的危机（II, 19 和 III, 13）一样，在陶醉状态中，他也失语了，尽管这一次失语没有持续几天，而是只有一小段时间。之前，他令自己的门徒和 [213] 动物担心，现在他又让他的新朋友们担心了。打破沉默的第一句话，扎氏在"梦游者之歌"（IV, 19）开口说的第一句话，是一个请求："来啊！"，他仿佛亲耳听见了什么。他以三度发起的方式，叫"高等人"和他一起"夜游"，这个过程被他对寂静的聆听所打断，这聆听将"一切"都包括在自身之内，人和动物，有生命和无生命的环境，他的世界："包括那头驴子，扎拉图斯特拉的尊贵动物，即鹰和蛇，同样还有扎拉图斯特拉的洞穴，大大的冷月和黑夜本身。"在午夜来临之前，扎拉图斯特拉要先向老人们透露，那座古老的"声音低沉的钟"在他耳边所说的东西，这座钟发出的呼声从人类的国度逼近了他的洞穴。在这一章接下来的九个部分（3-11），他让"高等人"熟悉了这首歌的九节；这首歌当时没有标题，它构成了"另一支舞曲"（III，15）的结尾；现在，扎拉图斯特拉让"高等人"熟悉这首歌，是为了在第 12 部分（最后一节）邀请或劝诫他们亲自吟唱这首歌，吟唱他的歌曲。他在最后将会告诉他们，这首歌的标题是："再来一次"。[207]

扎拉图斯特拉关于午夜歌曲的布道（Homilie）有着几个层次的交错。它们不只是指向多次直接与之说话的"高等人"，而且，尽管与这些直接攀谈交错在一起，还包括了扎拉图斯特拉的灵魂与自身的对话，[这布道]并融入一种宣告之中，这种宣告看来又采用了之前所引入的区分，因为这种宣告让秩序井然的世界落入永恒的 Coincidentia oppositorum［对立统一］了。* 更重要的在于看到，这一章的第 1 和第 2 两部分预先确定了布道的主题是完成或成熟之幸福，这种幸福既表现在最丑陋的人的那一声"再来一次！"，[214] 也在扎拉图斯特拉的沉醉中得到了回响。在完美的正午，扎拉图斯特拉曾经用一句话提醒自己留心世界和自身，现在，他用同样的话提醒自己和他的听众，留心午夜的钟声："安静！安静！"不过这一次留心

---

[207] IV，19.1，1-2、3-6、7；19.2，1-4；19.3，1-2；19.12，1-3（395-398 和 403-404）。II，20，14（179）。III，2.1，20-21（199）。IV，7，8（328）。参看 II，19，13（173）；III，13.2，1-2（271）。——在第四卷的前期计划中，尼采让扎拉图斯特拉（大概是在第三次下山并宣讲永恒轮回学说之后）向聚集的民众提出了"再来一次"的问题，后来，最丑陋的人又向"高等人"提出了这个问题："决定性的瞬间：扎拉图斯特拉向庆典上的人群整体问道：'你们还想再来一次这一切吗？'——所有人都回答'是！'/他就这样死于幸福。"1883 年秋季遗稿，21 [3]，*KSA* 10，页 599。

* [译注] Coincidentia oppositorum 是源自库萨的尼古拉的说法，也可译为"对立面的一致"。

的要求所指向的不是自然，而是历史，是人类的功业和命运，钟声为此留下了见证。扎拉图斯特拉为时间深度的回望和领悟配置了柔软的心灵。相应的，与"正午"章（IV，10）不同，接着开头的双重"安静！"之后的不再是"安静！"，而是两度"啊！啊！"。[208]当心灵的喧嚣沉默，"深深的午夜"发言，有些"在白天不能出声的东西"现在变得可以感知了。首先是下沉的时间。然后是功业的要求。狗的吠叫和月的照耀又回来了，在"论幻觉与谜团"（III，2）中，它们让扎拉图斯特拉回忆起最遥远的童年，稍后又出现了出入口对谈（Torweg‑Gesprächs）中的蜘蛛。无论如何沉醉，扎拉图斯特拉都不愿告诉他的醉了的朋友们，在过去的联想发生的瞬间，在他心里到底发生了什么："我宁愿死去，宁愿死掉，也不想对你们说我午夜的心灵正在想些什么。"他已经无数次地听到同一只狗吠，无数次地见到同一个月亮照耀，同一个思想在思考，并且还要无数次地听到、看到和想到吗？他现在能够死于幸福了吗？过去的已成过去，他对于整全的肯定不再能够减损什么？可以肯定的是，扎拉图斯特拉没有向高等人宣布永恒轮回学说。"对于精细的耳朵而言"，午夜所述说的不只是过去，而且同时也述说了未来。它用这个问题逼迫着扎拉图斯特拉："谁当为地上的主人？"扎氏则明确地将之归为"白天的工作"。这是未完成的工作的问题，是白天对他所提的要求："对此谁有足够的勇气呢？"但这还是扎拉图斯特拉的问题吗？他的未完成的功业？他把这个要求加诸自身了吗？未来主义学说［215］曾给出过答案，超人应当统治。未来主义学说一度交付给他的乃是

---

[208] 在"正午"章（IV，10），双重"安静！"之后还出现了七次"安静！"，并且没有一次"啊！"。在"梦游者之歌"（IV，19），在双重"安静！"之后不再出现"安静！"。双重"啊！啊！"回应了开头，接着还有十三次"啊！"。

人类、历史和"曾是"的救赎。扎拉图斯特拉却不再谈论超人了。不过，他看似在布道前三分之一的末尾把历史使命转交给了他最近和最远的听众，同时向他们预言了那个长久地"埋葬"在他那儿的"深渊般思想"的降临："你们这些高等人啊，打破墓穴，唤醒那些死尸吧！啊，蛆虫在挖掘什么？时辰近了，时辰近了——／——时钟嗡嗡作响。"[209]——对于未来主义期盼的复活，扎拉图斯特拉在第二个三分之一里用"午夜之死的幸福"作了回应，这一部分将永恒和快乐引入"梦游者之歌"。起先，他谈到了钟，说钟变得"成熟"了，像他的"隐居者的心灵"一样。接着，他听到钟说，世界本身变得成熟了，并且想要"死于幸福"。世界显然并不需要救赎的行动。它不需要被重新创造。扎拉图斯特拉把高等人指向一种"永恒的芳香与气息"，永恒仿佛将完成之幸福的深度作了回溯性的安置。成熟有着沉醉的午夜之死的幸福，这种幸福"歌唱"世界是深沉的，"并且比白天所想的更深沉！"比"白天的工作"想要知道的或者能够梦想的更加深沉，"白天的工作"指向改变并一直朝向未来。在这一章算数意义上的中心处，在第7部分的第1节和全部七十二节的第37节，充满了午夜之死的幸福的灵魂拒绝了白天工作的要求："让我去吧！让我去吧！对你来说，我太过纯洁了。不要碰我！"它在此触及了它的纯洁所达到的完成："我的世界不是刚刚变得完美了吗？"在核心章节，朝向自然的转向三度用这声呼喊诱惑扎拉图斯特拉，现在他懂得第四次也是最后一次转向这声呼喊。区别在于，第四卷第10章中的那个世界［本身］（der Welt）现在变成了他的世

---

[209] IV, 19.3, 1-7; 19.4, 1-6; 19.5, 1-6 (397-399)。III, 3, 26-27 (205)。III, 13.1, 2 (270)。

界。完成的幸福和回顾的幸福在本质上始终关系于历史进程和包含在其中的个体发展，关系于一个造成整全中的一种分别的事件：关系于扎拉图斯特拉所赢得的胜利，或者关系于最丑陋的人从［216］扎拉图斯特拉所得到的那件礼物。午夜之歌的幸福因而不能在同样意义上像完美正午的幸福那样被分享。并且作为结束的形象，它必然是棘手的。[210]相应的，夜晚的回顾和白天的要求在扎拉图斯特拉的灵魂中争执不下。一方面是"让我去吧！对你来说，我太过纯洁了"，另一方面的回应则是对于要求的强化："最纯洁者当成为尘世的主宰，这些最不为人所知、最强大的，这些午夜的灵魂，比任何白天都更明亮和深沉。"不过，午夜之死的幸福坚决地拒绝了"白天"和"世界"的要求（"你在摸索我吗？""你想要我吗？"），指责两者（白天和世界）都"太粗笨了"："有着更机灵的双手，抓住更深沉的幸福，抓住更深沉的不幸，抓住某一个上帝，而不是抓住我。"在第二卷末尾的对话中，"我"（das Ich）尝试逃脱那个没有声音的"它"（das Es ohne Stimme）分配给他的统治任务（"说出你的话，粉身碎骨算了！"），那时他找的借口是自己不适合统治，而现在，成熟和回顾的一面将白天工作的一面指向了创造的上帝和"上帝的地狱"，上帝的痛苦是更深沉的。［在第二卷第22章，］对话在被转述的时候以门徒为说话对象，扎拉图斯特拉即将离开，他们当能平心静气地接受。［在第四卷第19章，］上演的对话以高等人为听众，扎拉图斯特拉紧接着就径直告诉他们，他们不理解他。作为不

---

[210] 在19章中找不到"世界是完美的"这个判断。参看本书页186–189，以及《论哲学生活的幸福》，页161–164。［译注］请注意，"世界是完美的（vollkommen）"和"完成的幸福（Glück der Vollendung）"虽然高度相关，可"完美"和"完成"措辞不同。

得不"向聋子"说话的"不吉的钟",他在痛苦的旁边放上了快乐,快乐"比心痛更深沉",也比创造的上帝的深沉的痛苦更加深沉。[211]——扎拉图斯特拉在布道的第二个三分之一里作为午夜竖琴的诠释者而登场(第 6 部分),此后他吟诵了一段自我对话(第 7 部分),并最终以钟的声音说话,他把钟想象成了"沉醉的女诗人"(第 8 部分),接着,扎拉图斯特拉在最后一个三分之一里将面具游戏玩到了极致,他化身为神。在"论大渴望"章(III,14),这位神在与自身的对话中,作为手握收割刀的葡萄农回应着"葡萄藤的逼迫"。葡萄农报道了与葡萄藤的对话,[217]葡萄藤赞美对葡萄的割收,并向葡萄农解说了对于他的"沉醉的残暴"的赞美:"变得完美的东西,一切成熟的东西——都想要死去!"与之相反,一切不成熟的则要活着,并对他的不成熟的状态说:"苦啊!""痛苦说:'去吧!滚开!你这痛苦!'然则一切受苦的东西都想要生活下去,好使自己变得成熟、快乐和渴望/——渴望更远、更高、更亮的东西。'我想要后代,'一切受苦者说,'我想要子嗣,我不想要我自己。'"扎拉图斯特拉在第 7 部分将痛苦引入"梦游者之歌",同时被提到的还有上帝和上帝的地狱;痛苦代表着要超越既有之物的冲动、改变世界的意志和摆脱过往的欲望。快乐则完全不同,快乐比所有的痛苦都更加深沉。它在根本上就被理解为肯定。它"不想要后来,不想要子嗣——快乐想要自己,想要永恒,想要轮回,想要一切永远与自身相同"。正如扎拉图斯特拉在引入痛苦的时候把游戏排除在外了,他在动用快乐的时候也忽视了学习[过程]。运动、上升、自我超越的

---

[211] IV, 19.6, 1–6; 19.7, 1–7; 19.8, 1–6 (399–401)。IV, 10, 3、20、24 和 13 (342–344)。II, 22, 16 和 28、15, 17, 21, 29, 32 和 35 (188–189)。参看脚注 129。

快乐，对于他的思想和感受来说具有突出的意义，在考察完美的幸福之时，却都没有被提及。作为改变和发展的力量，痛苦位于一极；作为想要一切永远相同的真正核心，快乐位于另一极；这种分裂导致了矛盾的结果，即想要而又不想要完美：作为成熟，它想要死亡，也就是不想再有任何新的改变或发展，作为自足它想要与自身永恒同一，也就是想要不死。两极对立是如此被构想的，以至于只有在永恒轮回中才会有解决；永恒轮回虽然未被提及，却通过永恒、轮回、一切永远与自身相同这三者而得到了标识。[212]扎拉图斯特拉问高等人，他们是怎么看他的，这和他在"论救赎"章（II, 20）向门徒提问一样，在那里，他问，对于他们来说，他是什么。他［现在］一口气提出了五个选项——预言家、梦想家、醉鬼、解梦者、午夜的钟，当中的那一个选项是"梦游者之歌"从一开始就指向的回答，[218] 第 10 部分则为这个回答添加了一个感叹号。扎拉图斯特拉以沉醉者的姿态说话："你们没有听到吗？你们没有闻到吗？我的世界方才变得完美，午夜也是正午——/痛苦也是一种快乐，诅咒也是一种祝福，黑夜也是一种阳光——由此出发吧，抑或你们会了解：智者也就是傻瓜。"对于一位在回首之际隐去或取消了一切区分的沉醉者而言，先知不也就是哲人吗？他如何能够将前者的道路与后者的道路区分开来？更不用说，他在旋转的时候，又如何知道他该走哪条路呢？[213]完美

---

[212] 位于这三者中间的轮回（*Wiederkunft*）是第四卷中仅有的一次使用轮回一词。所有其他的使用都在第三卷：第三卷13章当中的四次永恒轮回，和第三卷16章中的七次轮回。

[213] 尼采恰当地在自用的本子上把"梦游者之歌"改名为"醉歌"（Das trunkene Lied）。——不清楚的是，第 10 部分第 2 节开头的问题"一滴露水吗？一种永恒的芳香和气息吗？"，是否为第 1 节的五个选项又增添了两个选项，还是为第 2 节中的问题构成了一个新的开端，这些问题形成了一个人工瀑布："我

正午在场时的幸福永远有着某种东西，使得它优先于午夜时分完成的幸福的终结形态，只有当扎拉图斯特拉不顾及这一点的时候，他才能将午夜和正午混为一谈。或者，如果他相信，午夜时分的幸福总是会跟随正午的幸福而发生，因此肯定其中一者就会肯定另一者。事实上，这正是扎拉图斯特拉为高等人所构想的信仰，从而将他们引向对于整全的肯定："万物皆联结、串联、相爱——/——如若你们总是想要事情一再重现，如若你们向来都说'幸福！刹那！瞬间！你令我喜欢'，那么，你们就是想要一切都回来！"扎拉图斯特拉所着眼的，不止是确保快乐对于痛苦的优先性——这并不需要对于轮回的信仰——，而是要将"曾是"本身变为意志的对象，并以这种方式教会意志意愿回返。卢梭和歌德对于瞬间的试验也被采用，以使得意志必须在返回意愿中才能与自身相和谐。但是扎拉图斯特拉也没有放弃爱的支撑，爱指向了另一条道路，使得意志不至于误入歧途，陷入复仇的精神："一切皆重新开始，一切皆永恒，一切皆联结，一切皆串联，一切皆相爱，啊，那么你们就是爱这个世界的——/——你们这些永恒者，［219］你们永远爱这世界：而且对于痛苦你们也说：去吧！但要回来！因为所有快乐都想要——永恒！"[214] 当扎拉图斯特拉达到了作为世界根基的快乐，他就立即添入了他在区分痛苦和快乐时起先略过的东西，这种添加并非附带的补充。他

的世界方才变得完美……"这种模糊性本身是不是内在于沉醉？在五个选项中，只有沉醉者前面没有不定冠词，这也体现了他在第1节中的独特地位。

[214] 在复述第10节（倒数第2节）的时候，布道者把"而所有快乐都想要永恒"中的"而"（Doch）替换成了"因为"（Denn）（IV, 19.10, 7）。注意本书页100-101。［译注］所谓"复述第10节"指的是复述12节钟声中的第10节。参"另一支舞曲"章。

毋宁将使得整全成为整全的一切都归于它了,它使得意志回奔入自身,让世界成为世界:"有什么是快乐不想要的啊!它比一切痛苦更焦渴、更诚挚、更饥饿、更可怕、更隐秘,它想要自身,它咬住自身,圆环的意志在它身上争斗——/——它想要爱,它想要恨,它过于丰富了,总是有所馈赠、抛弃,乞求人们来接受它,并且感激接受者,它喜欢被人仇恨——/——快乐是如此丰富,以至于它渴求痛苦、地狱、仇恨、耻辱、残缺、世界——因为这个世界,啊,你们可是认得的呀!"完成的幸福成了支配着一切的一种特别的快乐:午夜之死的快乐,如果想要永恒向自身回归,就只能向自己说"持存!"并且,只有当它一起意愿一切构成它的前提的东西,它才能意愿永恒回归。只有当它意愿一切快乐,包括与它相反或否定它的快乐,它才能意愿永恒回归——这是扎拉图斯特拉的醉歌尝试说服听众的最后一点。"高等人"应当意愿的快乐,应当将他们作为"失败者"来意愿,并且渴求"失败者"。午夜竖琴的解释将回顾的幸福和成熟的幸福作为最高的目标介绍给了老人们,并结束于迷狂,任何一种向导都沉没其中了。[215]——扎拉图斯特拉在第12小时的结尾处重复了整首"再来一次",在这之前,他敦促"高等人"和他一道吟唱"轮唱曲"。福音书作者没有告诉我们,他们是否合唱了这支歌,扎拉图斯特拉说,这支歌的意义是"致一切永恒!"。

  第三天早晨让先知复活了,并且把我们带向了这卷书的开篇处。扎拉图斯特拉在太阳升起时从他的床上一跃而起,作者就扎氏所说的话正如[220]路德版圣经中的讲述者就以利亚所说的

---

[215] IV, 19.9, 1–6; 19.10, 1–7; 19.11, 1–7 (401–403)。III, 14, 23 和 28 (280);参看本书页 151–153 以及脚注 161。II, 20, 45–46 (181)。有关瞬间的试验,参看《论哲学生活的幸福》,页 166–167。

话，那时以利亚为他所信仰的上帝赢得了一场胜利：他"束好腰带"。接着，作者说，扎拉图斯特拉离开了洞穴，他的这番描述为结尾章定下了调子："热烈而强壮，犹如一轮从灰暗群山间升起的旭日。"讲述者明确地把扎拉图斯特拉与太阳进行对比，而先知在下降到人群之前曾向太阳作了一番重要的演讲。他也没有忘记亲自提醒读者注意，扎氏的最后一篇演讲正"以昔日的口吻"开篇，事实上扎氏的措辞与第一篇演讲的开篇措辞相差无几："你，伟大的星球啊，你这深沉的幸福之眼，倘若没有你所照耀的人们，你的全部幸福又会是什么啊！"扎拉图斯特拉在重复时所作的修改（包括增加了"你这深沉的幸福"、强调了"全部"、突出了"人们"），全然相应于每一篇体现了向先知的转变的演讲，相应于当中的意义和未被缩减的字句。在这本书的结尾，就像在这本书的开头一样，扎拉图斯特拉将他的幸福系于他所朝向之人了。只不过，严酷的人类之爱的使命令他陷入的依赖性这一次得到了清晰得多的表达："如若他们还待在屋里，而你已经醒来，出来馈赠和分发：你那骄傲的羞耻之心会怎样发怒啊！"对其所发之光的接纳，被赠予者对它想要给他们带来的赠予的回应，对于这些，扎拉图斯特拉的太阳绝非抱着无所谓的态度。愤怒、血气（Thymos）或己爱（Amour-propre），规定了先知的自失（Außersichsein）。*"好吧！他们还睡着，这些高等人，而我已经醒了：他们就不是我适恰的伙伴！我在自己的山上等待的并不

---

* ［译注］Außersichsein ［在自身之外，自失］，是与 Beisichsein ［自在，自足］相应的概念，意为不再自足于自身，陷入对于外在的依赖性，同时又有迷狂之意。希腊文中的 Ekstase ［迷狂］字面义就是 Außersichsein ［在自身之外，自失］或 Außersichgeraten ［陷于自失］。

是他们。"老人们大概还沉醉于扎拉图斯特拉的午夜之歌,扎拉图斯特拉因此而对他们感到愤怒,他永远无法期盼他们觉醒过来。因为这些高等人,他陷入醉态,并且让自己被完成的幸福所征服,他也因此对自己感到愤怒。午夜之死的快乐让位于建功立业的意志了。白天当获得成功。先知追随"白天工作"(Tagewerks)的呼吁,并且要求他所朝向的人服从[命令]。[216] [221] 和扎拉图斯特拉向"伟大的星球"发表的第一篇演讲一样,最后一章所开启的高贵的演讲服务于先知的自我理解。与第一篇不同的是,讲述者现在没有说,扎拉图斯特拉向太阳说话,而是径直说他"向自己的内心"说话。他在第一篇对太阳的演讲中把动物作为属于自己的来介绍,现在动物们又在他身旁了。"我的动物们醒了,因为我醒了。"可他还一直没有同伴。在结尾处和在开头时一样,他[身边]都缺少"适恰的人"。[217]——扎拉图斯特拉着实没有时间让他的学说尚未取得的成功来取悦自己。对于发生在他身上、降临于他、向他袭来的这件事而言,如讲述者后来断定的那样,"在大地上是没有时间的"。这一章(Ⅳ,20)的标题所指示的"征兆",一个奇异的事件,鼓舞着他的内心,为他的使命赋予了新的力量,强化着他的希望。一团云层靠

---

[216] "我想要我的工作,我想要我的白天:但他们弄不懂,我的早晨的征兆是什么,我的脚步——对他们来说并不是起床号。/他们还睡在我的洞穴里,他们的梦还在咀嚼我的午夜。听我说话的耳朵——那顺从的耳朵,是他们躯体上所缺的。"Ⅳ,20,5-6(405)。在他自用的版本中,尼采对第6节作了改动:"……他们的梦还在饮我的醉歌。不过,那听我的耳朵……"参看《路加福音》10:42和《罗马书》10:17,以及1:5和16:26。

[217] Ⅳ,20,1-9(405-406)。《列王纪上》18:46。请比较最后一篇演讲中献给太阳的五节和第一篇演讲中献给太阳的十节:Ⅳ,20,2-6和前言,1,2-11(11-12)。参看本书页17-18。

近他，向他倾泻。它没有带来降雨，像上帝对以利亚承诺的那样，而是带来了扎拉图斯特拉在"论新旧法版"章（III，12）中为自己预言的鸽群。以利亚在别人能够看见之前就听见了上帝的云层，同样，扎拉图斯特拉在用内在的眼睛看见"爱的云层"之前，就听见自己"被无数的鸟儿所环绕和拍打"。他闭着双眼坐在洞穴前面的石头上，驱散那些"温柔的鸟儿"，"不知不觉地伸到一团厚实而温暖的毛发里了"。接着，他听见一声"柔和而悠长的狮吼"。最终，他相信自己看见了一头狮子位于他的脚边，狮子把头紧贴在他的膝盖，并且每当一只鸽子掠过狮子的鼻子时，它就笑了起来。先知为他的时候的到来所预言的征兆显然已经显现。扎拉图斯特拉用一句话总结他对于完成功业的渴望："我的孩子们临近了，我的孩子们。"然后他沉默了。鸽子带着爱意抚摸他的白发，"不倦于柔情和欢欣"。[222] 狮子舔着落在扎拉图斯特拉手上的泪水。先知在第二卷的结尾和第三卷的开头曾两度"大声""痛"哭，现在因为发生在他身上的事情而"默默地""释然地"流下了眼泪。诗人的奇迹故事就讲到这里，也以此结束了他的"渎神"。讲述者还加了一个尾声，扩展了这件事的"见证者"的范围：当"高等人"在洞穴中醒来，列队来向扎拉图斯特拉问"早安"，这时，狮子"厉声咆哮着"跳向他们，他们所有人"异口同声地"大叫，重又跑回洞穴去了。我们从高等人那儿最后听到的，和扎拉图斯特拉最早从他们那儿听到的一样，都是一声叫喊。[219]——扎拉图斯特拉"眩晕和奇怪"地把内在的事件置于身后了。他从前一天早晨就坐过的石头上站了起来，惊

---

[219] IV, 20, 10-14 (406-407)。《列王纪上》18：1、19：41、19：46。参看 III, 12.1, 3 (246) 和 IV, 11, 49-51 (351)。注意本书页 111 和脚注 117。以及脚注 168 中提及的 1885 年 2 月 14 日致加斯特的信。

讶地扪心自问，并且独自一人。不再有高等人。鸽子消失不见了。周围也没有欢笑的狮子了。他瞬间理解了"昨天和今天之间"发生的"一切"，然后第三次捋了捋胡子。前两次捋胡子的姿态表现的是，扎拉图斯特拉从老预言家启示录式的预言令他陷入的麻木状态中摆脱出来了。现在，[他所摆脱的]是他因自己登峰造极的预言而使自己置身其中的混乱。他重又恢复了理智，回想起预言家想要引诱他去犯的"最后的罪"。呼救者找到了通往扎氏的道路，从他的使命和他的功业所提出的要求来衡量，对他们的同情成了"罪"，因为，他因他们的幸福而变得柔软，让自己一夜都被死亡欲（Sterbelust）的陶醉状态所侵袭。这是一种先于那个时间点，先于完成之行动的死亡欲。[219] [223] 对于他的"孩子们"的爱和他们在他的想象中所作出的回复带来了转变："'同情！对高等人的同情！'他叫喊道，他的面孔变得铁青。'好吧！这事——不急！'"扎拉图斯特拉再一次作为英雄登场。他重复了第四卷开头的英雄式信仰自白："难道我在追求幸福吗？我追求自己的功业！"超-英雄已在远方。先知看起来完全被大事将临的幻觉所充满了："狮子来了，我的孩子们临近了，扎拉图斯特拉变成熟了，我的时辰到了。"他说的最后一句话在召唤历史性的事件，这事件当把他的名字与时代的转变联系起来：

---

[219] 在一则题为"最后的罪"的草稿中，尼采让扎拉图斯特拉说了"征兆"章（IV, 20）一直没有说出的东西，但是对于"梦游者之歌"的细心读者来说，这又是不难看出的："那个老预言家昨天早上劝诫我的，正是我的困境；他想要引诱我，把我引向我最后的罪，同情你们的困境！/但你们的幸福才是我的危险——对你们的幸福的同情，——这是他没有猜中的！噢，这些高等人猜中了我身上的什么哦！/来吧！他们离开了——我和他们并不同道：噢，胜利！噢，幸福！我为此而欢欣！"1884—1885年冬季遗留残篇，32 [14]，*KSA* 11, 页414。参看本书页211-212。

"现在起来,起来吧,你,伟大的正午!"讲述者只还补充说到,扎拉图斯特拉离开了自己的洞穴,并重复了开头的刻画:"热烈而强壮,有如一轮从灰暗群山间升起的旭日。"我们不知道,扎拉图斯特拉是否像苏格拉底一样,在离开了阿伽通家里的酒席之后,继续他白天的工作。或者他是否不同寻常地寻找未来的同伴。无论先知,还是诗人,都没有在最后一章中谈及没落(Untergang)。[20]

---

[20] IV, 20, 15 – 25(407 – 408)。IV, 1, 2(295);参看本书页 163 – 166。有关捋胡子:II, 19, 44(175)和 IV, 2, 16(302)。有关没落:前言,1, 12(12)和 10, 10(28);III, 12.1, 2(246);III, 13.2, 61(277);参看 I, 22.3, 11(102)和 III, 12.3, 9 – 13(249)。参看脚注 53。在为书的结尾所作的准备笔记中,尼采谈到了扎拉图斯特拉的没落:"扎拉图斯特拉如是起身,有如一颗早晨的太阳,来自山间:他强壮而热烈地踏步走来——走向伟大的正午,这是他的意志所欲求的,然后走向他的没落。"1884—1885 冬季遗留残篇,31 [20],*KSA* 11,页 365。

＊　＊　＊

　　［225］尼采在第四卷最后一节之后，断定了"《扎拉图斯特拉如是说》的结尾"，却没有如他所愿地帮助他的"儿子扎拉图斯特拉"走向"美丽的死亡"。[21] 他在完工时没有交代主人公的结局。扎拉图斯特拉的未来被交付给这本书向之说话的读者们，去思考和想象。何为扎拉图斯特拉，这需要出众的读者自己去认识。如果尼采给扎拉图斯特拉安排了一场美丽的死亡，如他开始所打算的那样，或者在"经年累月"之后赠予他善终，那么贯穿全书的根本张力就会暴露在众目之下，消解于所述二元性的这一边或另一边。如果白发苍苍的扎拉图斯特拉（尼采依据达·芬奇的都灵自画像来设想他的面部特征）[22]

---

[21] 参1884年11月中旬致伊丽莎白·尼采的信，《考订书信全集》III 1，页557。——尼采几年来在极为不同的信件中谈论"我的儿子扎拉图斯特拉"。请分别参看1883年4月27日和1885年3月30日致彼得·加斯特的信，1883年7月9日和1883年12月6日致弗朗茨·奥维贝克的信，1883年7月中旬致伊达·奥维贝克的信，1884年7月、1884年9月1日和1887年2月致马尔维达·冯·迈森堡的信，以及1885年5月7日致伊丽莎白·尼采的信（"千万别以为我的儿子扎拉图斯特拉说出了我的观点。他是我的诸种预备和过渡行为之一。"），1885年7月31日致保罗·亨利希·魏德曼或1886年8月29日致出版商弗里奇的信，《考订书信全集》III 1，页367、393、406、460、508、509、522；III 3，页32、40、48、74、237；III 5，页34，以及1884夏秋之际的遗留残篇26 [394]，KSA卷11，页254。

[22] "……尼采曾把他所设想的年迈智者的外部特征告诉彼得·加斯特，根据尼采的这些表述，白发苍苍的扎拉图斯特拉所展现给我们的特征正重现了……著名的都灵册页（复制件在威尼斯）上，年迈达·芬奇的自画像，而尼采提及达·芬奇时总是带有高度的赞叹。"古斯塔夫·瑙曼，《扎拉图斯特拉注疏》，第一部分，莱比锡，1899，页25。都灵红铅笔画中所展现的老人自画像，在19世纪才为公众所知晓，值得注意的是，这幅自画像与拉斐尔《雅典学园》中柏拉图的面部特征有着显著的相似。

死于山顶，如果哲人［226］饱尝生命、充满智慧地死于其最为本己的领域，那么就很难让任何一个人不去注意到，诗人在前言所预示的没落，以及先知一度向自己预言的救赎，都不再有效了。相反，如果扎拉图斯特拉第三次下降人间，死在人群当中，那么先知的爱与希望显然就胜过了哲人从第二卷的危机中所获得的洞见，这种洞见在第三卷的三联剧"日出之前""返乡"和"论巨大的渴望"中得到开展，并且在第四卷的中心"正午"一章得到强化。尼采在写作第二、第三和第四卷的时候，一直在考虑没落的各种新的写法，可最终下决心放弃了所有这些写法。他为先知所考虑的死法可以归结为两种主要形式：扎拉图斯特拉死在人群之中，或者死于自己的痛苦，或者死于自身的幸福。因过于巨大的痛苦而死亡，这种情形又进一步分裂为两种，或者扎拉图斯特拉因眼前的堕落而感失望，或者对未能理解预言的人感到同情。失望的情形又分为二，或是因为他的朋友们起而反对他，或是因为他的动物在围绕他的争执中互相撕咬。在一个隐约闪现的分线索中，杀害扎拉图斯特拉从而压制其"话语"的任务落在了帕纳（Pana）这位全剧各种草案中唯一的女性身上。尼采所规划的种种死亡有一个共同点，即都预设了永恒轮回学说。痛苦、死亡和同情所关系到的都是永恒轮回的宣示所带来的反应。那种占据了扎拉图斯特拉的幸福也是这般情形：他在死去的时候相信，通过宣告永恒轮回，他完成了自己的作品，实现了自己的使命。先知只有信仰永恒轮回，才在其行动中取得与自身的一致，设想中的种种死亡也在此意义上预设了学说。这适用于扎拉图斯特拉在"最寂静的时刻"（II，22）所抗拒的牺牲，也适用于动物们在"痊愈者"（III，13）中归于扎拉图斯特拉的牺牲。这还适用于幸福结局中的死亡，扎拉图斯特拉在"醉［227］歌"（IV，

19）中，通过"午夜的死亡幸福"展示了这种死亡的悖谬之处。在所有这些构想中，诗人最终都必须设想先知对永恒轮回的信仰。除非他通过拖延的方式缓和根本问题，任其免于决断，直至圆满死亡和自然死亡对于扎拉图斯特拉而言仿佛不再有任何区别。无论扎拉图斯特拉在宣告之后应当如何死亡，是死于他的痛苦，还是死于他过于巨大的幸福，他的死都会成为一桩创始奠基的事件。无论先知看似以失败收场，还是被一种异口同声的誓言所确证，他的死亡都标识着一个新纪元的开端、另一个宗教的开端、一个未来国度的开端。㉓然而，尼采最终选择了悬搁，选择以止步和中断来结尾，这种结尾胜过所有之前尝试而后又遭放弃的种种方案。开放式结局一方面让这本书的政治性读者们得以将创始奠基的事件作为对象来幻想，将伟大的哈扎尔＊作为自己的目标来渴望，又不至于否认哲人，后者以对自身的统治、认识和自足为优先。高贵者们想要建立一种贵族秩序，最关切谁当统治大地的问题，第四卷在"与国王们的对话"中为这些高贵者预备了消息，即国王的德性首先在于能够等待。并且［对于他们来说］第四卷在先知的喜剧中达至顶峰，先知因等待自己所预言的预兆而变老、变得白发苍苍，最终被渴望所占据，将

㉓ 与扎拉图斯特拉的死相关的笔记和草稿，请参看1883年6—7月遗留文稿10［45］和［47］，*KSA* 10，页377、378；1883夏季13［2］"预兆"及［3］，*KSA* 10，页444、446-447；1883秋季，16［3］、［38］、［42］、［45］、［53］、［54］、［55］、［63］末尾、［65］、20［10］、21［3］第21和22条，*KSA* 10，页512、513、517、523、593-594、599-600；1884春季，25［322］和［453］，*KSA* 11，页95、134；1884夏秋，27［23］，*KSA* 11页281；1884秋季-1885年初，29［15］，*KSA* 11，页341。——请参看本书页93、132-134、142，并注意本书页89以及137-138。

＊［译注］Hazar，千年循环。

自己的幻象混同于现实。尼采并不愿意为英雄而牺牲超－英雄,他并不打算展示所宣告的没落,所以他从未让扎拉图斯特拉作为那种教义的教师而登场,那种教义要求牺牲,并且需要通过死亡来得到确证。

[228] 鉴于尼采的止步、推延和中断,永恒轮回在《扎拉图斯特拉如是说》中具有何种分量的问题重新变得尖锐起来。扎拉图斯特拉以梦象(Traumgesicht)来密语、作为塞壬的歌声(Sirenen-Gesang)让素不相识的寻觅者和诱惑者在大海上听他讲述的思想有何意味?动物们为了促进扎拉图斯特拉的痊愈在洞穴中作为竖琴曲来歌唱的学说有何功用?通过宣告和传播教义,诗人最想要实现的期望会是什么?在我们追随了哲人的道路、看到先知的行动之后,可以用七个步骤来简要地勾勒答案:(1)永恒轮回被用作一块试金石,对厌恶(Ekel)的克服必须在其中经受考验。永恒轮回当作为"锤子",就精神的救赎需要来检验和区分各类精神。它当成为印记,用来标识对生命、对必然性、对如其所是的世界的肯定。当尼采在《瞧这人》的回顾中(《扎拉图斯特拉如是说》章,1节)把永恒轮回的思想刻画为"可能达到的最高的肯定公式",他事实上把这个对于哲人而言具有特别意义的角度提到了最前列。(2)永恒轮回的思想如果只是以最难承受之物为对象、代表着对于意志的最大挑战,那还不足以成为最高的肯定公式。肯定的力量源于英雄主义所预设的各种经验和一种赞同。完成的幸福,成功的作品或一桩历史事件所具有的幸福,再现于对整全说"再来一次!"。只有当自然正午的幸福也能够体现其中,永恒轮回的思想才成为最高的肯定公式。在这种幸福中,思与感在那一个判断(Einem Urteil)中联系在一起,

而这种幸福不会出现在英雄的自我惊叹所发出的双重光亮*之中。(3) 同一者的永恒轮回（die Ewige Wiederkunft des Selben）不仅与相同者的永恒复归（der ewigen Wiederkehr des Gleichen）处于一种竞赛关系，在肯定与否定的对垒中，前者的"再来一次！"战胜了后者的"徒劳！"。同一者的永恒轮回在这种竞赛中将自身系于对于永恒的快感、爱和认识。而且，它还由此反对永恒的［229］被遗忘状态。永恒轮回的思想突出地指向了与哲学同源的宇宙论问题。㉔ (4) 超人学说在永恒轮回学说中得到了补充和修正。当超人学说将上升和下降一同纳入视野，它就构成了一种期盼（即期盼那种决定一切的骤变）的对立面。当超人学说否定了对曾是的救赎需要，它就把复仇精神关进了笼子，这种复仇精神促人怀抱未来主义幻象，这种幻象妄图最终战胜荒唐和无意义。与伟大的人类正午之末世论负载相反，在永恒轮回学说中，处处皆是中心，鹰和蛇理解了这个意义上的永恒轮回。(5)* 如果扎拉图斯特拉自己转信永恒轮回学说，那就意味着，他相信自己的优先权和自身的伟大可得永恒。成为真实

---

*［译注］Zwielicht 既有曙光，又有薄暮之意，即不辨晨昏。总之是昏暗的，于是又有双重光亮的含义，即昏暗之中借助人工光亮来照明而与自然光亮相混合。昏暗、混合，而又分不清楚。于是，词组如 ins Zwielicht geraten 就意味着"陷入不明朗的、可疑的处境"。英雄的自我惊叹有这重重不明朗、可疑而又难辨的特征。

㉔ 有关永恒轮回思想在宇宙论方面的潜在意义，参看 Oskar Becker 在《尼采对其永恒轮回学说的证明》中的分析，分析的结论是，尼采的假设是"对经典的、尤因康德而著名的世界在时间中延展而产生的二律背反的合乎系统的解决"。《此在与此本——哲学论文集》（*Dasein und Dawesen. Gesammelte philosophische Aufsätze.*），Pfullingen，1963，页 66；参看页 50、52、59 – 61、64。

*［译注］值得注意的是，在 5、6、7 三点中，作者一律用了第二虚拟式，翻译中用"可（以）""会"来体现。1 – 4、5 – 7 明显地分成两组。

信仰的第一位教师，这是他的优先权。通过自己的牺牲而完成了功业，这是他的伟大。于是，先知的没落（Untergang）正可以以太阳的"沉落"（Untergang）为榜样。（6）对永恒轮回学说的信仰会将高贵者的骄傲永恒化，只要他能够克制自己对于即便最渺小者之永恒轮回的恼怒。这种信仰会加固距离的激情（Pathos der Distanz）。这种信仰刺激创造者严厉地对待自身和他人。这种信仰强化战士的勇敢，敦促他们为遥远的扎拉图斯特拉的国度而更加勇敢地战斗。（7）宗教创造者会期盼学说的制度化，期盼注疏、布道和教义问答绵延数百年乃至数千年，期盼教义由此逐渐内化、塑造一代又一代人的生活方式。在那一位上帝死了之后，永恒轮回可以取代死者的复活。永恒轮回可以成为不朽信仰的替代品。未来宗教可有助于让人类［230］忠于大地、安居存在之家。㉕第5、6、7这三个要点直接关乎戏剧的结尾，并通过开放式结局而被悬置了起来。它们相应于作品开篇时对扎拉图斯特拉之没落的指向。它们澄清了如果诗人固守基本构想，永恒轮回会被赋予何种角色的问题。与此一道，这三点也展示了，如果诗人要让扎拉图斯特拉承受那曾为之预备的所有

㉕ 扎拉图斯特拉在展示永恒轮回的解放效果、指向其可欲性之前，强调了它的可怕（III, 2.2, 16 及 24; III, 13.1, 1 - 9; III, 2.2, 32 - 34; III, 15.2, 12 - 13 及 15.3, 1 - 11; III, 16.1, 5 - 7; 16.2, 5 - 7 等；参看本书页114）。如果教义不能回应一种深邃的渴求，就无法被视作一种未来宗教。海德格尔说，永恒轮回当中还隐藏着"一种对于单纯流逝的厌恶，并因此也还隐藏着一种最为精神化的复仇精神"，这个反驳切中了对同一者的永恒轮回的信仰；却没有切中作为"最高的肯定公式"的永恒轮回思想中所表达出来的判断。《谁是尼采的扎拉图斯特拉》（Wer ist Nietzsches Zarathustra?），载《演讲与论文集》（Vorträge und Aufsätze），Pfullingen，1954，页117。参看1883年秋季遗稿16 [63] 最后一节，KSA 10，页521。参看本书页50 - 51、80 - 87、101 脚注121、页 106 - 107、166 - 167。

苦难,*就会付出怎样的代价。因为从第一句话开始,《扎拉图斯特拉如是说》所遵循的构想,就是将先知与哲人合二为一、变成一位反耶稣的尝试和诱惑。

仿讽一直行进于绾合哲人与先知的轨道之上。起初是智者要"重新变为人"的决定。他要下降到人群中,说出扭转人类和他自身困境所需的话语。他必先入于奴役,才能彰显荣耀。反耶稣当激荡于爱和愤怒。他当展示善意与严厉。他当预言拯救与审判。作为哲人,他又当通过自己的笑来胜过对跖点。他当超越于重力的精神之上、超出悲剧之外。他用来召唤跟从的应当不是自己的死亡,而是自己的生命。作为先知,他在哭泣方面不能弱于先驱。对于人类未来的决断是严肃的,他不能弱化 [231] 这种严肃。要实现他的使命,就必定要牺牲,对此他也不能惧怕。耶稣在开始施教之前,曾受魔鬼的诱惑,魔鬼诱他统治万邦。扎拉图斯特拉则在第二次结束施教活动之后,受高等人的幸福所引诱,而他正是这种幸福的创造者和观察者。扎拉图斯特拉与耶稣一样,对跟随自己、围绕自己的人说:"有耳的当听。"不过,反耶稣的演讲并不指向启示或上帝的恩典,而是指向规定了听与不听的自然。㉘耶稣在橄榄山上预言世界

---

* [译注] 字面义为:将那曾为之预备的杯中酒一饮而尽。字面中的"杯子"呼应着戏剧开头,指向扎拉图斯特拉前言中所谓的杯子,影射圣杯。

㉘ 前言,1,11(12)。《腓立比书》2:5-11。——扎拉图斯特拉说了三次"有耳的当听":III,2.1,22(199);III,8.2,32(230);III,12.16,13(258);参看 III,5.3,12 和 23(216),以及前言,5,1 和 27(18,20);前言,9,17(27);I,22.2,13(100)。在《瞧这人》中,尼采评述道:"……这儿没有对信仰的要求……;在此成为一个听众乃是无与伦比的特权;没有人能够随意地拥有适合扎拉图斯特拉的双耳。"前言,4(页260);参看前言,3(页258)。《马可福音》4:2-25 和《马太福音》11:7-15。

的终结，那时义人将得永恒的奖赏，不义之人将得永罚，扎拉图斯特拉则把一种幸福联系于他的橄榄山，这种幸福在孤独中将他充满，无论是对义人还是不义之人，他都竭力将之隐藏。他并不通过奇迹来确证自己的学说，而是祝福偶然与必然。然而，与人子一样，扎拉图斯特拉也得真正成为人，所以，他必须唱一曲违背自身洞见的人性－太人性之歌。他必须焦急渴望自己的孩子，必须投身于盼望，而这些盼望绝不能满足于智慧。末了，他还得脸红一次，见证羞愧，而羞愧是人的标志，对于神来说是陌生的。㉒ 不过，扎拉图斯特拉在指定给他的道路上越是前行，就越是可以看出，诗人的尝试注定是失败的。第二卷不仅已经表明，先知在第一卷所宣讲的有关超人的未来主义学说，在哲学上是行不通的；而且位于情节中心的哲人的自我理解也清楚表明，哲人［232］不会顺服仿讽必定加之于他的强迫。哲人与先知，在本性上，既不相同，也不相似。直到全书的中心（II，19－20），直到扎拉图斯特拉的救赎危机，联结哲人与先知的尝试才可以被理解为通往自我认识的道路，［因为］这次危机表明，扎拉图斯特拉在前言的开头有多么远离这一点：不是［作为］人［而存在］。* 戏剧的转折敞开了选择的可能性。第三和第四卷只还能展示张力、显明扎拉图斯特拉在两极之间的振荡，这种振荡排除了合一的可能性。除非这个合一体（die Einheit）有着等级构造。哲人命令先知。

　　㉒ IV，7，4 和 21（328，329）。《创世记》3：7；3：10。参看《快乐的科学》273－275（页519）。参看本书 页45－46 和159－162。参看《善恶的彼岸》，295 节（页239）。

　　*［译注］即扎拉图斯特拉以一种自我误解开始。如果下山之前还是人，就没有"重又成为人"的说法。引申言之，扎氏所仿讽的对跖点亦有着这样一种自我误解。

抑或哲人服从先知。而服从先知即意味着停止为哲人。

《扎拉图斯特拉如是说》给了尼采澄清哲人与先知这两个选项的机会。诗人通过仿讽而进入的辩证依存（dialektische Abhängigkeit）能够有助于澄清，因为这种辩证依存促进裂缝的产生，有助于将属己之物和异己之物区分开来，这样一来，哲人与先知这两种初看上去极易混淆的类型学轮廓最终可以变得清晰。尼采［给自己］增加了去探测可供选择的可能性并由此思考位于根本处的诸种必然性的压力，特别是因为他在尚未写作下一卷的情况下，就已经逐次发表了第一、第二和第三卷，这使得他无法鉴于后来的各种事件和洞见再对剧情作出修改或适当调整。他由此为诗人的权力意志套上了绳索，逼迫诗人去承担"曾是"这块碍人的石头。换言之，鉴于扎拉图斯特拉这个其想象出来的造物和实验对象，他将自身带入了一种境况，这种境况与认识者回顾自身道路之时所处的境况相应。冒险之举在最重要的方面并未失败，诗人的双重束缚有功于此。因为，尼采就自己所获得的认识，可被视作他与扎拉图斯特拉相伴的这几年中最为重要的收获，远胜于其他方面。这使得《扎拉图斯特拉如是说》在严格意义上成为一座哲人自我理解的纪念碑。［与之相比，］这本书所有其他的方面，尼采所有其他的意图都退居次席。这［233］适用于在"伟大的正午"就上升和下降进行决断的呼吁，或对贵族创立一种新贵族制的鼓舞，这同样适用于仿讽的首要目标，即攻击基督教，或适用于尼采在一封信中称之为"流行立场"的东西，［他声称，］这种立场只有通过他才能够被理解："要么基督，要么扎拉图斯特拉！"[28]这甚至适用于尼采通过

---

[28] 1883年8月26日致彼得·加斯特的信，*KGB* III 1，页435-436。尼采在信中谈到的，是他在发表了第一卷之后所了解到的对于这本书公开或半公开的第一反响。此时，第二卷分尚未发表，不过已经付排。

仿讽所要达到的遥远目标，即位于先知使命根底中的经验，完全不是必须被解释为上帝的呼召，并且如尼采在《瞧这人》中将要强调的那样，"创作扎拉图斯特拉的诗人"支配着灵感，他要感谢的是"真理的启示"。㉙这也特别地适用于《扎拉图斯特拉如是说》所引入的超人、权力意志和永恒轮回教义（Doktrinen），这些教义随后与尼采之名紧密相联，尽管并不能等同于他的哲学。当尼采既从近处观察"儿子"又与之 [234] 保持距离，在他身上试验不同的选项、尝试各种可能性，尼采由此所达到的自我理解将他自己的思想带入一种运动，为其全部著作设定方向，在这个方向上，各种教义事实

㉙ 《瞧这人》III，"扎拉图斯特拉如是说"章，小节 1、3、4、6（页 335 – 337、339 – 340、343）。参看《扎拉图斯特拉如是说》，II，12，27 – 37（148 – 149）；II，17，18 – 25（164 – 165）；III，4，1 – 10（207）以及本书页 63 – 64、71 – 73、105 – 106。当先知声称自己得到上帝的呼召之时，他所指涉的那种经验是否必定对哲人关上大门，或者哲人是否在根本上无法通达这种经验，以及上帝之人在一方面、哲人在另一方面所进行的解释，所有这些问题请参看《论启示宗教的谱系学》，载《神学 – 政治问题》，页 68 – 70。——正因为尼采在《瞧这人》中将《扎拉图斯特拉如是说》奉为另一部圣经，所以他特别留意将扎拉图斯特拉同圣经先知这种类型区别开来，正如他在《敌基督者》中极其明确地将扎氏区别于信徒、规定为哲人。《瞧这人》前言，4（页 259 – 261）；《敌基督者》54 节（页 236 – 237）；参看本书页 11。在一条通过《权力意志》的编纂而为人所知的遗留笔记中，尼采就扎拉图斯特拉的话"我只可能会信仰一个善于跳舞的上帝"（I，7，22，页 49）作了如下评论："不过，扎拉图斯特拉自己只是一个老无神论者：他既不信老的也不信新的 [诸神]。可别误解了他。扎拉图斯特拉说的是，他可能会——可他事实上不会。"（[译注] 中文无法完全传达德语第二虚拟式微妙的含混性。所谓"可能会"通常可理解为，如果上帝善于跳舞他就会相信；但也可以理解为，一位善于跳舞的上帝是可信的，是值得他信的，可他事实上仍然不信。）1888 年五月 – 六月遗留残篇，17 [4]，*KSA* 13，页 526。根据 *KGW* IX 10，页 9 有所修正。请注意本书页 33 和带有脚注 66 的页 58 – 59。

上只有从属的意义：有眼力的就会看到它们的服务性功能。超人学说（Lehre）全然属于先知。尼采并不将之归于自己名下。永恒轮回在尼采那儿几乎没有得到陈述，即没有展开为理论性的学说形态，正如我们也没有听到扎拉图斯特拉将之作为信仰真理来宣讲一样。只有三种教义中的中间一种，即权力意志概念，才被他明确地采用和拓展。在《善恶的彼岸》和《论道德的谱系》中，尼采接续了这个概念的批判潜力，而这种批判潜力正位于《扎拉图斯特拉如是说》的核心位置：权力意志作为哲人的自我认识、鉴于求真意志而展开的自我批判和自我监督的媒介和工具。他使权力意志成为一种发展学说的承载，这种发展学说的遁点在于哲人的至高活动。另一方面，在尼采的诊断中，当代患有意志薄弱的病症，他又用权力意志来战斗，来与意志薄弱针锋相对。最后，他运用这个概念，是要进行一种反向的筹划，即用之规定世界的"智性特征"，并借助这一个概念来交织从物理学到心理学的一切，不过，他是用虚拟式来表达这种筹划的，并称之为假说。由此可产生一种无所不包的教义，这种学说可被后世径直唤作尼采的形而上学，或者产生学生们所期盼于尼采的那种令人敬畏的体系。而事实上，尼采没有拿出一部《善恶的彼岸》（1886）所预告的有关著名学说的书：《永恒轮回》从来就没写过，《权力意志》在1888年年底已经确定无疑地被《敌基督者》超越了，此前，尼采在同一年的夏季已经放弃规划中的《权力意志》，从中抽取重要的章节，预备发表在《偶像的黄昏，或如何用锤子搞哲学》当中。尼采有意识地决心反"体系"。他既不听任哲学被混同于一套理论，也不额外助力，把一个认识工具和理解手段［235］显而易见地提升为一条形而上学原则。[29]葬送"权力意志－规划"的决定可被看作"扎拉图斯特拉－实验"后来［产生］的结果。这个决定完全符合作者在完成"一部为所有人而又不为任何人的书"之后所走的路线。同样,"扎拉图斯特拉"之后的著作是对通过《如是说》所达到的自我理解的深化。尼采在1886年和1887年再版和新版了"扎拉图斯特拉"之前的著作,他利用这个机会检阅了自己的思想道路,将自己的生命作为样本来讨论,这实非偶然。他在这当中把对哲人使命(Aufgabe)的规定用作红线。这个概念他在《善恶的彼岸》中引入,并将在最后的姊妹篇《瞧这人》和《敌基督者》中具有核心意义。尼采在"扎拉图斯特拉"之后更加集中注意力于哲人,这种注意在这两本书中达到了顶峰,而这两本书也恰如其分地取代了期待中的"主要著作":《瞧这人》［236］讨论哲人生活。《敌基督者》表面上看来是要将重估一切价值宣布为世界历史使命,而

---

[29] 《善恶的彼岸》9、198、211、227(页21－22、118－119、144－145、162－163);13、23(页27－28、38－39);51、186、259(页71、105－107、207－208);22、36(页37、54－55)。权力意志概念在《善恶的彼岸》中一共出现了十六次,在一年之后的"增补和解说"中,即在战斗檄文《论道德的谱系》当中,接着又出现了八次,并且再一次预告了《权力意志》一书。注意"离题之处",尼采是在"离题"的时候引入这个概念的:II,11和12(页309－316);进而参看II,18;III,14、15、18和27(页326、370、372、383、384、409)。参看《偶像的黄昏》,"格言与箭"26和"德国人缺少什么"6(页63、108－109)。1887年秋季遗留残篇9［188］,*KSA* 12,页450。在《善恶的彼岸》封底页上,尼采第一次向读者透露《扎拉图斯特拉如是说》第四卷的存在(参看本书脚注168),此外,封底上还有这样一则消息:"预备:/权力意志——重估一切价值的尝试(四卷)/《永恒轮回——神圣的舞蹈和游行》/《自由鸟王子之歌》。"——尼采为防止将权力意志提升为一个形而上学原则所采取的办法之一是,从《善恶的彼岸》(19)直到《偶像的黄昏》(四大谬误3)一直强调,"意志"只是作为一个词语才有统一性,只是一个名词,没有实体。一条笔记以极简的形式断定:"显白－隐微/1.——一切都是意志反对意志/2. 根本没有意志。"1886年夏季—1887年秋季遗留残篇5［9］,*KSA* 12,页187;*KGW* IX 3,页179。

实际上讨论的是何为哲人的问题。这两本最为紧密相联的书包含了尼采对于扎拉图斯特拉问题（Zarathustra – Problem）的回答，按照作者的意志，应当先出版《瞧这人》，一年之后再出版《敌基督者》。两本书的标题都让人明确看到对于基督教的反对立场。不过尼采并没有为自己加上他曾加在扎拉图斯特拉身上的种种束缚。他并没有以反耶稣的形象登场。他努力不去将哲人同化为先知。他不把神和人合二为一。取而代之的是"狄奥尼索斯反对被钉十字架上的人"，尼采并且宣称自己是这位神祇的门徒，只不过他把这位神称作哲人："我是哲人狄奥尼索斯的一位门徒。"尼采紧接着《扎拉图斯特拉如是说》把处女作中的神拉回到了著作当中。但是，这位神在返回的时候已不是当初的模样。不仅名字的写法变了，而且艺术家之神和悲剧英雄狄奥尼苏斯（Dionysus）变成了哲人和喜剧诗人狄奥尼索斯（Dionysos）。自《善恶的彼岸》以后，尼采就将狄奥尼索斯用作哲人的一个符号，尼采在他最后的冒险之举中，显然在很大程度上减轻了狄奥尼索斯的负担。[231]在《敌基督者》结尾处，尼采作为立法者登场。不过，他并不用面对牺牲问题。作为狄奥尼索斯的追随者，他也不期待救赎。他在一个完美的日子开始写作《瞧这人——一个人如何成为自己》。

---

[231] 在阔别十四年之后，尼采第一次提及狄奥尼索斯的时候强调了这位神的变化："这期间，就这一位神祇的哲学，我又多学了许多，多学了太多，并且，正如我说过的那样，是他亲口告诉我的——我，这狄奥尼索斯神最后的门徒和知情者……狄奥尼索斯是一位哲人，诸神也在从事哲学，仅仅这一样，在我看来，就已经是一项革新了，这并非平淡无奇之事，也许恰恰会在哲人们中间引起怀疑。"《善恶的彼岸》295（页238）。《论道德的谱系》，前言，7（页255）。《偶像的黄昏》，"我感谢古人什么?"，5（页160）。《瞧这人》前言，2；IV，9（页258、374）。参看 III，6（页307 – 308）和"扎拉图斯特拉如是说"章，6、7、8（页345、348、349）。

人名索引

A
Achilles 阿喀琉斯 39
Agathon 阿伽通 223
Anaximander 阿那克西曼德 99
Ariadne 阿里阿德涅 67, 152-153
Aristophanes 阿里斯托芬 86
Aristoteles 亚里士多德 154

B
Becker, Oskar 贝克 229
Benardete, Seth 伯纳德特 181
Buddha 佛陀 29

C
Cieszkowski, August von 契希考夫斯基 47

D
Dionysos 狄奥尼索斯 20, 59, 67, 152-153, 158, 176, 207, 235

E
Elia 以利亚 219, 221
Erda 爱尔达 144

F
Feuerbach, Ludwig 费尔巴哈 47
Förster-Nietzsche, Elisabeth 伊丽莎白·尼采 225
Fritzsch, Ernst Wilhelm 弗里奇 225

G
Gast, Peter (Heinrich Köselitz) 彼得·加斯特（原名柯塞利兹）37, 53, 162, 222, 232
Gegen-Jesus 反-耶稣 13-14, 29, 39, 44, 48, 73, 84, 91, 116, 124, 138, 177, 211, 230-231, 236
Goethe, Johann Wolfgang von 歌德 86, 218

H
Hegel, George Wilhelm Friedrich 黑格尔 47
Heidegger, Martin 海德格尔 7, 230
Heraklit 赫拉克利特 158
Hess, Moses 赫斯 47
Hölderlin, Friedrich 荷尔德林 88
Homer 荷马 37, 39, 86
Hyperion 许佩里翁 88

J
Jesaja 以赛亚 41, 171, 178-179
Jesus 耶稣 13-14, 33, 39, 43-45, 49, 59, 92-93, 101, 123, 126, 140, 145, 156, 171, 182-183, 194, 199, 206, 231-232, 235
Johannes (Apokalyptiker) 约翰（启示录作者）89, 157-158, 166, 171, 206
Johannes (Evangelist) 约翰（福音书作者）33, 45, 91, 123, 179, 182, 185, 207, 209
Johannes der Täufer 施洗约翰 32
Jona 约拿 126, 128

K

Kant, Immanuel 康德 62, 229

L

Lampert, Laurence 郎佩特 157

Leonardo da Vinci 达·芬奇 225

Lütkehaus, Ludger 吕特克豪斯 154

Lukas 路加 14, 101, 123-124, 183, 195, 199, 203, 210, 221

Luther, Martin 路德 13-15, 89, 156, 219

M

Manu 摩奴 29

Markus 马可 49, 53, 86, 129, 179, 231

Marx, Karl 马克思 47

Matthäus 马太 29, 33, 49, 82, 94-95, 102, 111, 123, 129, 158, 171, 179, 183, 195, 206-207, 231

Mephisto 梅菲斯特 80, 99

Meysenburg, Malwida von 马尔维达·冯·迈森堡 225

Moses 摩西 15, 76, 97, 106, 123, 129, 207

N

Naumann, Gustav 古斯塔夫·瑙曼 207, 225

O

Odysseus 奥德修斯 37-39, 64, 204

Oldenberg, Hermann 奥登伯格 29

Overbeck, Franz 弗朗茨·奥维贝克 162, 225

Overbeck, Ida 伊达·奥维贝克 225

P

Pana 帕纳 226

Paulus 保罗 29, 165-166, 178-179, 207, 221, 231

Petrus 彼得 111

Phyllis 费利斯 154

Pindar 品达 165-166

Platon 柏拉图 20, 29, 40, 49, 73, 86, 105, 171, 181, 194, 226

Prometheus 普罗米修斯 18

Psalmist《诗篇》作者 21, 29

R

Raffael 拉斐尔 226

Rée, Paul 保罗·李 154

Renan, Ernest 勒南 12

Rousseau, Jean-Jacques 卢梭 143, 189, 218

S

Salomé, Lou von 莎乐美 154

Schmeitzner, Ernst 施梅茨纳 30

Schopenhauer, Arthur 叔本华 154

Seydlitz, Reinhart von 塞德里茨 116

Shakespeare, William 莎士比亚 86

Simonides 西蒙尼德 193

Sokrates 苏格拉底 86, 97, 105, 171, 181, 194, 223

Strauß, David Friedrich 大卫·弗里德里希·施特劳斯 207

W

Wagner, Richard 瓦格纳 144

Widemann, Paul Heinrich 保罗·亨利希·魏德曼 225

Wotan 沃丁 144

Z

Zarathustra (Perser) 琐罗亚斯德（波斯人）12-13, 73

图书在版编目（CIP）数据

何为尼采的扎拉图斯特拉？：一场哲学争辩/(德)亨利希·迈尔著；余明锋译. --北京：华夏出版社有限公司，2019.9
（西方传统：经典与解释）
ISBN 978-7-5080-9842-5

Ⅰ.①何… Ⅱ.①亨… ②余… Ⅲ.①尼采(Nietzsche,Friedrich Wilhelm 1844-1900)－哲学思想－研究 Ⅳ.①B516.47

中国版本图书馆CIP数据核字(2019)第186268号

何为尼采的扎拉图斯特拉？——一场哲学争辩

作　　者	[德]亨利希·迈尔
译　　者	余明锋
责任编辑	马涛红
责任印制	刘　洋
出版发行	华夏出版社有限公司
经　　销	新华书店
印　　刷	北京汇林印务有限公司
装　　订	北京汇林印务有限公司
版　　次	2019年9月北京第1版 2019年9月北京第1次印刷
开　　本	880×1230　1/32
印　　张	9
字　　数	223千字
定　　价	69.00元

华夏出版社有限公司　地址：北京市东直门外香河园北里4号　邮编：100028
网址：www.hxph.com.cn　电话：(010)64663331(转)
若发现本版图书有印装质量问题，请与我社营销中心联系调换。

西方传统：经典与解释
Classici et Commentarii
HERMES
刘小枫◎主编

古今丛编

克尔凯郭尔　[美]江思图 著
货币哲学　[德]西美尔 著
孟德斯鸠的自由主义哲学　[美]潘戈 著
莫尔及其乌托邦　[德]考茨基 著
试论古今革命　[法]夏多布里昂 著
但丁：皈依的诗学　[美]弗里切罗 著
在西方的目光下　[英]康拉德 著
大学与博雅教育　董成龙 编
探究哲学与信仰　[美]郝岚 著
民主的本性　[法]马南 著
梅尔维尔的政治哲学　李小均 编/译
席勒美学的哲学背景　[美]维塞尔 著
果戈里与鬼　[俄]梅列日科夫斯基 著
自传性反思　[美]沃格林 著
黑格尔与普世秩序　[美]希克斯 等著
新的方式与制度　[美]曼斯菲尔德 著
科耶夫的新拉丁帝国　[法]科耶夫 等著
《利维坦》附录　[英]霍布斯 著
或此或彼（上、下）　[丹麦]基尔克果 著
海德格尔式的现代神学　刘小枫 选编
双重束缚　[法]基拉尔 著
古今之争中的核心问题　[德]迈尔 著
论永恒的智慧　[德]苏索 著
宗教经验种种　[美]詹姆斯 著
尼采反卢梭　[美]凯斯·安塞尔-皮尔逊 著
舍勒思想评述　[美]弗林斯 著
诗与哲学之争　[美]罗森 著
神圣与世俗　[罗]伊利亚德 著
但丁的圣约书　[美]霍金斯 著

古典学丛编

论王政　[古罗马]金嘴狄翁 著
论希罗多德　[古罗马]卢里叶 著
探究希腊人的灵魂　[美]戴维斯 著
尤利安文选　马勇 编/译
论月面　[古罗马]普鲁塔克 著
雅典谐剧与逻各斯　[美]奥里根 著
菜园哲人伊壁鸠鲁　罗晓颖 选编
《劳作与时日》笺释　吴雅凌 撰
希腊古风时期的真理大师　[法]德蒂安 著
古罗马的教育　[英]葛怀恩 著
古典学与现代性　刘小枫 编
表演文化与雅典民主政制
[英]戈尔德希尔、奥斯本 编
西方古典文献学发凡　刘小枫 编
古典语文学常谈　[德]克拉夫特 著
古希腊文学常谈　[英]多佛 等著
撒路斯特与政治史学　刘小枫 编
希罗多德的王霸之辨　吴小锋 编/译
第二代智术师　[英]安德森 著
英雄诗系笺释　[古希腊]荷马 著
统治的热望　[美]福特 著
论埃及神学与哲学　[古希腊]普鲁塔克 著
凯撒的剑与笔　李世祥 编/译
伊壁鸠鲁主义的政治哲学
[意]詹姆斯·尼古拉斯 著
修昔底德笔下的人性　[美]欧文 著
修昔底德笔下的演说　[美]斯塔特 著
古希腊政治理论　[美]格雷纳 著
神谱笺释　吴雅凌 撰
赫西俄德：神话之艺
[法]居代·德·拉孔波 等著
赫拉克勒斯之盾笺释　罗逍然 译笺
《埃涅阿斯纪》章义　王承教 选编
维吉尔的帝国　[美]阿德勒 著
塔西佗的政治史学　曾维术 编

古希腊诗歌丛编
古希腊早期诉歌诗人　[英]鲍勒 著
诗歌与城邦　[美]费拉格、纳吉 主编
阿尔戈英雄纪（上、下）
[古希腊]阿波罗尼俄斯 著
俄耳甫斯教祷歌　吴雅凌 编译
俄耳甫斯教辑语　吴雅凌 编译

古希腊肃剧注疏集
希腊肃剧与政治哲学　[美]阿伦斯多夫 著

古希腊礼法
希腊人的正义观　[英]哈夫洛克 著

廊下派集
廊下派的神和宇宙　[墨]里卡多·萨勒斯 编
廊下派的城邦观　[英]斯科菲尔德 著

希伯莱圣经历代注疏
希腊化世界中的犹太人　[英]威廉逊 著
第一亚当和第二亚当　[德]朋霍费尔 著

新约历代经解
属灵的寓意　[古罗马]俄里根 著

基督教与古典传统
保罗与马克安　[德]文森 著
加尔文与现代政治的基础　[美]汉考克 著
无执之道　[德]文森 著
恐惧与战栗　[丹麦]基尔克果 著
托尔斯泰与陀思妥耶夫斯基
[俄]梅列日科夫斯基 著
论宗教大法官的传说　[俄]罗赞诺夫 著
海德格尔与有限性思想（重订版）
刘小枫 选编
上帝国的信息　[德]拉加茨 著
基督教理论与现代　[德]特洛尔奇 著
亚历山大的克雷芒　[意]塞尔瓦托·利拉 著
中世纪的心灵之旅　[意]圣·波纳文图拉 著

德意志古典传统丛编
彭忒西勒亚　[德]克莱斯特 著
穆佐书简　[奥]里尔克 著

纪念苏格拉底——哈曼文选　刘新利 选编
夜颂中的革命和宗教　[德]诺瓦利斯 著
大革命与诗话小说　[德]诺瓦利斯 著
黑格尔的观念论　[美]皮平 著
浪漫派风格——施勒格尔批评文集　[德]施勒格尔 著

美国宪政与古典传统
美国1787年宪法讲疏　[美]阿纳斯塔普罗 著

世界史与古典传统
西方古代的天下观　刘小枫 编
从普遍历史到历史主义　刘小枫 编

启蒙研究丛编
浪漫的律令　[美]拜泽尔 著
现实与理性　[法]科维纲 著
论古人的智慧　[英]培根 著
托兰德与激进启蒙　刘小枫 编
图书馆里的古今之战　[英]斯威夫特 著

政治史学丛编
自然科学史与玫瑰　[法]雷比瑟 著

荷马注疏集
不为人知的奥德修斯　[美]诺特维克 著
模仿荷马　[美]丹尼斯·麦克唐纳 著

品达注疏集
幽暗的诱惑　[美]汉密尔顿 著

欧里庇得斯集
自由与僭越　罗峰 编译

阿里斯托芬集
《阿卡奈人》笺释　[古希腊]阿里斯托芬 著

色诺芬注疏集
居鲁士的教育　[古希腊]色诺芬 著
色诺芬的《会饮》　[古希腊]色诺芬 著

柏拉图注疏集
立法与德性——柏拉图《法义》发微　林志猛 编
柏拉图的灵魂学　[加]罗宾逊 著
柏拉图书简　彭磊 译注
克力同章句　程志敏 郑兴凤 撰

哲学的奥德赛——《王制》引论 [美]郝兰 著
爱欲与启蒙的迷醉 [美]贝尔格 著
为哲学的写作技艺一辩 [美]伯格 著
柏拉图式的迷宫——《斐多》义疏 [美]伯格 著
哲学如何成为苏格拉底式的 [美]朗佩特 著
苏格拉底与希庇阿斯 王江涛 编译
理想国 [古希腊]柏拉图 著
谁来教育老师 刘小枫 编
立法者的神学 林志猛 编
柏拉图对话中的神 [法]薇依 著
厄庇诺米斯 [古希腊]柏拉图 著
智慧与幸福 程志敏 选编
论柏拉图对话 [德]施莱尔马赫 著
柏拉图《美诺》疏证 [美]克莱因 著
政治哲学的悖论 [美]郝岚 著
神话诗人柏拉图 张文涛 选编
阿尔喀比亚德 [古希腊]柏拉图 著
叙拉古的雅典异乡人 彭磊 选编
阿威罗伊论《王制》 [阿拉伯]阿威罗伊 著
《王制》要义 刘小枫 选编
柏拉图的《会饮》 [古希腊]柏拉图 等著
苏格拉底的申辩（修订版） [古希腊]柏拉图 著
苏格拉底与政治共同体 [美]尼柯尔斯 著
政制与美德——柏拉图《法义》疏解 [美]潘戈 著
《法义》导读 [法]卡斯代尔·布舒奇 著
论真理的本质 [德]海德格尔 著
哲人的无知 [德]费勃 著
米诺斯 [古希腊]柏拉图 著

亚里士多德注疏集

亚里士多德《政治学》中的教诲 [美]潘戈 著
品格的技艺 [美]加佛 著
亚里士多德哲学的基本概念 [德]海德格尔 著
《政治学》疏证 [意]托马斯·阿奎那 著
尼各马可伦理学义疏 [美]伯格 著
哲学之诗 [美]戴维斯 著
对亚里士多德的现象学解释 [德]海德格尔 著

城邦与自然——亚里士多德与现代性 刘小枫 编
论诗术中篇义疏 [阿拉伯]阿威罗伊 著
哲学的政治 [美]戴维斯 著

普鲁塔克集

普鲁塔克的《对比列传》 [英]达夫 著
普鲁塔克的实践伦理学 [比利时]胡芙 著

阿尔法拉比集

政治制度与政治箴言 阿尔法拉比 著

马基雅维利集

君主及其战争技艺 娄林 选编

莎士比亚绎读

莎士比亚的历史剧 [英]蒂利亚德 著
莎士比亚戏剧与政治哲学 彭磊 选编
莎士比亚的政治盛典 [美]阿鲁里斯/苏利文 编
丹麦王子与马基雅维利 罗峰 选编

洛克集

上帝、洛克与平等 [美]沃尔德伦 著

卢梭集

论哲学生活的幸福 [德]迈尔 著
致博蒙书 [法]卢梭 著
政治制度论 [法]卢梭 著
哲学的自传 [美]戴维斯 著
文学与道德杂篇 [法]卢梭 著
设计论证 [美]吉尔丁 著
卢梭的自然状态 [美]普拉特纳 等著
卢梭的榜样人生 [美]凯利 著

莱辛注疏集

汉堡剧评 [德]莱辛 著
关于悲剧的通信 [德]莱辛 著
《智者纳坦》（研究版） [德]莱辛 等著
启蒙运动的内在问题 [美]维塞尔 著
莱辛剧作七种 [德]莱辛 著
历史与启示——莱辛神学文选 [德]莱辛 著
论人类的教育 [德]莱辛 著

尼采注疏集

何为尼采的扎拉图斯特拉 [德]迈尔 著

尼采引论 [德]施特格迈尔 著
尼采与基督教 刘小枫 编
尼采眼中的苏格拉底 [美]丹豪瑟 著
尼采的使命 [美]朗佩特 著
尼采与现时代 [美]朗佩特 著
动物与超人之间的绳索 [德]A.彼珀 著

施特劳斯集
论僭政（重订本） [美]施特劳斯 [法]科耶夫 著
苏格拉底问题与现代性（增订本）
犹太哲人与启蒙（增订本）
霍布斯的宗教批判
斯宾诺莎的宗教批判
门德尔松与莱辛
哲学与律法——论迈蒙尼德及其先驱
迫害与写作艺术
柏拉图式政治哲学研究
论柏拉图的《会饮》
柏拉图《法义》的论辩与情节
什么是政治哲学
古典政治理性主义的重生（重订本）
回归古典政治哲学——施特劳斯通信集
苏格拉底与阿里斯托芬

* * *

施特劳斯的持久重要性 [美]朗佩特 著
论源初遗忘 [美]维克利 著
政治哲学与启示宗教的挑战 [德]迈尔 著
阅读施特劳斯 [美]斯密什 著
施特劳斯与流亡政治学 [美]谢帕德 著
隐匿的对话 [德]迈尔 著
驯服欲望 [法]科耶夫 等著

施米特集
宪法专政 [美]罗斯托 著
施米特对自由主义的批判 [美]约翰·麦考米克 著

伯纳德特集
古典诗学之路（第二版） [美]伯格 编

弓与琴（重订本） [美]伯纳德特 著
神圣的罪业 [美]伯纳德特 著

布鲁姆集
巨人与侏儒（1960-1990）
人应该如何生活——柏拉图《王制》释义
爱的设计——卢梭与浪漫派
爱的戏剧——莎士比亚与自然
爱的阶梯——柏拉图的《会饮》
伊索克拉底的政治哲学

沃格林集
自传体反思录 [美]沃格林 著

大学素质教育读本
古典诗文绎读 西学卷·古代编（上、下）
古典诗文绎读 西学卷·现代编（上、下）

中国传统：经典与解释
Classici et Commentarii

刘小枫 陈少明◎主编

《孔丛子》训读及研究/雷欣翰 撰
论语说义/[清]宋翔凤 撰
周易古经注解考辨/李炳海 著
浮山文集/[明]方以智 著
药地炮庄/[明]方以智 著
药地炮庄笺释·总论篇/[明]方以智 著
青原志略/[明]方以智 编
冬灰录/[明]方以智 著
冬炼三时传旧火/邢益海 编
《毛诗》郑王比义发微/史应勇 著
宋人经筵诗讲义四种/[宋]张纲 等撰
道德真经藏室纂微篇/[宋]陈景元 撰
道德真经四子古道集解/[金]寇才质 撰
皇清经解提要/[清]沈豫 撰
经学通论/[清]皮锡瑞 著
松阳讲义/[清]陆陇其 著

起凤书院答问 / [清]姚永朴 撰
周礼疑义辨证 / 陈衍 撰
《铎书》校注 / 孙尚扬 肖清和 等校注
韩愈志 / 钱基博 著
论语辑释 / 陈大齐 著
《庄子·天下篇》注疏四种 / 张丰乾 编
荀子的辩说 / 陈文洁 著
古学经子 / 王锦民 著
经学以自治 / 刘少虎 著
从公羊学论《春秋》的性质 / 阮芝生 撰

编修 [博雅读本]
　　凯若斯：古希腊语文读本 [全二册]
　　古希腊语文学述要
　　雅努斯：古典拉丁语文读本
　　古典拉丁语文学述要
　　危微精一：政治法学原理九讲
　　琴瑟友之：钢琴与古典乐色十讲
译著
　　普罗塔戈拉（详注本）
　　柏拉图四书

刘小枫集

民主与政治德性
昭告幽微
以美为鉴
古典学与古今之争 [增订本]
这一代人的怕和爱 [第三版]
沉重的肉身 [珍藏版]
圣灵降临的叙事 [增订本]
罪与欠
儒教与民族国家
拣尽寒枝
施特劳斯的路标
重启古典诗学
设计共和
现代人及其敌人
海德格尔与中国
共和与经纶
现代性与现代中国
现代性社会理论绪论
诗化哲学 [重订本]
拯救与逍遥 [修订本]
走向十字架上的真
西学断章

经典与解释辑刊

1. 柏拉图的哲学戏剧
2. 经典与解释的张力
3. 康德与启蒙
4. 荷尔德林的新神话
5. 古典传统与自由教育
6. 卢梭的苏格拉底主义
7. 赫尔墨斯的计谋
8. 苏格拉底问题
9. 美德可教吗
10. 马基雅维利的喜剧
11. 回想托克维尔
12. 阅读的德性
13. 色诺芬的品味
14. 政治哲学中的摩西
15. 诗学解诂
16. 柏拉图的真伪
17. 修昔底德的春秋笔法
18. 血气与政治
19. 索福克勒斯与雅典启蒙
20. 犹太教中的柏拉图门徒
21. 莎士比亚笔下的王者
22. 政治哲学中的莎士比亚
23. 政治生活的限度与满足
24. 雅典民主的谐剧
25. 维柯与古今之争
26. 霍布斯的修辞
27. 埃斯库罗斯的神义论
28. 施莱尔马赫的柏拉图
29. 奥林匹亚的荣耀
30. 笛卡尔的精灵
31. 柏拉图与天人政治
32. 海德格尔的政治时刻
33. 荷马笔下的伦理
34. 格劳秀斯与国际正义
35. 西塞罗的苏格拉底
36. 基尔克果的苏格拉底
37. 《理想国》的内与外
38. 诗艺与政治
39. 律法与政治哲学
40. 古今之间的但丁
41. 拉伯雷与赫尔墨斯秘学
42. 柏拉图与古典乐教
43. 孟德斯鸠论政制衰败
44. 博丹论主权
45. 道伯与比较古典学
46. 伊索寓言中的伦理
47. 斯威夫特与启蒙
48. 赫西俄德的世界
49. 洛克的自然法辩难
50. 斯宾格勒与西方的没落
51. 地缘政治学的历史片段
52. 施米特论战争与政治
53. 普鲁塔克与罗马政治
54. 罗马的建国叙述